WEIN REISEN

Es ist die Sehnsucht vieler Reisemobilisten, den Urlaub abseits vom Massentourismus in möglichst ruhiger und naturnaher Atmosphäre zu verbringen – in Zeiten wie diesen mehr denn je. Umso besser, wenn der Stellplatz darüber hinaus auch etwas für den Gaumen verspricht. Im wahrsten Sinne des Wortes genussvoll zu reisen, das bietet die inzwischen 9. Auflage des Winzeratlas. Das Fahrzeug parkt direkt beim Winzer, idyllisch zwischen Weinberg und Winzerhof. Nach der Weinberg- oder Kellerführung wartet ein guter Tropfen im Glas aus dem hofeigenen Laden – authentisch und urgemütlich. Und das Beste: Das eigene Bett steht quasi um die Ecke.
Auch in diesem Jahr heißen Sie rund 200 Winzer aus den deutschen Weinanbaugebieten und dem benachbarten Ausland willkommen und bieten einen Platz zum Übernachten an. Besonderer Service: Erstmals haben wir Winzer, die ökologischen Weinbau betreiben, mit einem Bio-Siegel versehen. Außerdem im Gepäck: Noch mehr Ausflugsziele und Sehenswürdigkeiten, dafür wurde auf die Auflistung der örtlichen Weinfeste verzichtet, wir verweisen für weitere Informationen jeweils auf eine geeignete Tourismusseite. Ich wünsche Ihnen eine abwechslungsreiche Reise und bleiben Sie gesund.

Philipp Pilson,
Redakteur und Projektleiter Winzeratlas

INHALT

SO **FUNKTIONIERT** DER WINZERATLAS

Toller Service für weinliebende Wohnmobilreisende: Der Winzeratlas 2021 präsentiert rund 200 Winzer, Weinbau-Genossenschaften und Kellereien, die mindestens einen kostenlosen Übernachtungsplatz für Reisemobile an ihrem Betrieb überwiegend ganzjährig anbieten. Und zwar in zwölf der 13 deutschen Weinbaugebieten. Zudem gibt es einige Plätze in Südtirol, Ungarn und im Elsass sowie mehr als 30 in Österreich. Jeder Käufer dieses Winzeratlas, der sich per Fahrzeug-Vignette an der Frontscheibe seines Mobils als berechtigter Gast ausweist, darf jeweils 24 Stunden lang bei einem der im Winzeratlas aufgeführten Betriebe mit seinem Wohnmobil stehen. Die Winzeratlas-Vignette ist gültig vom März 2021 bis zum März 2022. Erstmals in dieser Ausgabe: Das Bio-Siegel zeigt auf einen Blick, welche Winzer ökologischen Weinbau betreiben und dabei möglichst naturschonende Pflegemaßnahmen zum Schutz der Tier- und Pflanzenwelt im Rebberg einsetzen, aber auch strengen Bestimmungen im Keller folgen. Denn Bio-Wein soll schließlich möglichst natürlich erzeugt werden.

Regeln für Ihren Besuch

- Nur **autarke Reisemobile** mit Strom- und Wasserversorgung sowie WC an Bord sind mit gültiger Vignette zugelassen. Caravangespanne sind ausgeschlossen.
- Der Aufenthalt auf jedem Winzeratlas-Stellplatz ist pro Reisemobil und Besuch auf jeweils **24 Stunden** in Folge begrenzt.
- Die gratis angebotenen Übernachtungsplätze sind meist **ohne Strom- und Wasserversorgung** sowie Entsorgungsmöglichkeit.
- Sollten Frischwasser-Zapfstellen, Strom oder Toiletten vorhanden sein, benutzen Sie diese bitte nur nach Absprache und gegebenenfalls nach Zahlung einer Benutzungsgebühr (wie im Eintrag angegeben).
- Sie haben keinen Anspruch auf einen bestimmten Stellplatz. Sollte ein Platz bei Ihrer Ankunft belegt sein, fahren Sie bitte den nächstgelegenen Übernachtungsplatz an.
- Einige Anbieter bitten um telefonische Anmeldung – zu Ihrer Sicherheit, damit Sie bei Ihrer Ankunft eine freie Fläche vorfinden.
- Bitte melden Sie sich bei Ihrer Ankunft und Abreise bei den Gastgebern an und ab.
- Ihre Ankunft sollte zu normalen Betriebszeiten erfolgen. Auch Ihre Gastgeber freuen sich auf einen ruhigen Feierabend.
- Bitte vermeiden Sie jede Ruhestörung, etwa durch laufende Stromaggregate oder lautes Fernsehen und Radiohören.
- Winzeratlas-Gäste sind nicht zum Kauf von Wein verpflichtet. Dennoch freuen sich die Gastgeber, wenn Sie bei ihnen Wein oder andere Produkte kaufen.
- Bitte hinterlassen Sie einen sauberen Stellplatz. Nehmen Sie Ihren Hausmüll mit.

Das Team des Winzeratlas wünscht Ihnen schöne, interessante Aufenthalte.

HYMER
DER HYMER UNTER
DEN TEILINTEGRIERTEN.
Es gibt viele Reisemobile. Aber nur eins, das so herausragend ist wie die neue **HYMER B-Klasse MasterLine** auf Basis des neuen Mercedes-Benz-Sprinters. Erleben Sie ikonisches Design, kompromisslose Spitzentechnik und einzigartigen Komfort. Ab sofort auch als Teilintegriertes-Modell erhältlich und ab Februar 2021 auch mit dem einzigartigen HYMER Connect-System, das den Zugriff auf Fahrzeuginformationen mit der Steuerung sämtlicher Wohnraumkomponenten vereint – ganz einfach per App. Mehr Informationen erhalten Sie bei Ihrem Handelspartner und unter **www.hymer.com**
FRAGEN SIE JETZT IHREN HANDELSPARTNER
HYMER
CONNECT
READY
MEHR INFORMATIONEN UNTER: WWW.HYMER.COM/DE/DE/CONNECT-APP
HYMER
RV HY 57
Teil der Initiative:
SLOW
TRAVEL
BEWUSST
REISEN

GASTGEBER **WINZER**

Bitte beachten Sie bei Ihrem Aufenthalt: Ihre Gastgeber sind Winzer, Weinbauern und Mitarbeiter von Winzergenossenschaften. Ihr Arbeitstag dauert in der Saison bis zu zwölf Stunden – an sechs Tagen in der Woche. Das Kapitel „Das Jahr im Weinberg" vermittelt einen Eindruck über die aufwendigen und körperlich anstrengenden Arbeiten im Weinberg. Die Tätigkeiten im Keller erfordern zudem große Aufmerksamkeit. Die Winzerfamilien haben nicht immer Zeit, ihre Stellplatzgäste persönlich zu begrüßen oder zu verabschieden. Dennoch heißen rund 200 Winzeratlas-Weinbaubetriebe Reisemobilisten willkommen – auch wenn nur mit einer bis drei Stellflächen. Ein super Angebot für weinliebende Wohnmobilfahrer. Da es häufig keine Service-Einrichtungen an den Weingütern gibt, ist es sinnvoll, bereits vor Ihrem Aufenthalt den Abwassertank sowie die Kassettentoilette zu leeren und Frischwasser zu tanken. Eine **Auflistung einiger Ver- und Entsorgungsmöglichkeiten** in den einzelnen Weinbaugebieten finden Sie bei den Ausflugszielen der jeweiligen Region.

WEINLAND DEUTSCHLAND

Dank warmen Flusstälern, wie hier an der Moselschleife, gedeiht Wein in Deutschland.

Die Weinrebe – vitis vinifera – gilt als eine der ältesten Kulturpflanzen der Welt. Die Spurensuche zu den Anfängen des Weinbaus führt zurück zu den frühen Hochkulturen des Nahen Ostens in Persien und Mesopotamien. Auch Deutschland blickt auf eine lange Weinbautradition zurück. Funde lassen vermuten, dass bereits die Kelten Weinbau betrieben haben. Dass Wein hierzulande wächst, ist aber vor allem den Römern zu verdanken, die vor mehr als 2.000 Jahren im Zuge der Eroberung Germaniens den Weinbau in den heute deutschsprachigen Raum brachten und etablierten. Davon zeugen römische Weindenkmäler an der Mosel und in Rheinland-Pfalz. Im Mittelalter leisteten insbesondere die Mönche in den Klöstern Pionierarbeit und trieben den Weinbau immer weiter voran. Im 19. Jahrhundert gehörten die Rieslingweine aus dem Rheingau zu den teuersten Weinen der Welt. Heute durchziehen dreizehn deutsche Weinbauregionen das Land. 16.000 Betriebe produzieren auf einer Gesamtfläche von gut 103.000 Hektar rund zehn Millionen Hektoliter Wein pro Jahr.

Weinliebhaber unter den Reisemobilurlaubern finden in zwölf Anbaugebieten kostenlose Stellplätze bei Weinbauern vor. Während an Rhein und Mosel die offiziellen Stellplätze überfüllt sind, erweisen sich die Winzeratlas-Plätze als idyllisch. Die deutschen Weinbaugebiete gehören zu den nördlichsten der Welt. Ihre besondere Lage zwischen feuchtwarmem Golfstrom- und trockenem Kontinentalklima, lange Vegetationszeiten und die moderate Sommerhitze bieten optimale Bedingungen für leichtere Weine mit viel Frucht und geringerem Alkoholgehalt. Aufgrund der unterschiedlichen geografischen Anbauregionen überzeugen deutsche Weine gerade durch ihre Unterschiede: Fast 100 Rebsorten gedeihen auf diversen Böden unter verschiedenen Klimabedingungen und bieten somit eine besonders große Vielfalt.

Das größte der 13 Anbaugebiete liegt mit 26.860 Hektar in Rheinhessen, gefolgt von der Pfalz mit 23.684 Hektar und ›

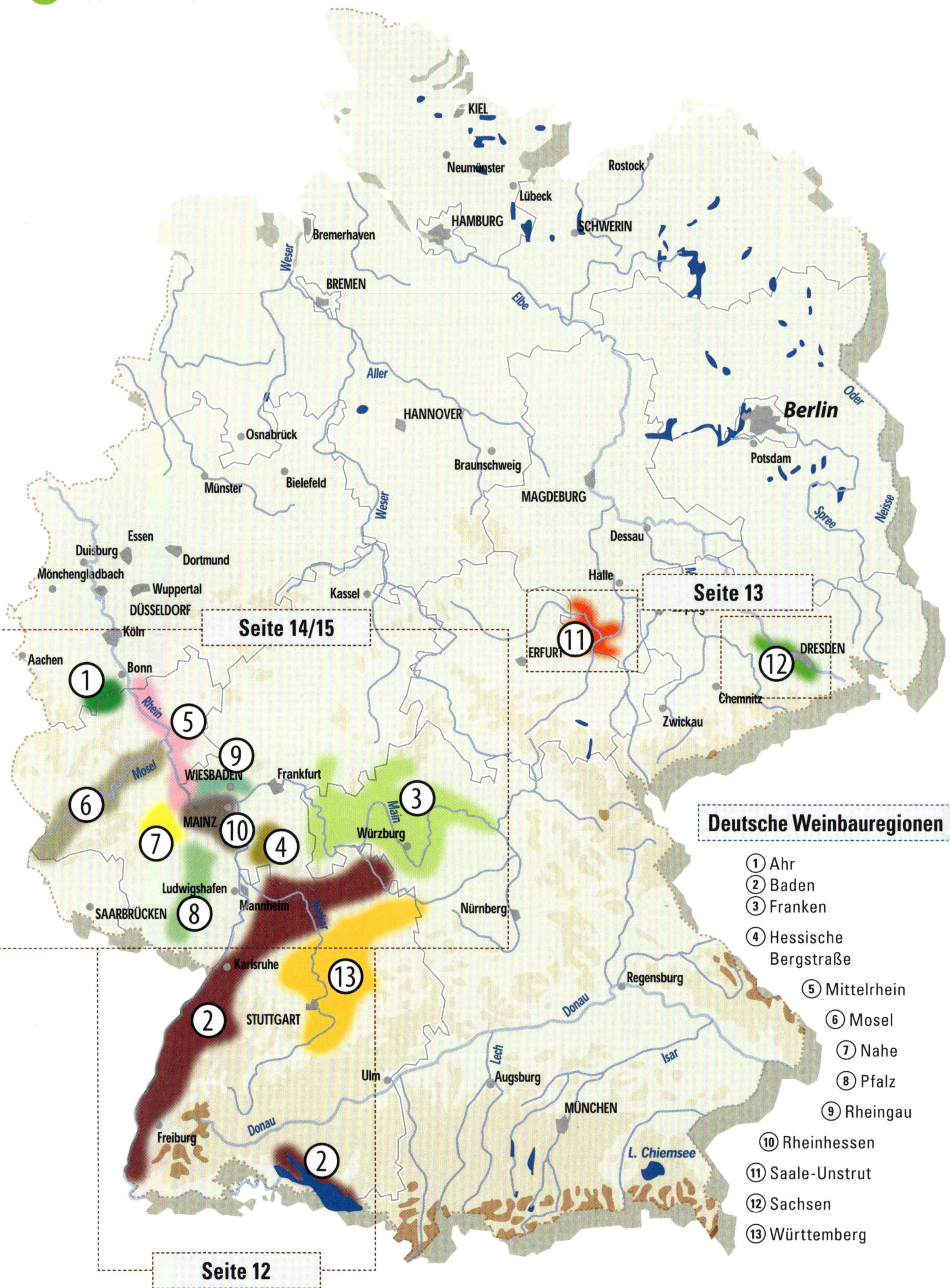
KIEL
Neumünster
Rostock
Lübeck
HAMBURG
SCHWERIN
Bremerhaven
Weser
BREMEN
Elbe
Aller
HANNOVER
Berlin
Oder
Osnabrück
Braunschweig
Potsdam
Münster
Bielefeld
MAGDEBURG
Weser
Spree
Neisse
Essen
Duisburg
Dortmund
Dessau
Mönchengladbach
Wuppertal
Halle
Kassel
DÜSSELDORF
Seite 13
Seite 14/15
Köln
ERFURT
DRESDEN
Aachen
Bonn
Chemnitz
Rhein
Zwickau
Mosel
WIESBADEN
Frankfurt
Main
MAINZ
Würzburg
Ludwigshafen
Mannheim
SAARBRÜCKEN
Nürnberg
Neckar
Karlsruhe
Regensburg
STUTTGART
Donau
Lech
Isar
Ulm
Augsburg
MÜNCHEN
Freiburg
Donau
L. Chiemsee
Seite 12
Deutsche Weinbauregionen
1 Ahr
2 Baden
3 Franken
4 Hessische Bergstraße
5 Mittelrhein
6 Mosel
7 Nahe
8 Pfalz
9 Rheingau
10 Rheinhessen
11 Saale-Unstrut
12 Sachsen
13 Württemberg

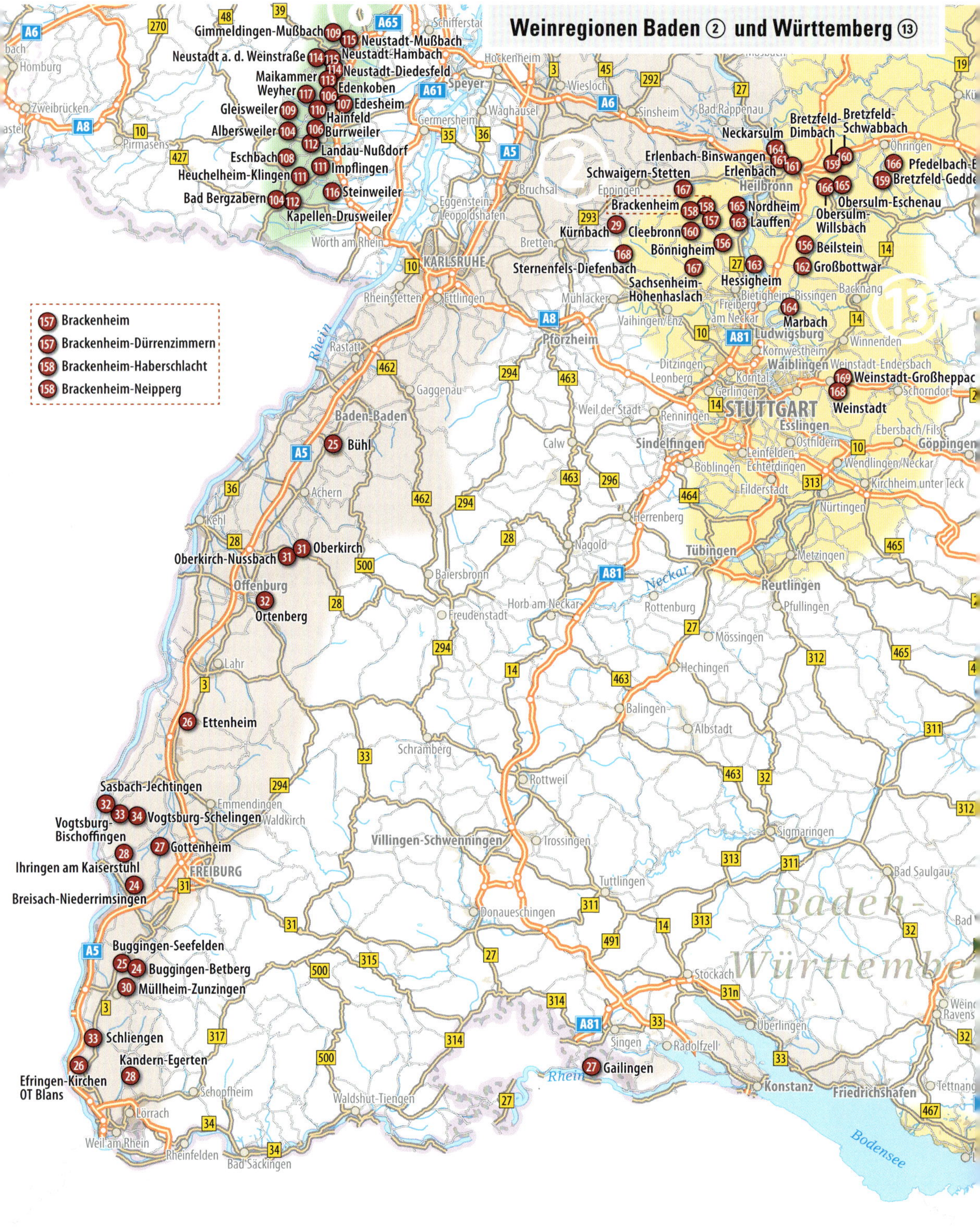
Weinregionen Baden ② und Württemberg ⑬
157 Brackenheim
157 Brackenheim-Dürrenzimmern
158 Brackenheim-Haberschlacht
158 Brackenheim-Neipperg
109 Gimmeldingen-Mußbach
115 Neustadt-Mußbach
Neustadt a. d. Weinstraße 114
115 Neustadt-Hambach
114 Neustadt-Diedesfeld
Maikammer 113
Weyher 117
106 Edenkoben
107 Edesheim
Gleisweiler 109
110 Hainfeld
Albersweiler 104
106 Burrweiler
112 Landau-Nußdorf
Eschbach 108
111 Impflingen
Heuchelheim-Klingen 111
116 Steinweiler
Bad Bergzabern 104 112
Kapellen-Drusweiler
Neckarsulm
Bretzfeld-Dimbach
Bretzfeld-Schwabbach
164 161 Erlenbach-Binswangen
161 Erlenbach
159 160
166 Pfedelbach-Eschelbach
159 Bretzfeld-Gedde
Schwaigern-Stetten
Heilbronn
167
166 165 Obersulm-Eschenau
Brackenheim 158 158 157
165 Nordheim
163 Lauffen
Obersulm-Willsbach
Kürnbach 29
160 Cleebronn
156 Bönnigheim
156 Beilstein
168 Sternenfels-Diefenbach
167 Sachsenheim-Hohenhaslach
27 163 Hessigheim
162 Großbottwar
164 Marbach
169 Weinstadt-Großheppach
168 Weinstadt
STUTTGART
KARLSRUHE
25 Bühl
Baden-Baden
31 Oberkirch
Oberkirch-Nussbach 31
Offenburg
32 Ortenberg
26 Ettenheim
Sasbach-Jechtingen
32 33 34 Vogtsburg-Schelingen
Vogtsburg-Bischoffingen
27 Gottenheim
28
Ihringen am Kaiserstuhl
24
Breisach-Niederrimsingen
FREIBURG
Buggingen-Seefelden
25 24 Buggingen-Betberg
30 Müllheim-Zunzingen
33 Schliengen
26
Kandern-Egerten
28
Efringen-Kirchen OT Blans
27 Gailingen
Baden-Württemberg
Rhein
Neckar
Bodensee

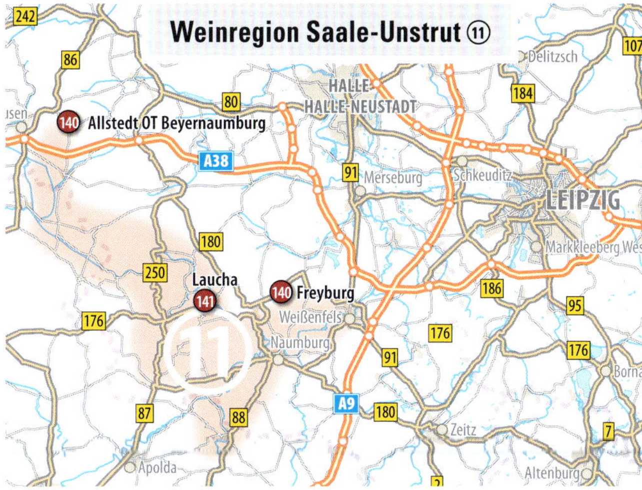

Baden mit 15.836 Hektar. Die Regionen Rheinhessen und Pfalz gehören zu Rheinland-Pfalz, dem Bundesland mit den meisten Weinbaugebieten und zwei Dritteln der deutschen Anbaufläche.

Als beliebteste Rebsorte gilt mit 23,3 Prozent der Riesling, gefolgt vom Müller-Thurgau (11,4 Prozent) und vom roten Spätburgunder (11,4 Prozent). Zur Rast laden die typischen Straußwirtschaften ein. Hier tischen Winzer regionale Spezialitäten auf, dazu Wein aus eigenem Anbau. Die kostenlose Weinziele-App des Deutschen Weininstituts erlaubt den Zugriff auf die mit über 2.500 Terminen bundesweit größte Weinveranstaltungsübersicht Deutschlands. Darüber hinaus sind rund 2.000 Weinerzeuger in der Datenbank verzeichnet. Urlaub beim Winzer bedeutet nicht, dass andere touristische Themen vernachlässigt werden – schließlich bieten die deutschen Weinregionen auch landschaftlich, kulturell und kulinarisch attraktive Ausflugsziele. Den perfekten Abschluss eines erlebnisreichen Tages bildet die Einkehr oder die Weinprobe direkt am Übernachtungsplatz beim Winzer. Derweil das Glas gefüllt wird, kann die Seele baumeln. Hier gehen Genuss und Gastfreundschaft Hand in Hand.

Weinregionen Ahr, Baden, Franken, Hessische Bergstraß

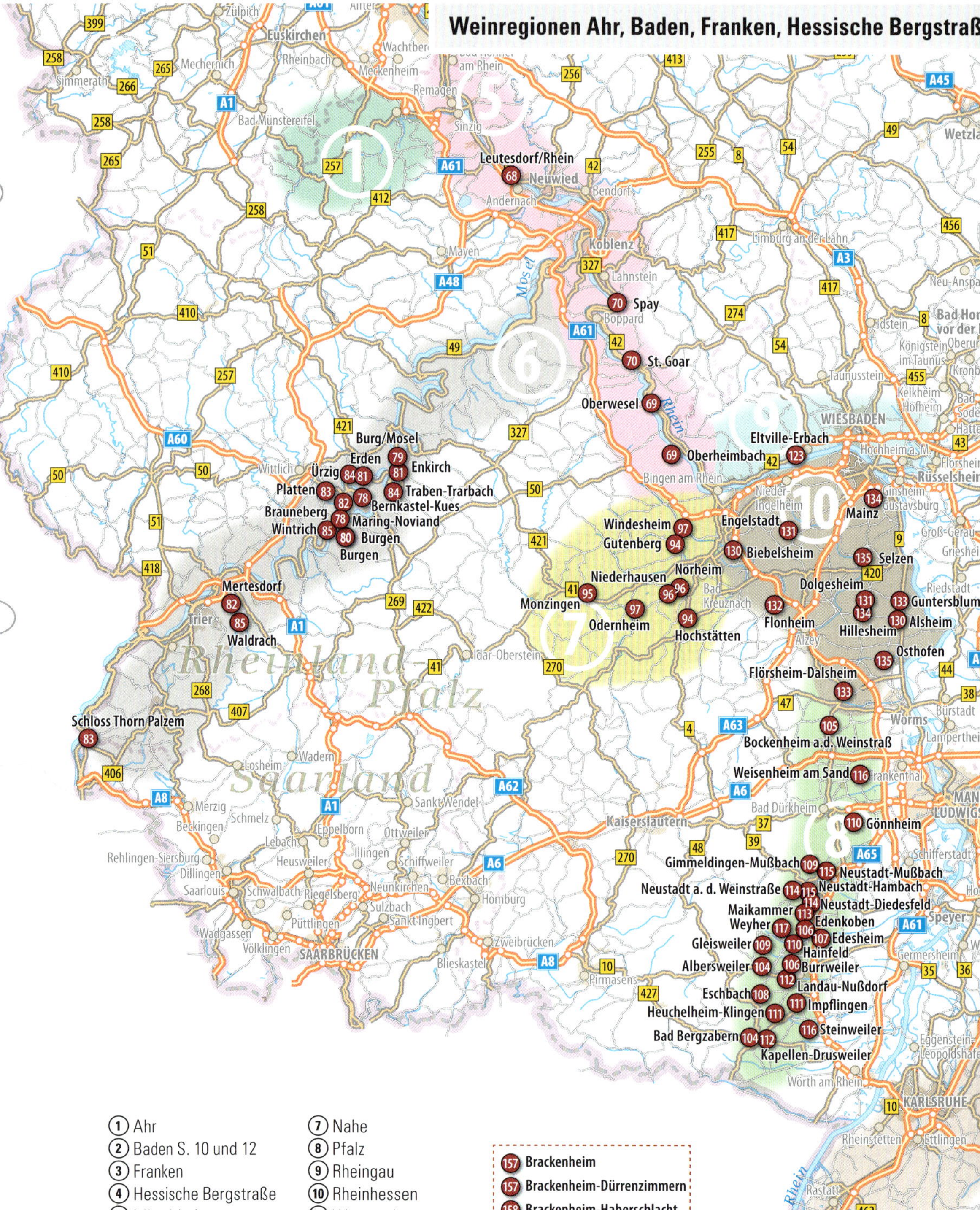

① Ahr
② Baden S. 10 und 12
③ Franken
④ Hessische Bergstraße
⑤ Mittelrhein
⑥ Mosel
⑦ Nahe
⑧ Pfalz
⑨ Rheingau
⑩ Rheinhessen
⑬ Württemberg

157 Brackenheim
157 Brackenheim-Dürrenzimmern
158 Brackenheim-Haberschlacht
158 Brackenheim-Neipper

Anschluss Seite 12

ittelrhein, Mosel, Nahe, Pfalz, Rheingau, Rheinhessen, Württemberg

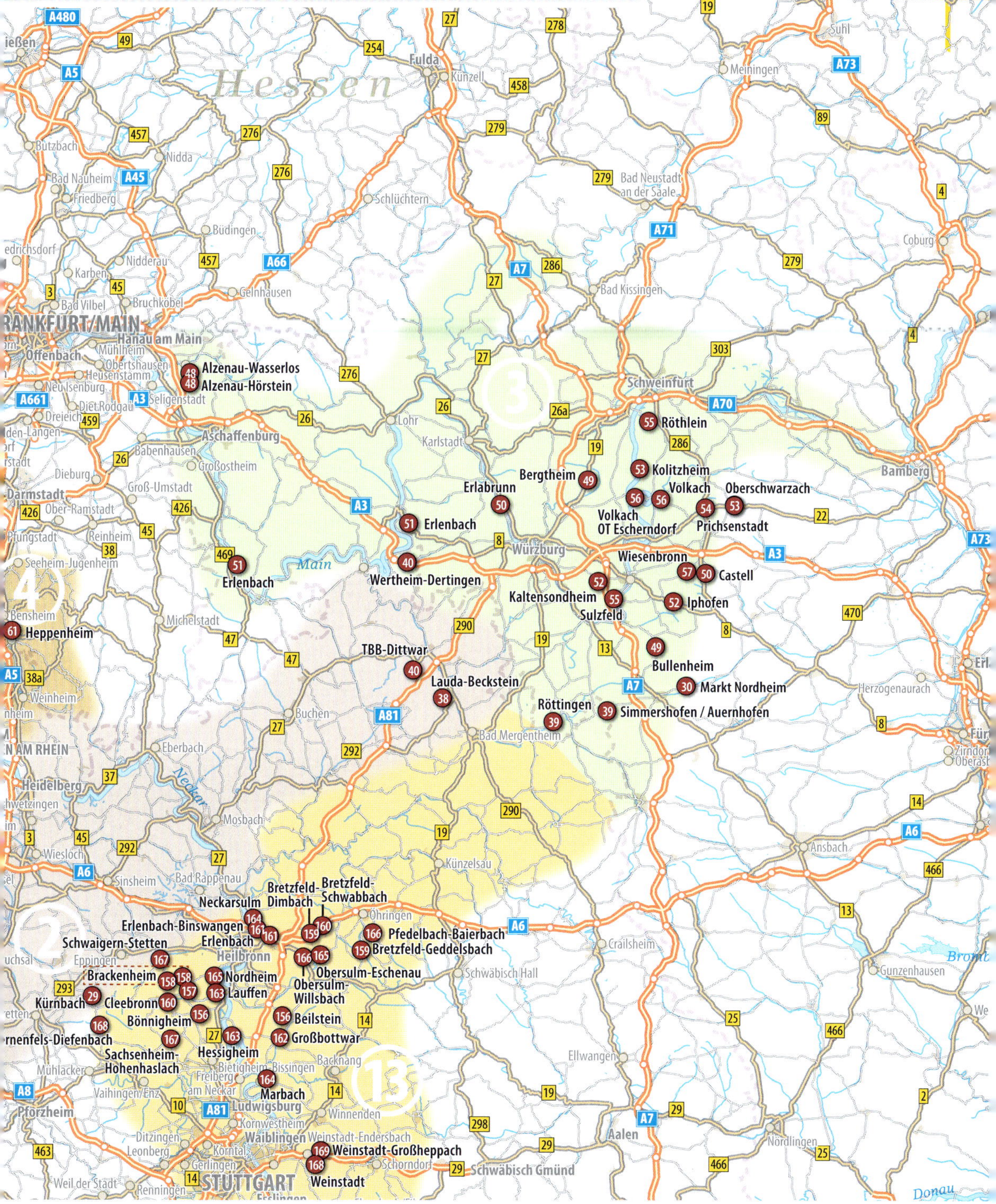

VON DER **SONNE** VERWÖHNT

Baden rühmt sich der meisten Sonnenstunden. Gut für den Wein.

Das Weinbaugebiet Baden, mit 16.000 Hektar Rebfläche das drittgrößte Deutschlands, erstreckt sich in Nord-Süd-Richtung über eine Länge von etwa 400 Kilometern von der Tauber im Norden bis zum Bodensee im Süden. Es ist wiederum gegliedert in neun landschaftlich und klimatisch unterschiedliche Regionen. Im nördlich gelegenen Tauberfranken, an der Badischen Bergstraße und auch im Kraichgau stehen die Weißweinsorten Rivaner und Riesling sowie der rote Schwarzriesling im Vordergrund.

Vielgestaltig präsentieren sich die Weine entlang der Badischen Weinstraße. Diese sind „von der Sonne verwöhnt", darin sind sich die Weinkenner schon lange einig. So war es nur konsequent, dass Baden als einziges deutsches Weinbaugebiet der EU-Weinbauzone B zugeschlagen wurde. Deshalb müssen die Weine höhere Oechslegrade als anderswo aufweisen. Reichlich Sonnenscheinstunden und die wohl wärmsten Orte Deutschlands am Kaiserstuhl trimmen sie auch dahin.

In der Mitte Badens, in der Ortenau, wachsen vor allem Spätburgunder und Riesling, im Süden, also im Breisgau, am Kaiserstuhl und am Tuniberg vornehmlich rote und weiße Burgunder. Das Markgräflerland an der Grenze zur Schweiz pflegt die Weißweinspezialität Gutedel, und am Bodensee gedeihen vor allem die Rebsorten Spätburgunder und Müller-Thurgau.

Baden ist das wichtigste deutsche Anbaugebiet für Spätburgunder. Die Sorte erfreut sich in all ihren Ausbaustilen und Geschmacksrichtungen – auch als Rosé oder Weißherbst – großer Beliebtheit.

Nicht nur das milde Klima, die hübschen Weinorte und die landschaftliche Schönheit sowie die vielen Sonnenstunden locken viele Gäste ins Badische. Touristisch attraktiv und sehr beliebt sind Städte wie Heidelberg, Konstanz, Baden-Baden, Karlsruhe oder Freiburg. Vielfältig zeigt sich auch das Angebot für den Aktivurlaub, sei es Radeln entlang der Tauber, ein Spaziergang auf einem der zahlreichen Weinlehrpfade oder Wandern auf den Weinwanderwegen. ‹

Mit dem Wohnmobil direkt vor Ort ...
romantische Ortenau in Sasbachwalden.

Anzeige

URLAUB IN DER HEIMAT – FREIHEIT GENIESSEN

Weinland Baden

Baden ist als Weinanbaugebiet von der Europäischen Union als geschützte Ursprungsbezeichnung (g.U.) anerkannt. Weine, die den Namen der Region tragen, müssen zu 100 Prozent aus der Region stammen und bestimmte Qualitätskriterien erfüllen.

Baden ist mit mehr als 2.000 Sonnenstunden jährlich die sonnenverwöhnteste Region Deutschlands. Unterschiedliche Böden liefern besondere Mineralstoffe für die Weine.

Der ideale Ausgangspunkt, um Baden zu erkunden und die Weine zu genießen, ist die Badische Weinstraße. Sie führt als eine der schönsten Ferienstraßen Deutschlands durch das Weinanbaugebiet Baden. Von der Badischen Weinstraße kommt man tief ins badische Weinland hinein, bis hin zum Taubertal. Und auch der Bodensee lohnt sich immer als Ziel.

Überall laden Weinbaubetriebe mit interessanten Übernachtungsangeboten zum Bleiben ein. Ein romantisches Highlight ist das Übernachten in einem urromantischen Holzfass in der Ortenau – umgeben von Obstbäumen und Weinreben.

Freiheit pur genießen können Wohnmobillisten und Camper direkt bei den Winzern vor Ort. Sie stellen ruhige Stellplätze in bester Lage zur Verfügung. Im Wohnmobil entlang der Weinberge fahren, beim Winzer parken und Leckereien aus Keller und Küche unbeschwert genießen – dafür stehen die zahlreichen Wohnmobilstellplätze in den Weinorten an der Badischen Weinstraße.

Für Radfahrer, Wanderer oder genussvolle Kurzreisen finden sich viele Anregungen auf den Webseiten **www.badischerwein.de** und **www.badische-weinstraße.de**

Mit dem Rad am Ufer des Bodensee entlang.

TIPPS ZUR ROUTENPLANUNG FÜR WOHNMOBILE/CAMPER

www.badische-weinstrasse.de/uebernachten/wohnmobilstellplaetze
Ideale Weinberg-Radtouren findet man unter:
www.badischer-weinradweg.info www.bodensee-radweg.de
www.liebliches-taubertal.de
Die ausgezeichneten Weine aus Baden lassen sich übrigens auch ganz leicht von zu Hause aus bestellen. Besuchen Sie hierfür die Online-Shops unserer Winzer:
www.badischerwein.de/weine-online-bestellen

Foto: Thomas Bichler; Düpper TMBW

DIE **HOT**SPOTS DER

1 FREIBURG

Die Schwarzwaldhauptstadt hat viel zu bieten – ganz gleich, ob man sich bei einem Bummel in der historischen Altstadt für die Kultur und Geschichte der Stadt begeistert, in einem der vielen Cafés und gemütlichen Kneipen verweilt oder sich von der badischen Küche und Gastlichkeit verwöhnen lässt. Um einen ersten Eindruck dieser geschichtsträchtigen Großstadt zu bekommen, bietet es sich an, die Sehenswürdigkeiten der historischen Altstadt anzuschauen und sich mit der Stadtgeschichte und den berühmten Bächle vertraut zu machen.

Freiburgs zahlreiche Grün- und Parkanlagen, der nur wenige Kilometer von der Innenstadt entfernte 1.284 Meter hohe Hausberg Schauinsland und viele Seen in und um Freiburg herum eignen sich bestens, um immer wieder zur Ruhe zu kommen und die Natur inmitten der Großstadt zu genießen.

2 BODENSEE

Wer einmal an einem schönen Sommerabend mit einem Gläschen Wein an einer Uferpromenade des Bodensees den Sonnenuntergang genossen hat, der fühlt sich wie am Mittelmeer und sieht den Traum vom Süden schon nördlich der Alpen erfüllt. Der See bietet seinen menschlichen und tierischen Anrainern einen nahezu mediterranen Lebensraum mit besonders warmen Sommern und relativ milden Wintern.

Ein paar Zahlen und Fakten: Deutschlands größter See ist rund 540 Quadratkilometer groß, bis zu 63 Kilometer lang, bis zu 13 Kilometer breit und bis zu 254 Meter tief. Seine Ufer haben eine Gesamtlänge von 273 Kilometern, wobei fast zwei Drittel davon auf die Bundesrepublik Deutschland mit ihren Ländern Baden-Württemberg (155 Kilometer) und Bayern (18 Kilometer) entfallen. Die Schweiz mit 72 Kilometer Uferlänge und vor allem Österreich mit 28 Kilometern haben wesentlich weniger Uferanteile.

3 WUTACHSCHLUCHT

Der Grand Canyon des Schwarzwalds ist die Wutachschlucht, ein Dorado für Naturliebhaber. Wegen der schweren Zugänglichkeit der Schlucht und der immer noch starken Erosion wurde das gesamte Gebiet kaum erschlossen, weshalb sich hier eine einmalige, ursprüngliche Wildflusslandschaft erhalten hat. Die circa 30 Kilometer lange und 200 Meter tiefe, stark zerklüftete Schlucht kann nur zu Fuß erkundet werden. Übrigens heißt der Fluss vor der Schlucht noch Gutach (gütige

REGION BADEN

Aach). Erst in der tiefen Schlucht wird der Fluss Wutach (wütende Aach) genannt.

Wütend ist der Fluss tatsächlich jedes Jahr im Frühjahr. Er reißt dabei immer noch unglaubliche Mengen Geröll mit sich fort, zerstört dann hin und wieder eine Brücke und ändert durch regelmäßige Bergstürze das Aussehen der Schlucht. Diese ist in einem erdgeschichtlich sehr kurzen Zeitraum entstanden und damit möglicherweise die jüngste Schlucht auf unserem Planeten. Ursache für die Entstehung der Schlucht war die Durchspülung eines Muschelkalkberges vor circa 20.000 bis 70.000 Jahren. Die Wutach war vor dieser Zeit ein Flussarm der Donau und wurde später zum Nebenfluss des relativ tief liegenden Rheins.

4 BADEN-BADEN

Landschaftlich wunderschön am Fuße des Schwarzwaldes gelegen, ist die elegante, internationale Bäder- und Kulturstadt ein Paradies für alle, die Genuss auf hohem Niveau schätzen. Baden-Baden garantiert Wohlbefinden in zwei Thermalbädern.

Exklusives Shopping bieten zahlreiche elegante Boutiquen in der Altstadt sowie individuelle Geschäfte entlang der historischen Kurhaus-Kolonnaden. Man genießt herrliche Spaziergänge durch die prachtvolle Park- und Gartenanlage Lichtentaler Allee, den Dahliengarten, die Gönneranlage, das Paradies sowie den mediterran anmutenden Florentinerberg mit seinen traumhaften Ausblicken über die Stadt. Später am Abend lockt das nach Marlene Dietrich „schönste Casino der Welt" mit seinen eleganten Sälen, das Glück im Spiel zu versuchen.

5 HEIDELBERG

Das Heidelberger Schloss mit seinem weitläufigen Schlossgarten ist ein absoluter Besuchermagnet und die Sehenswürdigkeit Nummer eins in Heidelberg (drei Millionen Besucher). Den Besuchern des Schlosses liegt die Stadt sprichwörtlich zu Füßen, wenn sie von den grünen Terrassen und Aussichtspunkten der umfangreichen Anlage herunter auf die roten Dächer der heimeligen Altstadt und den Neckar blicken. Zum Schloss gelangt man entweder zu Fuß über einen der vielen Pfade oder mit der Bergbahn.

Eins der beliebtesten Ziele der Touristen befindet sich auf dem Heiligenberg gegenüber dem Heidelberger Schloss. Vom Philosophenweg genießt man eine atemberaubende Aussicht auf Stadt, Fluss, die Hügel der Bergstraße und den Odenwald.

DIE **HOT**SPOTS DER

6 KARLSRUHE

Karlsruhe ist nicht nur eine der wärmsten und sonnigsten Städte Deutschlands, auch die badische Freundlichkeit und Herzlichkeit ist hier besonders ausgeprägt. Aber Karlsruhe empfängt seine Gäste mit mehr, als nur dem milden Klima. Das Schloss in der Stadt ist kaum zu verfehlen. Die ehemalige, im Stile des Barocks erbaute Residenz der Markgrafen beziehungsweise Großherzöge von Baden wurde als Zentrum der Stadt angelegt. Von hier aus führen die Straßen wie Strahlen in alle Richtungen, daher wird Karlsruhe auch als Fächerstadt bezeichnet. Die Fächerstadt besitzt darüber hinaus ein breites Spektrum an Kulturangeboten, darunter zahlreiche Museen. Ein besonderes Highlight: Das Zentrum für Kunst und Medien (ZKM), das weltweit zu den Top fünf Museen zählt und mit besonderen Ausstellungen und interaktiven Stationen begeistert. Zum Shoppen und Bummeln lädt Badens längste Einkaufsmeile mit Einkaufszentren und vielen kleinen Geschäften. Und für alle Feinschmecker und Gourmets: Nicht nur der Wein und Spargel ist hier omnipräsent. Durch die besondere Lage der Stadt spiegeln sich in der hiesigen Küche französische, schwäbische und schweizerische Einflüsse wider.

7 EUROPA-PARK

Ein Besuch in Deutschlands größtem Freizeitpark lässt nicht nur Kinderherzen höher schlagen. Auf einer Fläche von 95 Hektar können Besucher an nur einem Tag eine Reise durch Europa erleben und sich dabei so richtig austoben. Im Sommer wie Winter locken über 100 Attraktionen und Shows eingebettet in 15 europäische Themenbereiche mit landestypischer Architektur und Gastronomie. Hochgeschwindigkeits-Achterbahn, Katapult-Achterbahn, Holzachterbahn – das Angebot an rasanten Fahrmöglichkeiten ist groß und Nervenkitzel garantiert. Im Sommer versprechen Wildwasser-Rafting und eine Wasserachterbahn Abkühlung. Wer es ruhiger mag, der findet zahlreiche Alternativen wie Grimms Märchenwald, wo hinter jeder Ecke sagenhafte Wesen wie Frau Holle, Rapunzel und Aschenputtel und ihre liebevoll inszenierten Geschichten warten. Vor den Toren des Europa-Parks empfängt seit 2019 die neue Indoor-Wasserwelt Rulantica die Besucher. Die spektakuläre Wasser-Erlebniswelt in skandinavischem Stil bietet neun thematisierte Bereiche und 25 spannende Wasserattraktionen, darunter ein riesiges Wellenbad, 17 Rutschen und einen beheizten Outdoor-Pool.

REGION BADEN

8 KAISERSTUHL

Wie Inseln erheben sich der Kaiserstuhl und Tuniberg aus der Oberrhein-Ebene zwischen Schwarzwald und Elsass. Die Burgunder-Oase in Baden, nur wenige Kilometer von Freiburg entfernt, hat aber nicht nur Gaumenfreuden sondern auch Naturerlebnisse inmitten einer einzigartigen Fauna und Flora zu bieten. Einladende Weinterrassen, Themenpfade (zum Beispiel Kaiserstuhlpfad oder Burgunderpfad), Radwege und einen Qualitätswanderweg erwarten die Besucher – Panoramablicke ins Dreiländereck inklusive.

Malerisch eingebettet zwischen Weinbergen liegt der Weinort Ihringen, der unter Kennern nicht nur als Paradies für Pflanzen- und Tierfreunde, sondern vor allem auch für seine Spitzenweine berühmt ist. Der Ihringer Winklerberg ist eine der berühmtesten Weinlagen. Hier reifen die edlen Weine auf vulkanischem Boden.

i
Badischer Wein GmbH
Mauerbergstr. 32
D-76534 Baden-Baden
www.badischer-wein.de

Ver- und Entsorgung in Baden

78476 Allensbach
Camping und Strandbad Allensbach, Strandweg 30

79312 Emmendingen
Wohnmobilstellplatz am Freibad, Am Sportfeld

79111 Freiburg im Breisgau
EXTROL Autohof Haid, Bötzinger Straße 19

79114 Freiburg im Breisgau
Reisemobilplatz am Eschholzpark, Bissierstraße

79117 Freiburg im Breisgau
Camping am Möslepark, Waldseestraße 77

79108 Freiburg im Breisgau-Hochdorf
WVD Südcaravan, Hanferstraße 30

78462 Konstanz
Parkplatz Döbele P2, Döbeleplatz

68229 Mannheim-Friedrichsfeld
GÜMA Reisemobile, Steinzeugstraße 21

77704 Oberkirch
Waldparkplatz Schauenburg, Burgstraße 29

78315 Radolfzell
Reisemobilplatz In den Herzen, Zeppelinstraße

78315 Radolfzell
Reisemobilplatz auf der Halbinsel Mettnau, Strandbadstraße

88662 Überlingen
Reisemobilhafen Überlingen, Kurt-Hahn-Straße

79206 Breisach-Niederrimsingen

Weinhaus St. Remigius

Gündlinger Str. 7
Petra Isele
Tel: 07664/59389
p.isele@remigiusweine.de
www.remigiusweine.de

= 1
>10m >3,5 t R

Anfahrt: A5 Karlsruhe-Basel Ausf. Bad Krozingen, auf der B31 → Breisach, nach ca. 2 km re. abbiegen → Oberrimsingen, in Niederrimsingen nach dem Ortschild die 4. Straße re. in die Gündlingerstraße

Um telefonische Anmeldung wird gebeten

Wir sprechen auch: Englisch

GPS: 47°59'12"N 07°40'06"E

Weine: Weißburgunder, Grauburgunder, Riesling, Muskateller, Sauvignon Blanc, Chardonnay, Merlot

Spezialitäten: Winzersekt, Edelbrände
Aktivitäten: Weinverkostung, Weinbergführung, Traktorfahrten

79426 Buggingen-Betberg

Bio-Weingut Rieger

Noblingstr. 13 b
Bernhard Rieger
Tel: 07634/2013
info@weingutrieger.de
www.weingutrieger.de

= 3
>10m >3,5 t R

Anfahrt: A5 Ausf. Hartheim-Heitersheim, → Heitersheim, dort auf die B3 → Mülheim, nach 2 km in Seefelden li. → Betberg, dann der Ausschilderung „Weingut Rieger" folgen

Wir sprechen auch: Englisch

GPS: 47°51'6"N 7°39'44"E

Bio WINZER

Weine: Gewürztraminer, Muskateller, Pinot Blanc de noir, Weißburgunder, Weißer Gutedel, Regent, Spätburgunder, Solaris, Grauburgunder, Chardonnay, Cabernet Sauvignon, Merlot
Spezialitäten: Sekt, Barriqueweine, Tresterbrand, Obstler, Traubensaft

Aktivitäten: Keller- und Weinbergführungen, Weinproben, Freitags im Advent
Öffnungszeiten: Mo-Fr 09.00-12.00 und 14.00-18.00 Uhr, Sa 09.00-15.00 Uhr

77815 Bühl

Affentaler Winzer eG

Betschgräblerplatz
Dr. Ralf Schäfer
Tel: 07223/98980
info@affentaler.de
www.affentaler.de

=2
>10m >3,5t R

Anfahrt: A5 Ausf. 52 Bühl → Bühl, nach 4 km re. ab → Bühl, an der Ampel li. auf die B3 → Baden-Baden, nächste Ausf. re. zum Parkplatz der Affentaler WG (Eingabe ins Navi: Immensteinstraße 13)

Wir sprechen auch: Englisch

GPS: 48°42'37''N 08°08'45''E

Weine: Chardonnay, Gewürztraminer, Grauburgunder, Müller-Thurgau, Traminer, Riesling, Rivaner, Sauvignon Blanc, Scheurebe, Weißburgunder, Cabernet Dorsa, Lagrein, Merlot, Spätburgunder, Spätburgunder Rosé
Spezialitäten: Sekt, Secco
Aktivitäten: Keller- und Weinbergführungen, Planwagentouren durch den Weinberg, Weinproben, Party-, Klassiker- und Premium-Weinproben
Öffnungszeiten: Weinverkauf: Mo-Fr 08.00-18.00 Uhr, Sa 09.00-13.00 Uhr, So 10.00-14.00 Uhr

79426 Buggingen-Seefelden

Weingut und Wein-Treff Gunzenhauser

Weingartenstr. 9
Petra Gunzenhauser
Tel: 07634/551910
weintreff.gunzenhauser@t-online.de
www.weintreff-gunzenhauser.de

=3
>10m >3,5t R

Anfahrt: B3 von Bad Krozingen-Heitersheim kommend vor der Ortseinfahrt Seefelden li. abbiegen (kleine Verkehrsinsel)

Wir sprechen auch: Englisch

GPS: 47°51'31"N 07°38'29"E

Weine: Gutedel, Weißburgunder, Spätburgunder
Spezialitäten: Badische Gerichte und großes Salatbüfett in der Winzerschänke
Aktivitäten: Veranstaltungen siehe Website
Öffnungszeiten: Weingut: ganzjährig Mi-Sa 10.00-12.00 und 15.00-17.00 Uhr, Weintreff: siehe Homepage, hängt von der aktuellen Corona Lage ab

79588 Efringen-Kirchen OT Blansingen

Weingut Claudia Straub

Alemannenstr. 12
Markus Worm
Tel: 07628/1300
gutedel@weingut-straub.de
www.weingut-straub.de

= 3
>10m >3,5 t R

Hofladen, Dusche, Weinprobe, Gutsschänke

Anfahrt: A5 Ausf. Efringen-Kirchen, über Efringen-Kirchen via B3 → Freiburg. Blansingen ist die zweite Ortschaft links. Achtung: max. Durchfahrtshöhe 3,20 m. Der Stellplatz befindet sich auf einer Wiese hinter dem Weingut. Zufahrt durch Torbogen.
Vorherige Reservierung erwünscht

Wir sprechen auch: Englisch

GPS: 47°41'29"N 7°32'25"E

Weine: Chardonnay, Gewürztraminer, Gutedel, Müller-Thurgau, Muskateller, Riesling, Weißburgunder, Regent, Spätburgunder
Spezialitäten: Sekt, Eiswein, Edelbrände

Aktivitäten: Weinproben, Gutsschänke Fr-Sa ab 16 Uhr, So ab 15.00 Uhr
Öffnungszeiten: Apr bis Oktr Mo-Do 14.00-19.00 Uhr, Fr 09.00-19.00 Uhr, Sa 09.00-14.00 Uhr, Winter Mo-Fr 09.00-12.00 und 13.00-17.30 Uhr, Sa 09.00-14.00 Uhr 19.00 Uhr, Sa 09.00-14.00 Uhr

77955 Ettenheim

Weingut Weber

Im Offental 1
Familie Weber
Tel: 0782289480
info@weingut-weber.de
www.weingut-weber.com

= 10
>10m >3,5 t R

Weinprobe.

Anfahrt: A5 Ausf. Rust → Ringsheim, B3 → Ettenheim, nach ca. 300 m rechts ins Offental abbiegen, Berg hochfahren

Wir sprechen auch: Deutsch, Englisch

GPS: 47°15'18"N 07°47'38"E

Weine: Weißburgunder, Grauburgunder, Riesling, Müller-Thurgau, Sauvignon Blanc, Scheurebe, Rosé Spätburgunder
Spezialitäten: Edelbrände, Gin, Traubensaft, frische Walnüsse (September/Oktober), Walnusslikör, Schwarze Walnuss-Trüffel, Walnusspesto, Walnussbrot

Aktivitäten: Weinproben, Kellerführungen, Weinbergwanderungen, verschiedene Events. Restaurant (Mi-So 11.30 bis 14.00 Uhr, ab 18.00 Uhr, Mo,Di Ruhetag)
Öffnungszeiten: Ganzjährig, Weinverkauf und Verkostung Mo-Fr 10.00-18.00 Uhr, Sa 10.00-14.00 Uhr, So Ruhetag

78262 Gailingen

Weingut Zolg

Winkelhof
Armin Zolg
Tel: 07734/6598
info@zolg.de
www.zolg.de

= 5
>10m >3,5 t

Anfahrt: A81, Ausfahrt 43 Gottmachingen. Der Beschilderung ➔ Gailingen folgen, dann nach Ramsen. Der Winkelhof liegt 1,5 km außerhalb von Gailingen ➔ Ramsen.

Wir sprechen auch: Englisch

GPS: 46° 59' 14" N 87° 50' 45"E

Weine: Rivaner, Grauburgunder, Weißburgunder, Spätburgunder
Spezialitäten: Winzersekt, Secco, Destillate, Liköre, Marmelade, Dosenwurst, Apfelsaftsecco ohne Alkohol
Aktivitäten: Weinbergrundfahren, Weinproben, Kellerführung

Öffnungszeiten: Weinverkauf ganzjährig (Mi - Sa 10.00-18.00 Uhr), Besenwirtschaft 07.03-25.04.2021 und 19.09.-21.11.2021 Mi - Sa ab 18.00 Uhr, So ab 16.00 Uhr. In den Wintermonaten geschlossen.

79288 Gottenheim

Weingut Kilian Hunn

Rathausstr. 2
Kilian Hunn
Tel: 07665/6207
mail@weingut-hunn.de
www.weingut-hunn.de

= 3
>10m >3,5 t R

Weinprobe.

Anfahrt: A5 Ausf. Freiburg-Mitte, B31a ➔ Umkirch fahren. Nach 5 km Ausf. Gottenheim-Ost, am Kreisverkehr die zweite Ausf., am Ende der Straße re. auf die Hauptstraße, nach ca. 200 m (zwischen Volksbank und Rathaus) li. abbiegen in die Rathausstraße. Der Platz befindet sich gleich li. hinter der Volksbank
Um Reservierung wird gebeten
Wir sprechen auch: Englisch

GPS: 48°3'0"N 07°43'44"E

Weine: Weißburgunder, Grauburgunder, Chardonnay, Müller-Thurgau, Auxerrois, Sauvignon Blanc, Gutedel,Spätburgunder
Spezialitäten: Winzersekt (klassische Flaschengärung), edle Brände aus der Hausbrennerei, Perlwein
Aktivitäten: Kulinarische Weinproben (Wein-Menüs), Wanderungen über die Rebhisli-Tour ca. 5 km vom Weingut aus
Öffnungszeiten: Mo-Fr 09.00-12.30 und 14.30-19.00 Uhr, Sa bis 18.00 Uhr, Straußwirtschaft 18.06.-21.08.2021 Mo-Fr ab 17.00 Uhr, Sa ab 16.00 Uhr, So Ruhetag

79241 Ihringen am Kaiserstuhl

Weingut Karl Karle

Am Krebsbach 3
Karl Karle
Tel: 07668/5050
info@weingut-karl-karle.de
www.weingut-karl-karle.de

= 3
>10m >3,5t R

Anfahrt: A5 von Süden Ausf. Bad Krozingen, ➔ Breisach am Rhein, weiter über Gündlingen nach Ihringen, gleich an der Ortseinfahrt li. oder A5 von Norden Ausf. Riegel ➔ Eichstetten, Bötzingen, Wasenweiler nach Ihringen. In der Ortsmitte ➔ Merdingen abbiegen, dann rechts

Wir sprechen auch:
Englisch, Französisch

GPS: 48°02'17"N 07°38'31"E

Weine: Chardonnay, Gewürztraminer, Grauburgunder, Müller-Thurgau, Muskateller, Scheurebe, Silvaner, Riesling, Rivaner, Weißburgunder, Merlot, Spätburgunder
Spezialitäten: Winzersekt, Destillate

Aktivitäten: Kellerbesichtigung, Weinproben, Weinverkostung während der Öffnungszeiten.
Öffnungszeiten: Eingeschränkte Nutzung des Platzes während der Weinlese (ca. Mitte Sep bis Mitte Okt), Weinverkauf Mo-Fr 08.30-12.00 und 14.00-18.00 Uhr, Sa 10.00-13.00 Uhr

79400 Kandern-Egerten

Kreiterhof Weinschenke

Wollbacherstr. 1
Armin Kreiter
Tel: 07626/591
info@kreiterhof.de
www.kreiterhof.de

= 5
>10m >3,5t R
CHEM

Anfahrt: Von der A5 beim Autobahndreieck Weil am Rhein auf die A98 wechseln, Ausf. Kandern bis Wollbach, dann re. ➔ Egerten

Wir sprechen auch: Englisch

GPS: 47°40'31"N 07°39'56"E

Weine: Gutedel, Blauer Spätburgunder aus eigenem Anbau
Spezialitäten: Heimische Küche: Forelle, Zwiebelkuchen, Spargel

Aktivitäten: Besuch des Hofmuseums, Wanderungen
Öffnungszeiten: Di-Do ab 17.00 Uhr, Fr-So und Feiertage ab 11.00 Uhr

75057 Kürnbach

Weingut GravinO

Gräfental 54
Jochen Grahm
Tel: 07258/7784
Mobil: 0176/32248410
info@gravino.de
www.gravino.de

= 3
>10m >3,5t R

Weinprobe.

Anfahrt: Von Oberderdingen kommend nach dem Ortsschild re. abbiegen und der Beschilderung folgen. Von Sulzfeld oder Sternenfels kommend ➔ Flehingen/Oberderdingen fahren, vor dem Ortsausgang li. abbiegen und der Beschilderung folgen

Um Reservierung wird gebeten

GPS: 49°4'15"N 8°50'22"E

Weine: Weiß,- Rosé- und Rotwein, sowie Schaumwein durch klassische Flaschengärung
Spezialitäten: Eigener biologischer Traubensaft und ausgewählte Brände. Seit 2019 neue Wohnmobilstellplätze, neuer Eventraum und Ausschank

Aktivitäten: Weinproben und Weinbergführungen. Auf Anfrage Teilnahme an der Weinernte Sep und Okt
Öffnungszeiten: Anreise Kontaktaufnahme. Ganzjährig. Weinverkauf Mi + Fr 17.00-20.00 Uhr, Sa 10.00-12.00 und 13.00-17.00 Uhr

75057 Kürnbach

Weingut Plag

Leibergweg 1
Philipp Plag
Tel: 07258/234
info@weingut-plag.de
www.weingut-plag.de

= 3
>10m >3,5t

Anfahrt: Von Kürnbach aus in ➔ Sulzfeld fahren, ca. 1 km nach Ortsende Kürnbach an der Weinpresse re. abbiegen, nach ca. 200 m erreichen Sie das Weingut

Wir sprechen auch: Englisch

GPS: 49°5'9"N 8°50'55"E

Weine: Gewürztraminer, Müller-Thurgau, Riesling, Weißburgunder, Acolon, Cabernet Dorsa, Dunkelfelder, Lemberger, Schwarzriesling, Spätburgunder
Spezialitäten: Sekt, Barriqueweine, Traubensaft

Aktivitäten: Auf Anfrage kulinarische Weinproben im Weinkeller, Besenzeiten siehe Website
Öffnungszeiten: An Weihnachten und Ostern kein Aufenthalt möglich, Weinverkauf Mi und Fr 14.00-18.00 Uhr, Sa 09.00-12.00 und 13.00-16.00 Uhr

91478 Markt Nordheim

Weingut Meier Schmidt

Ulsenheim 114
Tel: 09842/2479
weingut@meier-schmidt.de
www.meier-schmidt.de

= 3
>10m >3,5 t R

Müllentsorgung.

Anfahrt: Von Ulsenheim kommend, an der Staatstraße. Vinothek auf der linken Seite.

Wir sprechen auch: Englisch

GPS: 49° 33′ 40′′N 10° 18′ 02′′E

Weine: Vielschichtige, eigenständige, charaktervolle Weine. Riesling, Scheurebe, Silvaner und Burgunder nachhaltig mit höchstem Anspruch erzeugt
Spezialitäten: Winzersekt, Secco, Traubensaft

Aktivitäten: Weinproben, Weinbergführungen
Öffnungszeiten: Mo-Fr 13.00-19.00 Uhr, Sa 10.00-18.00 Uhr, nach Vereinbarung, Anreise außerhalb der Öffnungszeiten

79379 Müllheim-Zunzingen

Weingut Dr. Schneider

Rosenbergstr. 10
Matthias Ludewig
Tel: 07631/2915
info@weingut-dr-schneider.de
www.weingut-dr-schneider.de

= 1
>10m >3,5 t

Anfahrt: A5 Ausf. Müllheim-Neuenburg → Badenweiler, im Kreisverkehr bei der Helios-Klinik li. auf die Badische Weinstraße → Staufen, der nächste Ort ist Zunzingen

Wir sprechen auch:
Englisch, Französisch

GPS: 47°49'12"N 7°39'10"E

Weine: Chardonnay, Grauburgunder, Gutedel, Sauvignon blanc, Weißburgunder, Cabernet, Merlot, Spätburgunder
Spezialitäten: Crémant, Winzersekt, Perlwein, Edelbrände

Aktivitäten: Weinbergführungen, Kellerführungen, Weinetiketten-Museum, Hoffest (Ende Mai)
Öffnungszeiten: Ganzjährig geöffnet, Weinverkauf Di-Sa 14.00-18.00 Uhr und nach telefonischer Vereinbarung

77704 Oberkirch

Oberkircher Winzer eG

Renchenerstraße 42
Tel: 07802/92580
info@oberkircher-winzer.de
www.oberkircher-winzer.de

= 3
>10m >3,5 t

Anfahrt: A5 Karlsruhe-Basel, von Süden Ausf. Appenweier, von Norden Achern, der Beschilderung ➔ Oberkirch folgen

Wir sprechen auch: Englisch

GPS: 48°32'21"N 8°4'15"E

Weine: Gewürztraminer, Grauburgunder, Riesling, Sauvignon Blanc, Cabernet Sauvignon, Merlot, Spätburgunder
Spezialitäten: Winzersekt, Edelbrände

Aktivitäten: Weinproben mit Kellerführung von Apr-Okt Di 14.30 Uhr und Fr 17.00 Uhr, Weinwanderung
Öffnungszeiten: Weinverkauf und Verkostung Mo-Fr 09.00-12.00 und 13.30-17.30 Uhr, Sa. 09.00-13.00 Uhr.

77704 Oberkirch-Nussbach

Weingut Herztal

Herztal 115
Ulrike und Hubert Müller
Tel: 07805/5389
weingut-herztal@t-online.de
www.weingut-herztal.de

= 3
>10m >3,5 t

Anfahrt: A5 Ausf. Appenweier-Straßburg, weiter auf der B28 ➔ Oberkirch-Freudenstadt, nach 5 km Ausf. Nussbach, in Nussbach beim Rathaus abbiegen ➔ Ortsteil Herztal, 1,2 km bis zum Weingut

GPS: 48°31'33"N 8°2'2"E

Weine: Chardonnay, Gewürztraminer, Grauburgunder, Müller-Thurgau, Riesling, Sauvignon blanc, Scheurebe, Weißburgunder, Cabernet, Merlot, Spätburgunder, Syrah
Spezialitäten: Edelbrände aus eigener Destillation

Aktivitäten: Weinbergführungen nach Vereinbarung Weinproben (15 Personen), Besengeöffnet von Mitte Mär-Jun und Mitte Sep-Nov Mi-Fr ab 17.00 Uhr, Sa ab 16.00 Uhr, So ab 16.00 Uhr

77799 Ortenberg

Weingut Schloss Ortenberg

Am Sankt Andreas 1
Matthias Wolf
Tel: 0781/93430
info@wso-wein.de
www.wso-wein.de

= 2
>3,5 t R

Anfahrt: Von Offenburg → Ortenberg, am Gasthaus Ochsen li. abbiegen und der Beschilderung folgen. Von Villingen-Schwenningen kommend Ausf. Ortenberg und im Kreisverkehr die dritte Ausf. nehmen, der Beschilderung ab Gasthaus Ochsen folgen

Wir sprechen auch:
Englisch, Französisch, Italienisch

GPS: 48°27'13"N 07°58'47"

Weine: Klingelberger (Riesling), Weißburgunder, Gewürztraminer, Muskateller, Spätburgunder, Merlot, Syrah, Furore, etc.
Spezialitäten: Winzersekt, Marc, Obstbrände, Essig, Gewürze, Schokolade
Aktivitäten: Weinproben auch online und Weinbergführungen (ab 12 Personen). Alle Weine und Sekt können kostenfrei in der Vinothek verkostet werden.
Öffnungszeiten: Mo-Fr 08.00-12.00 und 13.00-17.00 Uhr, Sa 09.30-13.00 Uhr, Außerhalb der Öffnungzeiten kein Empfang möglich.

79361 Sasbach-Jechtingen

Winzergenossenschaft Jechtingen-Amoltern eG

Winzerstr. 1
Herr Flamm
Tel: 07662/93230
info@jechtinger-wein.de
www.jechtinger-wein.de

= 10
>10 m >3,5 t R

Anfahrt: A5 Ausf. Riegel, weiter über Endingen, Königschaffhausen, Sasbach oder Leiselheim nach Jechtingen

Wir sprechen auch:
Englisch, Französisch

GPS: 48°06'55"N 07°36'35"E

Weine: Chardonnay, Gewürztraminer, Grauburgunder, Kerner, Müller-Thurgau, Muskateller, Regent, Riesling, Weißburgunder
Spezialitäten: Sekt, diverse Wurstwaren, Pralinen, Kaffee
Aktivitäten: Weinproben, Weinbergführungen, Kellerführungen
Öffnungszeiten: In der Zeit von 19. bis 30.10.2021 können wir kein Wohnmobil auf unserem Gelände empfangen. Weinverkauf Mo-Fr 08.00-17.30 Uhr, Sa 08.30-12.30 Uhr

79418 Schliengen

Weingut und Weinschenke Zimmermann

Bürgelnblick 1
(Auf dem Schlingener Berg)
Karl-Ernst Zimmermann
Tel: 07635/665
info@zimmermann-wein.de
www.zimmermann-wein.de

= 12
>10m >3,5 t

Anfahrt: A5 bis Autobahndreieck Neuenburg am Rhein → Schliengen. Das Weingut liegt auf dem Schliengener Berg, direkt an der B3 zwischen Schliengen und Hertingen

Wir sprechen auch: Englisch

GPS: 47°44'12"N 7°34'26"E

Weine: Gutedel, Grauburgunder, Sauvignon Blanc, Rosé, Spätburgunder, Merlot, Syrah, Cabernet Franc
Spezialitäten: Winzersekt und Edelbrände

Aktivitäten: Weinproben nur auf Anmeldung, Einkehr in unsere Weinschenke
Öffnungszeiten: Saisonal, Weingut Mo-Do 09.00-17.00 Uhr, Fr 09.00-12.00 und 14.00-17.00 Uhr, Sa 10.00-15.00 Uhr, Weinschenke saisonal geöffnet siehe Homepage (Mitte Februar bis Mitte Dezember)

79235 Vogtsburg-Bischoffingen

Weingut Achim Rieflin

Kaiserstuhlstr. 8
Achim und Helmut Rieflin
Tel: 07662/544
weingut@rieflin.de
www.rieflin.de

= 1
>10m >3,5 t

Anfahrt: A5 Ausf. Frankreich/Riegel/Sasbach (Rhein)/Endingen, re. abbiegen auf die L113, nach dem 2. Kreisverkehr li. abbiegen auf die L105, im nächsten Kreisverkehr die 1. Ausf. nehmen, der L105 folgen, dann li. abbiegen auf die K5128/K492, danach li. in die Bergstraße, re. halten → Kaiserstuhlstraße

GPS: 48°6'9"N 7°37'49"E

Weine: Müller-Thurgau, Riesling, Grauburgunder, Weißburgunder, Solaris, Muskat-Ottonel, Weißherbst, Spätburgunder, Regent
Spezialitäten: hausgemachte Flammkuchen und saisonale Spezialitäten
Aktivitäten: Weinproben

Öffnungszeiten: Geöffnet von Apr-Okt, Gutsschenke "Zum Trotthisli" Mo, Di, Fr 17.00-22.00 Uhr, Sa 15.00-22.00 Uhr, So 11.00-22.00 Uhr

79235 Vogtsburg-Schelingen

Weingut Gregor & Thomas Schätzle

Heinrich-Kling-Str. 38
Familie Schätzle
Tel: 07662/94610
info@weingutschaetzle.de
www.weingutschaetzle.de

= 3
>10m >3,5 t R

Weinprobe.

Anfahrt: von Norden: A5 bis Riegel, weiter über Bahlingen nach Schelingen, Ortsausgang nach 300 m befindet sich das Weingut auf der rechten Seite. von Süden: A5 bis Freiburg Mitte, weiter auf B31 → Umkirch, Gottenheim, Bötzingen und Oberbergen. Rechts ab nach Schelingen.
Wir sprechen auch: Englisch, Französisch, Spanisch

GPS: 48°05'59"N 07°40'20"E

Weine: Spätburgunder, Grauburgunder, Weißburgunder, Chardonnay, Müller-Thurgau, Gewürztraminer, Merlot
Spezialitäten: Winzersekte der hauseigenen Manufaktur nach traditioneller Flaschengärung und handgerüttelt, Destillate von eigenem Obst, Trester & Hefe auch im Eichenfass gereift der Hausbrennerei

Aktivitäten: Geführte Touren durch die Grand Cru Lage Schelinger Kirchberg, Genuss-Rucksack mit Picknick und Weinen zum selbst erkunden der Weinberge, Weinproben - nach Absprache mit Verköstigung
Öffnungszeiten: Mo-Fr 08.00-12.00 und 13.30-18.00 Uhr, Sa 09.00-16.00 Uhr

RAPIDO
KOLLEKTION 2021
Neue Baureihe C
KOMPAKTE GRÖSSE
für GROSSE REISEN
C56
C86
Brechen Sie mit den drei Modellen der Baureihe C mit kompakter Außenbreite (2,17 m) auf zu neuen Abenteuern. Sie sind wendig und agil und sorgen dafür, dass Sie so nah wie möglich an Ihr Ziel herankommen. Die Innenräume bieten den gewohnten Komfort der Teilintegrierten von RAPIDO und das SKYVIEW-Panoramadach lässt jede Menge natürliches Licht herein.
MEDIAPILOTE - RAP N°1_2020 - Ph. J. GONZALEZ - Stylisme : R. BONENFANT - LPMDC
C55 6,72 m | C56 5,99 m | C86 6,99 m
Unterlagen und Händlerverzeichnis kostenlos anfordern bei : info@rapido.fr - www.rapido-reisemobile.de
RAPIDO GRUPPE
RAPIDO
DREAMER
FLEURETTE
ITINEO
OTTI LINE
PLA
WESTFALIA
Besuchen Sie uns auf

DAS „LIEBLICHE TAUBERTAL“

Eine Ferienlandschaft für Geniesser

Weinerlebnisse

Anzeige

Wohnmobilstellplatz mit Blick auf Burg Wertheim

Die Ferienlandschaft „Liebliches Taubertal", die 2021 ihr 70-jähriges Jubiläum feiern kann, erstreckt sich von Rothenburg ob der Tauber bis nach Wertheim und Freudenberg am Main.

Das herrliche Flusstal können Besucher mit dem Wohnmobil genussvoll bereisen und von den zahlreichen Standplätzen aus zu Fuß erwandern oder mit dem Fahrrad erkunden.

Das Taubertal ist reich an Sehenswürdigkeiten – mit sieben Burgen, zwölf Schlössern, vier Klöstern und über 40 Museen. Genuss ist ein Begriff, der sich im „Lieblichen Taubertal" äußerst vielfältig offenbart. Ob Restaurants, Gaststätten und Besenwirtschaften, Direktvermarkter, Winzergenossenschaften, Weingärtner, Weinbetriebe, Weindörfer oder Weinfeste: Die Region bietet für jeden Gaumen die passende Freude.

Nicht weniger als drei deutsche Weinbaugebiete treffen hier aufeinander. Spezialitäten sind die autochthone Rebsorte Tauberschwarz und der weltberühmte Bocksbeutel. Qualifizierte Weingästeführer wissen Interessantes zum Weinanbau und zum Ausbau in den Weinkellern zu berichten.

INFORMATIONEN

zur Ferienlandschaft **„Liebliches Taubertal"** und zum **Weinland Taubertal** gibt es beim **Tourismusverband „Liebliches Taubertal"**, Gartenstraße 1, 97941 Tauberbischofsheim, Telefon 09341 825806, Fax: 09341 825700
E-Mail: **touristik@liebliches-taubertal.de oder info@weinland-taubertal.de**
Internet: **www.liebliches-taubertal.de**

Radfahrer in den Weinbergen bei Gerlachsheim

Wohnmobil vor dem Satzenberg in Reicholzheim

Fotos: Tourismusverband Liebliches Taubertal / Peter Frischmuth

97922 Lauda-Königshofen OT Beckstein

Becksteiner Winzer

Weinstr. 30
Michael Spies
Tel: 09343/5000
m.spies@becksteiner-winzer.de
www.becksteiner-winzer.de

= 3
>10m >3,5 t

Weinprobe

Anfahrt: Inmitten des Lieblichen Taubertals. Autobahnausfahrt A81 Tauberbischofsheim, B290 auf Höhe Königshofen ➔ Beckstein (Becksteiner WeinWelt).

Wir sprechen auch: Englisch

GPS: 49°32'47"N 09°42'09"E

Weine: Weißwein, Rotwein & Sektspezialitäten aus Tauberfranken: Bacchus, Chardonnay, Grauburgunder, Kerner, Müller-Thurgau, Riesling, Silvaner, Weißburgunder, Schwarzriesling, Spätburgunder, Tauberschwarz, Zweigelt
Spezialitäten: Liköre, aromatisierte Getränke, Weingelee, Traubenkernöl, Schokolade
Aktivitäten: Weinproben, Weinführungen, Events, Erlebniseinkauf, Wandern, Fahrradfahren, Natur
Öffnungszeiten: Mo-Sa 9.00-18.00 Uhr, So u. Feiertag 10.00-16.00 Uhr, 25. + 26.12., 01.01. und 06.01. geschlossen

97285 Röttingen

Weinbau Bach

Klingener Straße 1
Eugen und Mario Bach
Tel: 09338/595
kontakt@weinbau-bach-roettingen.de
www.weinbau-bach-roettingen.de

= 10
>10m >3,5 t

Anfahrt: A81 Ausf. Boxberg, → Bad Mergentheim. Von dort über die Romantische Straße bis nach Röttingen oder A3/A7 bis Würzburg, Ausf. Heidingsfeld → Bad Mergentheim, auf der B19 bis nach Euerhausen, danach li. → Röttingen oder A7 bis Rothenburg, von dort über die Romantische Straße nach Röttingen

GPS: 49° 30′ 25″N 09° 58′ 21″E

Weine: Bacchus, Müller-Thurgau, Silvaner, Dornfelder, Schwarzriesling

Spezialitäten: Liköre, Wurst, Obst im Herbst,
Öffnungszeiten: Ganzjährig geöffnet

97215 Simmershofen OT Auernhofen

Ökologischer Land- und Weinbau Stephan Krämer

Lange Dorfstraße 24
Simone Krämer
Tel: 09848/96845
info@kraemer-oeko-logisch.de
www.kraemer-oeko-logisch.de

= 2
>3,5 t R
WC GRAU
Hofladen, Müllentsorgung

Anfahrt: Von der A7 kommend → Bad Mergentheim auf die Staatsstraße 2256. Unser Bio-Hof befindet sich in der Dorfmitte von Auernhofen

Wir bitten um telefonische Voranmeldung

Wir sprechen auch: Englisch, Spanisch

GPS: 49° 31′ 23″N 10° 06′ 15″E

Bio WINZER

Weine: Silvaner, Müller-Thurgau, Johanniter, Riesling, Pinot Meunier, Bacchus
Spezialitäten: Pétillant Naturel Müller Thurgau, Rosé (Regent), Just-B (Bacchus), Zwetschgen- und Birnenbrand, selbstgebackenes Bio-Brot (nach Verfügbarkeit)

Aktivitäten: Kulinarische Weinprobe ab 10 Personen, Gastronomie für bis zu 60 P., Ferienwohnungen
Öffnungszeiten: Werktags, 10.00-18.00 Uhr, bzw. auf Anfrage. In den Weihnachtsferien geschlossen

97941 Tauberbischofsheim-Dittwar

Winzerhof Wille

Gissigheimerstraße 80
Verena Wille
Tel: 09341/8463630
winzerhof-wille@gmx.de
www.winzerhof-wille.de

= 2
>10m >3,5 t R

Anfahrt: Aus Dittwar kommend → Gissigheim

Wir sprechen auch: Englisch

GPS: 49° 35′ 32′′N 09° 37′ 45′′E

Weine: Schwarzriesling, Grauer Burgunder, Müller Thurgau, Weißherbst, Dornfelder
Spezialitäten: Winzersekt Grauer Burgunder, Winzersekt Schwarzriesling, Weißherbst

Aktivitäten: Weinproben, Weinbergwanderungen
Öffnungszeiten: Nach Absprache

97877 Wertheim-Dertingen

Bio WINZER

Winzerhof M. Baumann

Dorfgrabenweg 4
Monika Baumann
Tel: 09397/794
info@winzerhof-baumann.de
www.winzerhof-baumann.de

= 2
>3,5 t R

Anfahrt: A3 Abfahrt Wertheim/Lengfurt Nr. 66, von Werheim kommend nach Beschilderung im Ort fahren (silberne Wegweiser). Navi: Zehntgasse 7 eingeben

GPS: 49° 45′ 56′′N 09° 36′ 60′′E

Weine: Silvaner, Müller Thurgau, Bacchus, Grauer Burgunder, Gewürztraminer, Ortega, Regent, Schwarzriesling, Spätburgunder

Spezialitäten: Winzersekt, Perlwein, Traubenbrand
Aktivitäten: Weinbergführungen, Heckenwirtschaft, Verkostungen, Hoffest
Öffnungszeiten: Auf Anfrage

Anzeige

Leidenschaft & Herzblut

Die Winzer-Generation Strebel

WINZERHOF STREBEL
Geisbergstrasse 8 – Beckstein
97922 Lauda – Königshofen
Kontakt:
Stefan Strebel, Tel.: 0172-9164096
strebelst@t-online.de
www.winzerhof-strebel.de

Foto: Winzerhof Strebel

Direkt in Beckstein, einem kleinen romantischen Weinort im Taubertal, heißt der Winzerhof Strebel seine Gäste herzlich willkommen. Das kleine Familienweingut baut seit 2012 mit „Leidenschaft" und „Herzblut" seine eigenen Weine aus, darunter zwei Cuvées, die diesen Namen tragen. In Beckstein wachsen die Reben auf steilen, steinhaltigen Muschelkalkböden und diese besonderen Bodenverhältnisse verleihen den Weinen des Winzerhofs einen unverkennbaren Geschmack. Ausgeprägte Mineralik trifft auf feine Fruchtaromen, die den Weinen einen jungen und modernen Charakter verleihen.

Neben qualitativ hochwertigen Weinen führt der Winzerhof auch edle Destillate und aromatische Liköre in seinem Sortiment. Nicht umsonst gilt Beckstein als eine Hochburg der Schnapsbrennereien. Reisemobilisten können sich bei einer Verkostung selbst überzeugen.

Der Winzerhof Strebel begrüßt seine mobilen Gäste auf dem idyllischen Stellplatz, ruhig, außerhalb des Ortes und oberhalb der Weinberge neben der Weinberghütte gelegen. Umgeben von Weinbergen und Wäldern, bietet der Ort aber auch ideale Voraussetzungen zum Wandern und Erholen. In unmittelbarer Nähe vom Winzer-Stellplatz findet sich ein Weinbergsofa mit herrlichem Blick ins Taubertal. Mit einem guten Tropfen im Glas ein Genuss in mehrfacher Hinsicht.

FRÄNKISCHES SAVOIR VIVRE

Geselliges Beisammensein mitten im Weinberg.

Geselligkeit und Kulturreichtum prägen das Fränkische Weinland im Maindreieck. Eingebettet zwischen Spessart, Rhön, Steigerwald und Taubertal locken romantische Winzerorte und die Residenzstadt Würzburg.

Besonders geprägt sind dieses Gebiet und die Menschen, die dort leben, vom Wein. Etwa 80 Prozent der produzierten Frankenweine sind Weißweine, angeführt von den Sorten Müller-Thurgau, Silvaner und Bacchus. Bei den Rotweinen werden die Rebsorten Domina, Spätburgunder und Dornfelder bevorzugt angebaut.

Die fränkischen Weine gelten in der Regel als äußerst trocken. Aufgrund dieser besonderen Eigenschaft wurde die Geschmacksbezeichnung „fränkisch trocken" eingeführt. Dabei dürfen Weine dieser Kategorie auf keinen Fall mehr als vier Gramm Restzucker pro Liter Wein aufweisen.

Typisch für den Frankenwein ist die bauchig-runde Flaschenform, der berühmte Bocksbeutel, der seit Jahrhunderten als Markenzeichen des Frankenweins gilt und mittlerweile sogar von der EU geschützt ist. Bei einem Winzer-Besuch, einem Spaziergang durch die Weinberge, einer erlesenen Weinprobe oder einem der vielen Weinfeste lernt man den Frankenwein und sein Ursprungsland am besten kennen.

Herzhaft wie Land und Leute und passend zum Frankenwein präsentiert sich auch die Küche. Entsprechend den Jahreszeiten gibt es typische saisonale Gerichte wie etwa Wild-, Fisch- und Geflügelspezialitäten im Herbst und Winter, fränkischen Spargel im Mai und Juni und passend zum Federweißer deftige Gerichte wie Zwiebelkuchen oder Zwetschgenkuchen.

Nicht nur die Gaumenfreuden, auch die Sinnesfreuden stillt das Fränkische Weinland. In der Metropole Würzburg erbaute der bedeutende Barockbaumeister Balthasar Neumann die Residenz als „Schloss über den Schlössern". Der Venezianer Giovanni Battista Tiepolo schuf mit dem gewaltigen Deckenfresko über dem frei gewölbten Himmel des berühmten Treppenhauses eines der größten Gemälde der Welt. ‹

DIE **HOT**SPOTS DER

1 BEDEUTEND: DIE WÜRZBURGER RESIDENZ

Die ehemalige Residenz der Würzburger Fürstbischöfe entstand zwischen 1720 und 1744 im Rohbau und wurde bis 1780 fertig ausgestattet. Die Würzburger Residenz gehört zu den bedeutendsten Schlossanlagen des Barock in Europa und zählt zum Welterbe der UNESCO.

Für das weltberühmte, vom Architekten Balthasar Neumann stützenfrei überwölbte Treppenhaus schuf 1752/53 der Venezianer Giovanni Battista Tiepolo das Deckenfresko mit den vier Erdteilen. Das insgesamt 18 mal 30 Meter messende Gemälde ist eines der größten einteiligen Fresken, die je gemalt wurden.

Die Wölbungen dieser Haupträume hielten auch dem verheerenden Residenzbrand 1945 stand, während die Decken und Fußböden der den Kaisersaal flankierenden Kaiserzimmer zerstört wurden. Durch die geretteten Einrichtungsgegenstände und Wandverkleidungen konnten die Räume wiederhergestellt werden.

Sowohl Kunst- als auch Naturgenuss bietet ein Spaziergang durch den Hofgarten. Im Südgarten bildet das von kegelförmig geschnittenen Eiben umstellte Wasserbassin ein Zentrum der heutigen Gartenkonzeption.

2 DAS TOR ZUR FRÄNKISCHEN SCHWEIZ

Wenn die Franken von ihrem Berg sprechen, so reden sie im Volksmund über das „Walberla", dem markanten Tafelberg östlich von Forchheim. Der richtige Name des Bergmassives ist aber „Ehrenbürg".

Die „Ehrenbürg" besteht aus dem 532 Meter hohen Rodenstein und dem 512 Meter hohen Walberla, der von einer im 17. Jahrhundert gebauten Kapelle gekrönt wird. Das Walberla wird gern und häufig auch als „Tor zur Fränkischen Schweiz" bezeichnet.

Das Gebiet ums Walberla wird geprägt vom größten geschlossenen Süßkirschenanbau in Deutschland bzw. Europa. Und wenn im Frühjahr die Kircshbäume in voller Blüte stehen, verwandelt sich das Tal in ein duftendes und farbenfrohes Blütenmeer .

Nicht nur als Wanderer, Radfahrer, Kletterer, Fossiliensammler, um nur einige zu nennen, sondern auch als Kunst- und Naturfreund werden Sie von dieser Gegend begeistert sein. Schlösser, Burgruinen und zahlreiche Kirchen zeugen vom Traditionsbewusstsein der Region. **Tipp:** Wenn es möglich ist, findet am ersten Mai Wochenende das Walberla-Fest stat.

REGION FRANKEN

3 SCHLOSS EREMITAGE IN BAYREUTH

Markgraf Georg Wilhelm ließ 1715 unweit der Residenzstadt Bayreuth das Alte Schloss Eremitage als Mittelpunkt einer höfischen Einsiedelei errichten. Im Jahr seines Regierungsantritts 1735 machte Markgraf Friedrich das Terrain seiner Gattin Wilhelmine zum Geschenk. Von der Einzigartigkeit der Anlage fasziniert, begann die Markgräfin sofort mit umfangreichen Erweiterungsmaßnahmen.

Sie ließ zunächst das Alte Schloss vergrößern und unter anderem ein Musikzimmer, ein Japanisches Kabinett und das Chinesische Spiegelkabinett, in dem sie ihre berühmten Memoiren schrieb, einrichten. Zwischen 1743 und 1745 entstanden nach Entwürfen von Joseph Saint-Pierre verschiedene Architekturen und Brunnenanlagen. Der Bau des Neuen Schlosses mit der Oberen Grotte fiel in die Jahre 1749 bis 1753. Im Zuge ihrer Erweiterung der bestehenden Gartenanlagen griff Wilhelmine auf traditionelle barocke Elemente wie Heckenquartiere, Laubengänge und Wasserspiele zurück. Unter den Gartenanlagen des 18. Jahrhunderts nimmt die Eremitage eine Sonderstellung ein.

4 DIE TEUFELSHÖHLE IN POTTENSTEIN

Seit fast 100 Jahren – die erste öffentliche Führung fand 1922 statt – kommen Besucher aus der ganzen Welt, um ein einzigartiges Karstwunder zu bestaunen: die Teufelshöhle Pottenstein.

Rund 400 Stufen sind zu bewältigen, um die Tropfsteinhöhle zu erkunden. Ins Schwitzen kommt man dabei dennoch nicht. Bei 9°C – im Sommer wie im Winter – empfiehlt es sich, warme Kleidung mitzunehmen.

Der Eingang ist eine gewaltige Felsgrotte, eine der größten in Deutschland. Aus der Mitte des Höhleneingangs springt eine acht Meter hohe Höhlenterasse vor. Dahinter befindet sich der eigentliche Eingang zur Höhle. Sehr beeindruckend ist der größte Höhlenraum, der 45 mal 18 mal 15 Meter große „Barbarossadom".

Über dem Raum liegt noch eine Felsendecke von 52 Metern. Die Teufelshöhle ist die größte der rund 1.000 Höhlen in der Fränkischen Schweiz. Sie hat eine Gesamtlänge von circa 3.000 Metern, von denen etwa die Hälfte der Öffentlichkeit zugänglich ist. Vor allem Kindern wird ein Besuch der Höhle als ein großes Abenteuer in Erinnerung bleiben.

DIE **HOT**SPOTS DER

5 DIE TRIMBURG IN ELFERSHAUSEN

Markt Elfershausen und seine Gemeindeteile sind untrennbar mit der Burgruine Trimburg verbunden. Die Herren von Trimberg, die im 13. Jahrhundert mit den mächtigen Grafen von Henneberg durch Heirat in Verbindung standen, waren ein uraltes Geschlecht.

Als sich Konrad III. von Trimberg und seine Gemahlin Adelheid 1279 den damaligen Kreuzfahrern anschlossen und ihren weltlichen Besitz der Kirche schenkten, um ihr ferneres Leben in klösterlicher Gemeinschaft zu führen, kam die Trimburg an das Hochstift Würzburg. Die Burg wurde Sitz eines Gerichtes und eines Verwaltungsamtes, wobei die Edlen von Erthal eine große Rolle spielten. Im Bauernkrieg 1525 und im Dreißigjährigen Krieg konnten die Mauern den Feinden nicht standhalten, sodass man den Festungscharakter aufgab. Im Zuge der Säkularisation im Jahre 1803 kam die Trimburg in den Besitz des Königreichs Bayern. Auf Abbruch verkauft, holte man sich dort dann zunächst Bausteine, machte sie somit zur heutigen Ruine, bis man einsah, dass so eine Krone der Landschaft nicht zerbrochen werden darf.

6 DAS EINZIGARTIGE BLUTSEEMOOR BEI KIST

Verantwortlich für den etwas abschreckenden Namen des Moors ist nicht etwa echtes Blut, sondern eine rote Algenart, die dort zahlreich vorkommt und dem Wasser eine rötliche Farbe verleiht.

Weiterhin findet man hier die unterschiedlichsten Gräser und verschiedene Moosarten, zum Beispiel das schmalblättrige Wollgras, die Schnabel-Segge und verschiedene Moosarten wie das Torfmoos. Der Torfkörper schwimmt auf dem Wasser und birgt seinerseits Nährboden für weitere Pflanzen – es entsteht ein sogenannter Schwingrasen.

Das Naturschutzgebiet „Blutsee-Moor" befindet sich im Irtenberger Wald zwischen Gerchsheim und Kist. Es handelt es sich um ein Niedermoor-Gebiet mit dem größten Schwingrasen Unterfrankens. Das Blutsee-Moor liegt im Fauna-Flora-Habitat-Gebiet (FFH) „Irtenberger und Guttenberger Wald" und ist Teil des Europäischen Schutzgebietsnetzes „NATURA 2000". Das kostbare Feuchtgebiet darf nicht betreten werden. Für Menschen besteht hier teilweise sogar Lebensgefahr.

REGION FRANKEN

7 APOTHEKERGARTEN UND MUSEUM, SCHONUNGEN

Der Apothekergarten in Schonungen liegt am idyllischen Flüsschen Steinach. Die etwa 140 Pflanzen sind systematisch in Themenbeeten angelegt, haben die unterschiedlichsten Wirkungen und sind zur Anwendung im Arzneimittelbereich besonders aufzubereiten.

Ob als Tee, Tablette, Kapsel, Saft, Tropfen oder Ampullen – die Kunst der Aufbereitung ist immer noch die Domäne des Apothekers, der in einem fünfjährigen Studium mit Staatsexamen dazu ausgebildet ist. Wie dies im Alltag bewältigt wurde, kann man heute noch im Kleinen Apothekenmuseum in Mainberg sehen, erleben und erfahren.

Vor allem die Zeit vor der Industrialisierung wird dargestellt, das heißt die individuelle Herstellung von Arzneimitteln durch den Apotheker, die der industrieellen Massenproduktion vorausgegangen ist. Der Apothekergarten zusammen mit dem Kleinen Apothekenmuseum und die hochmoderne Ortsapotheke vermitteln einen umfassenden Einblick in die Entwicklung der Pharmazie in den letzten 150 Jahren.

Tourismusverband Franken e.V.
Pretzfelder Straße 15
90425 Nürnberg
www.frankentourismus.de

Ver- und Entsorgung in Franken

97082 Würzburg
Mainaustr. 54, Klärwerk Würzburg, Holiday-Clean

97084 Würzburg
Mergentheimer Str. 31, Aral Tankstelle

97984 Würzburg
Unterer Kirchbergweg 65, VW-Audi-Vertriebszentrum

97332 Volkach-Escherndorf
An der Güß, Campingplatz Escherndorf

97332 Volkach
Fahrer Straße, Parkplatz am Freibad, Holiday-Clean

97334 Nordheim
Kläranlage

97337 Dettelbach
Bamberger Str., Reisemobilplatz an der Mainfähre

97346 Iphofen
Einersheimer Str. Parkplatz an der Einersheimer Str.

63755 Alzenau-Hörstein

Hofgut Hörstein

Mömbriser Str. 6
Edda Hein-Barnetzki
Tel: 06023/9183151
hofguthoerstein@t-online.de
www.hofgut-hoerstein.de

= 2
>10m >3,5 t R

Anfahrt: A45 Ausf. Alzenau-Süd, li. abbiegen, in Hörstein re. ➔ Mömbris abbiegen. Das Weingut liegt ca. 2 km von der Ausfahrt entfernt

Bitte um vorherige Anmeldung, damit abgeklärt werden kann, ob es Behinderungen gibt

Wir sprechen auch: Englisch

GPS: 50°03'15"N 09°04'37"E

Weine: Bacchus, Müller-Thurgau, Riesling, Silvaner, Ortega, Spätburgunder
Spezialitäten: Fränkische Destillate
Aktivitäten: Weinproben, kulinarische Weinproben, Gutsausschank Öffnungszeiten siehe Hompage
Öffnungszeiten: Mo ab 15.00 Uhr, Di-Sa ab 15.00 Uhr, So ab 11.30 Uhr

63755 Alzenau-Wasserlos

Weingut Ernst Wenzel

Schloßbergstr. 5
Ernst Wenzel
Tel: 06023/993496
info@wenzel-wein.de
www.wenzel-wein.de

= 10
>10m >3,5 t

Anfahrt: A45 Ausf. 46 Karlstein, über Hörstein nach Wasserlos fahren, dann erste Straße re. in den Hellersweg abbiegen und der Beschilderung folgen

GPS: 50°04'13"N 09°04'39"E

Weine: Grauburgunder, Müller-Thurgau, Riesling, Sauvignon blanc, Silvaner, Traminer, Weißburgunder, Bacchus, Dornfelder, Portugieser, Schwarzriesling, blauer Silvaner, Spätburgunder
Spezialitäten: Fränkische Gastronomie: Weinscheune mit typisch regionaler Speisekarte, Wild aus der Region: Spessartwildschwein, Weinbergreh, roter und weißer Traubensaft, Quittensaft
Aktivitäten: Weinbergführungen, Culinarium Menü und Wein – zu jedem Menügang den passenden Frankenwein
Öffnungszeiten: Di-Fr ab 16.00 Uhr, Sa ab 12.00 Uhr, So ab 11.30 Uhr zu den Öffnungszeiten durchgehend warme Küche

97241 Bergtheim

Weingut Schmitt

Am Weinfaß 1
Anja Schmitt-Kraiß
Tel: 09367/90910
info@privat-weingut-schmitt.de
www.privat-weingut-schmitt.de

= 4
>10m >3,5 t R
CHEM GRAU

Hofladen, Weinprobe

Anfahrt: A7 ➔ Süden Ausfahrt Gramschatz-BergtheimA7 ➔ Norden Ausfahrt Volkach-Unterpleichfeld B19/ A70 Ausfahrt Werneck, weiter auf der B19 ➔ Würzburg

Wir sprechen auch: Englisch

GPS: 49°53'37"N 10°3'49"E

Weine: Bacchus, Gewürztraminer, Grauburgunder, Kerner, Müller-Thurgau, Riesling, Scheurebe, Silvaner, Domina Regent, Spätburgunder, Winzerglühwein
Spezialitäten: verschiedene Sekte, Edelbrände, Glühwein, Traubensaft, Federweißer im Herbst, Winzerglühwein
Aktivitäten: Wein-Erlebnistag, Weinprobe, Herbstfrest, Weihnachtsmarkt, Frühlingsweinverkostung
Öffnungszeiten: Weinverkauf Mo-Fr 08.00-18.00 Uhr, Sa 09.00-16.00 Uhr

97258 Bullenheim

Weingut Schmidt / Weinstube Johannesstuben

Bullenheim 157
Lukas Schmidt
Tel: 09339/407
johannesstuben@email.de
www.schmidt-wein.de

= 2
>10m >3,5 t R
CHEM

Anfahrt: A7 Würzburg-Ulm Ausf. Gollhofen, weiter auf der B13 ➔ Uffenheim, dann über Ippesheim nach Bullenheim oder A3 Würzburg-Nürnberg Ausf. Wiesentheid, dann über Markt Einersheim, Iphofen, Willanzheim und Seinsheim nach Bullenheim

Um telefonische Voranmeldung wird gebeten

GPS: 49°37'30"N 10°13'39"E

Weine: Bacchus, Müller-Thurgau, Riesling, Scheurebe, Silvaner, Cabernet Dorsa, Domina, Dornfelder, Portugieser, Spätburgunder
Spezialitäten: Sekt, Secco, Eiswein, Edelbrände, Traubensaft
Aktivitäten: Weinproben, Weinbergführungen
Öffnungszeiten: Ganzjährig September bis Juni Öffnungszeiten Johannesstuben: Sa, So- und Feiertage ab 11.00 Uhr oder nach Anmeldung

97355 Castell

Fürstlich Castell'sches Domänenamt e.K.

Schlossplatz 5
Tel: 09325/60160
weingut@castell.de
www.castell.de

= 5
>10m >3,5 t R

Anfahrt: A3 Nürnberg-Würzburg Ausf. 75 Schweinfurt/Wiesentheid, weiter über die B286 → Rüdenhausen/Castell, li. abbiegen in die Straße "Im Unterdorf/Kniebrecher", dann 3. Straße li. auf "Rathausplatz/Schlossplatz". Der Parkplatz befindet sich hinter dem Domänenamt auf der li. Seite

Wir sprechen auch: Englisch

GPS: 49°44'29"N 10°21'09"E

Weine: Silvaner, Müller-Thurgau, Riesling, Weißburgunder, Spätburgunder
Spezialitäten: Sekt, Eiswein, Destillate, Weinessig, Traubenkernöl
Aktivitäten: Veranstaltungen siehe Website, Weinberg-Tulpenfest, Landhaustage im Schlossgarten, Casteller Weinfest, Casteller Weinwandertag, Restaurant Weinstall (www.weinstall-castell.de) direkt vor Ort
Öffnungszeiten: Mo-Fr 08.00-18.00 Uhr, Sa 10.00-16.00 Uhr

97250 Erlabrunn

Weingut Hausknecht

Würzburger Str. 59
Frank Hausknecht
Tel: 09364/2533
weingut.hausknecht@t-online.de
www.weingut-hausknecht.de

= 2
>10m >3,5 t

Anfahrt: Erlabrunn liegt ca. 12 km nördlich von Würzburg und ist über die Staatsstraße 2300 zu erreichen

GPS: 49°51'23"N 9°50'52"E

Weine: Müller-Thurgau, Bacchus, Kerner, Silvaner, Scheurebe, Riesling, Weißburgunder, Spätburgunder, Domina, Dornfelder
Spezialitäten: Secco, Likör, Edelbrände, Flammkuchen
Aktivitäten: Winzerschänke
Öffnungszeiten: Geöffnet von Apr-Okt, von Nov-März ist kein Aufenthalt möglich. Winzerschänke Öffnungszeiten siehe Homepage. (Spezialitäten: Häckerplatte, Schinkenplatte, überbackener Camembert, Pfeffernüsse)

63906 Erlenbach

Weingut Wengerter und Wengerters Winzerstube

Klingenberger Str. 29
Rainer Wengerter
Tel: 09372/944616
info@weingut-wengerter.de
www.weingut-wengerter.de

= 30
>10m >3,5 t R

Anfahrt: siehe Website

Bitte vorher telefonisch anfragen

GPS: 49°45'46"N 09°11'42"E

Weine: Chardonnay, Müller-Thurgau, Kerner, Silvaner, Weißburgunder, Zweigelt, Bacchus, Domina, Portugieser, Spätburgunder
Spezialitäten: Spargel- und Gänsewochen
Aktivitäten: Weinproben, Rotweinwanderweg

Öffnungszeiten: Ganzjährig geöffnet, Weingut Mo-Fr 09.00-12.00 und 14.00-18.00 Uhr, Sa 09.00-13.00 Uhr. Winzerstube (Himmeltalerstr. 42, 63911 Klingenberg-Röllfeld) geöffnet von Mitte Apr-Ende Juni ("Spargel und Wein") und von Anfang Nov-Mitte Dez ("Gänse und Wein"), "Oldtimer-Treffen" jeden 1. Mi im Monat von Mai-Sep

97837 Erlenbach

Weingut Johannes Deppisch

An der Röthe 2
Johannes Deppisch
Tel: 09391/98270
info@deppisch.com
www.weingut-deppisch.de

= 30
>10m >3,5 t
WC GRAU

Anfahrt: Direkt am Kreisverkehr zwischen Erlenbach und Marktheidenfeld abbiegen

Wir sprechen auch:
Englisch, Italienisch

GPS: 49°49'41"N 09°37'12"E

Weine: Grauburgunder, Kerner, Riesling, Rivaner, Silvaner, Weißburgunder, Ehrenfelser, Domina, Dornfelder, Regent, Schwarzriesling
Spezialitäten: Josecco, Edelbrände, Wildterrine, Weingelee
Aktivitäten: Weinproben, Kellerführungen, Weinbergbegehung, Weinwandertag, Grillparties mit Live-Musik, Oldtimer-Weinfestival direkt am Bocksbeutel-Radweg
Öffnungszeiten: Mo-Fr 07.00-19.00 Uhr, Sa 09.00-17.00 Uhr sowie nach Vereinbarung

97346 Iphofen

Winzerhof Emmerich

Einersheimer Str. 47
Herr Emmerich
Tel: 09323/875930
info@weingut-emmerich.de
www.weingut-emmerich.de

= 3
>10m >3,5 t R

Anfahrt: Der Winzerhof liegt zwischen Iphofen und Markt Einersheim an der B8. Anfahrt über A7 von Kassel kommend Ausf. Kitzingen, ➔ Kitzingen nach Iphofen oder A7 von Ulm kommend Ausf. Marktbreit über Michelfeld, Mainbernheim nach Iphofen. Anfahrt über A3 von Frankfurt kommend Ausf. Rottendorf über Kitzing

Wir sprechen auch: Englisch

GPS: 49°41'47"N 10°16'22"E

Weine: Bacchus, Gewürztraminer, Kerner, Müller-Thurgau, Riesling, Rivaner, Scheurebe, Silvaner, Merlot, Domina, Merlot, Portugieser
Spezialitäten: Fränkische Wurstwaren
Aktivitäten: Keller- und Weinbergsführungen, Weinproben im Weinberg, im Weinkeller und im Hof, Rebstockleasing, Weinseminare u.v.m
Öffnungszeiten: In den Monaten Jan und Feb kein Aufenthalt möglich, Weinverkauf Mo-Sa 10.00-16.00 Uhr, So 10.00-12.00 Uhr

97318 Kaltensondheim

Weinbau Beuschel

An der Marter 20
Joachim Beuschel
Tel: 09321/9296482
Mobil: 0157/88198498
info@weinbau-beuschel.de
www.weinbau-beuschel.de

= 3
>10m >3,5 t R

Anfahrt: Von der A3 kommend, Ausfahrt Biebelried-Westheim-Kaltensondheim, in Kaltensondheim der Beschilderung folgen

GPS: 49°43'54"N 10°05'14"E

Weine: Silvaner, Bacchus, Müller-Thurgau, Domina, Rotling, Secco
Aktivitäten: Keller-Hofführungen, aktives Mitwirken auf dem Hof, Weinverkostung, Spielturm für Kinder
Öffnungszeiten: Weinverkauf und Verkostung nach telefonischer Vereinbarung

97509 Kolitzheim OT Stammheim

Bocksbeutelweingut Scheller

Weinbergstraße 24
Michael Scheller
Tel: 0172/4374427
info@bocksbeutelweingut.de
www.bocksbeutelweingut.de

= 3
>10m >3,5t R
GRAU WC

Dusche und Müllentsorgung

Anfahrt: A3 Abfahrt Kitzingen/ Schwarzach, A7/70 Abfahrt Schweinfurt

Wir sprechen auch: Englisch

GPS: 49°54'39"N 10°11'36"E

Weine: Silvaner, Müller-Thurgau, Riesling, Weißer Burgunder, Scheurebe, Traminer, Domina, Cuveé
Spezialitäten: Secco
Aktivitäten: Kostenlose Weinverkostung, Weinbergführung zu unserem „Größten Bocksbeutel der Welt", Kellerbesichtigung
Öffnungszeiten: täglich nach Voranmeldung, ganzjährig geöffnet

97516 Oberschwarzach OT Kammerforst

Weinkellerei Edelobstbrennerei Jürgen Rebhann

Kammerforst 11
Tel: 09553/921080
info@rebhann.de
www.rebhann.de

= 4
>10m >3,5t R

WC-Benutzung während der Öffnungszeiten unseres Verkaufs möglich

Anfahrt: Autobahn A3 Ausf. Wiesentheid → Schweinfurt (B 286), Ausf. Neuses am Sand → Bamberg, Ortseingang Breitbach li. nach Oberschwarzach

Wir sprechen auch: Englisch

GPS: 49°51'37"N 10°25'36"E

Weine: Silvaner, Bacchus, Riesling, Kerner, Weißburgunder, Frühburgunder, Domina, Chardonnay, Johanniter, Souvignier Gries, Muscaris
Spezialitäten: Naturtrübe Obstbrände, verschiedene Obstbrände, Liköre, Weingelee
Aktivitäten: Weinbergführungen, Weinproben, Saison bedingt Gastronomiebetrieb mit Freisitz
Öffnungszeiten: kein Aufenthalt im September möglich, Verkauf Mo-Sa 07.00-18.00 Uhr oder nach telefonischer Vereinbarung

97516 Oberschwarzach

Weinbau Johannes Pfister

Kammerforst 19
Johannes Pfister
Tel: 09553/1519
info@weinbau-pfister.de
www.weinbau-pfister.de

= 2
>3,5 t

Anfahrt: B22 zwischen Bamberg und Würzburg, von Breitbach → Oberschwarzach, nach 500 m re. abbiegen in „Kammerforst", an der Kapelle re., letztes Haus auf der li. Seite

GPS: 49°50'57"N 10°25'34"E

Weine: Kerner, Müller-Thurgau, Silvaner, Bacchus, Riesling, Domina, Merlot, Blauer Zweigelt
Spezialitäten: Schnaps aus eigener Brennerei, Honig aus eigener Imkerei
Aktivitäten: Führungen durch den Weinberg ab mindestens 20 Personen, Weinproben, Heckenwirtschaft, Hofschoppenfest
Öffnungszeiten: Weinverkauf täglich geöffnet, Heckenwirtschaft Öffnungszeiten siehe Homepage

97357 Prichsenstadt

Wörners Schloss Weingut & Hotel mit Restaurant

Neuses am Sand 21
Harald Wörner
Tel: 09383/7179
info@woerners-schloss.de
www.woerners-schloss.de

= 6
>10m >3,5 t R
Weinprobe

Anfahrt: A 3 → Abfahrt Wiesentheid → B286 bis Abfahrt Neuses am Sand. Die Zufahrt erfolgt entlang der Parkplätze hinter dem Festsaal TENNE. Erst nach dem südlichen Wehrturm erreichen Sie die Stellplätze.

Bitte melden Sie sich stets vorher an

Wir sprechen auch: Englisch

GPS: 49°50'37"N 10°21'15"E

Weine: Kerner, Müller-Thurgau, Silvaner, Domina, alles im bioenergetischen Weinbau mit viel Lebensenergie.
Spezialitäten: Sekt, Balsamico, kaltgepresstes Traubenkernöl, Pralinen, Schlossladen mit Kunst und Krempel auf 200 qm mit Galerie.
Aktivitäten: Schloss-Keller-Tour, Weinbergtour, Weinproben, Meditationen mit Wein, Bogenschießen
Öffnungszeiten: Von Mitte Dezember bis Ende Februar können keine Reisemobile empfangen werden. Anreise Mi-So von 11.00-19.00 Uhr (Mo + Di nicht!)

97520 Röthlein

GenussHof Knaup

Hauptstr. 25
Andreas Knaup
Tel: 09723/7505
info@knaup-roethlein.de
www.knaup-roethlein.de

= 2
>10m >3,5 t

Anfahrt: Von Norden: A7, A71, A70 → Bamberg/Schweinfurt/Werneck/Erfurt, weiter auf der B286 → Gerolzhofen, Ausf. Röthlein/Schwebheim. Von Süden: A3, Ausf. Wiesentheid, weiter auf der B286 → Schweinfurt, Ausf. Röthlein/Schwebheim

Wir sprechen auch: Englisch

GPS: 49°59'12"N 10°13'2"E

Weine: Bacchus, Kerner, Müller-Thurgau, Riesling, Silvaner, Domina, Dornfelder, Rotling

Spezialitäten: Sekt, Schnäpse, Liköre, Spargel, Erdbeeren, Gurken, Kürbisse
Aktivitäten: Weinproben, Hofladen Mo-Sa 10.00-17.00 Uhr

97320 Sulzfeld

Weingut Roland Staudt

Am Maustal 3
Roland Staudt
Tel: 09321/6826
info@weingut-staudt.de
www.weingut-staudt.de

= 3
>10m >3,5 t R

Weinprobe.

Anfahrt: A3 Ausf. Kitzingen/Biebelried, → Ochsenfurt oder A7 Ausf. Marktbreit, weiter → Sulzfeld

Aufenthalt kurzfristig möglich

Wir sprechen auch: Englisch

GPS: 49°42'10"N 10°7'27"E

Weine: Bacchus, Müller-Thurgau, Grau- und Weißburgunder, Riesling, Rieslaner, Silvaner, Domina, Cabernet Dorsa, Spätburgunder, Rotling, Sauvignon Blanc

Spezialitäten: Secco, Obstbrände
Aktivitäten: Weinbergführungen, Weinproben
Öffnungszeiten: Täglich geöffnet, So nach Vereinbarung

97332 Volkach

Weingut Leo Langer

Erlachhof 3
Winfried Langer
Tel: 09381/2833
info@weingut-langer.de
www.weingut-langer.de

= 5
>10m >3,5 t R

Weinprobe, Müllentsorgung.

Anfahrt: Aus Würzburg/Schweinfurt kommend biegen Sie im Kreisel ab → Gerolzhofen. Bleiben Sie auf der Umgehung und biegen dann links ab → Gerolzhofen. Fahren Sie an der 2. Kreuzung rechts, → Laub. Nach 500 m sehen Sie auf der linken Seite ein Schild Weingut Leo Langer.

Wir sprechen auch:
Englisch, Polnisch, Russisch

GPS: 49° 51' 41''N 10° 14' 42''E

Weine: Silvaner, Bacchus, Müller-Thurgau, Schreube, Kerner, Rotling, Rosé, Schwarzriesling, Spätburgunder, Secco
Spezialitäten: Winzersekt, Liköre und Destilate
Aktivitäten: Führungen durch den Weinberg, Führungen durch die Weinkeller, Weinproben mit und ohne Verköstigung
Öffnungszeiten: Mo-Fr 08.00-17.00 Uhr (Mittagspause 12.00-13.00 Uhr), Wochenende und Feiertag hat der Laden in der Innenstadt geöffnet. Zwischen 20.12. und 06.01. geschlossen

97332 Volkach OT Escherndorf

Weingut Egon Schäffer

Astheimer Str. 17
Egon Schäffer
Tel: 09381/9350
info@weingutegonschaeffer.de
www.weingutegonschaeffer.de

= 1
>10m >3,5 t R

Anfahrt: A3 Ausf. Kitzingen-Schwarzach über Volkach oder Ausf. Rottendorf über B22 Dettelbach und Neuses a.B. A7 Ausf. Estenfeld über Prosselsheim oder Ausf. Kitzingen über Mainstockheim, Dettelbach, Neuses a.B

Um telefonische Voranmeldung wird gebeten

GPS: 49° 51' 53''N 10° 10' 50''E

Weine: Bacchus, Müller-Thurgau, Riesling, Silvaner, Weißburgunder, Schwarzriesling
Spezialitäten: Branntwein
Aktivitäten: Weinbergführung für Gruppen ab 10 Teilnehmern, Anmeldung erforderlich
Öffnungszeiten: Während der Weinlese im Sep und Okt (je nach Witterung) ist kein Aufenthalt möglich

97355 Wiesenbronn

Weingut Roth

Büttnergasse
Nicole Roth
Tel: 09325/9794080
info@weingut-roth.de
www.weingut-roth.de

= 1
>10m >3,5 t
CHEM

Anfahrt: A3 Ausf. Wiesentheid, li. nach Rüdenhausen, von dort nach Wiesenbronn. In der Ortsmitte vor dem Rathaus li. hochfahren, 1. Gasse rechts (Sackgasse)

Wir sprechen auch: Französisch, Spanisch

GPS: 49°44'43"N 10°18'21"E

Bio WINZER

Weine: Johanniter, Riesling, Sauvignon blanc, Silvaner, Weißburgunder, Acolon, Blaufränkisch, Domina, Portugieser, Spätburgunder
Spezialitäten: Sekt, Edelbrände, Säfte, Honig, Sonnenblumenöl

Aktivitäten: Mo-Sa Weinverkauf mit Verkostung in der Vinothek, (kulinarische) Weinproben ab 20 Personen
Öffnungszeiten: Vom 23.12.-06.01. ist kein Aufenthalt möglich, Weingut Mo-Fr 09.00-17.00 Uhr, Sa 10.00-16.00 Uhr

ITALIENISCHES **FLAIR**

Bereits vor 2.000 Jahren entdeckten die Römer die Schönheit und das milde Klima der „strata montana" - der Bergstraße. Sie pflanzten die ersten Reben auf die sonnenbeschienenen Hügel der Region. So entstand an den Hängen des Odenwalds ein Weinanbaugebiet, das eine Menge zu bieten hat: landschaftliche Schönheit, mittelalterliche Städtchen und ein im angenehmen Klima hervorragend gedeihender Wein. Kaiser Joseph II soll die kleine Region gar mit Italien verglichen haben. So ist von ihm folgender Ausspruch überliefert: „Hier fängt Deutschland an, Italien zu werden".

Und zumindest, was die klimatischen Bedingungen des Gebiets angeht, hatte er nicht Unrecht. Die Hessische Weinstraße wird nämlich durch die Berglandschaften des Odenwalds vor kalten Witterungen und starken jahreszeitlichen Temperaturschwankungen bewahrt. So beginnt in der Region, die sich grob südlich von Darmstadt erstreckt, der Sommer wesentlich früher als andernorts. Während restliche Teile Deutschlands noch die Nachwehen des Winters zu bekämpfen haben, blühen hier bereits Kirschen, Mandeln oder Magnolien.

Der hessische Teil der Bergstraße ist seit 1971 ein eigenständiges Weinanbaugebiet, dessen Rebfläche von etwa 440 Hektar sich auf zwei räumlich getrennte Bereiche verteilt: Die Region Starkenburg beginnt südlich von Darmstadt mit vereinzelten Weinbergen, nach Süden hin werden ab Zwingenberg die Rebflächen geschlossener. Weinbauliche Schwerpunkte finden sich in Auerbach, Bensheim und Heppenheim.

Der zweite, wesentlich kleinere Bereich – die Odenwälder Weininsel – trägt den offiziellen Namen „Bereich Umstadt". Ihr Mittelpunkt ist das Städtchen Groß-Umstadt. In dem kleinen Weinbaugebiet werden vornehmlich trockene und halbtrockene Weine erzeugt. Die Rebsorte Riesling ist typisch und wird ergänzt durch Rivaner, Grauburgunder, Silvaner, Kerner und Weißburgunder. Stark im Kommen: die roten Sorten Spätburgunder, Dornfelder, St. Laurent. ‹

DIE **HOT**SPOTS DER REGION

Tourismus Service Bergstrasse e.V.
Marktplatz 1
D-64653 Lorsch
www.diebergstrasse.de

1 SCHLOSSPARK WEINHEIM

Der Schlosspark ist eine gepflegte, großzügige Parklandschaft mit wertvollem Baumbestand und einer wunderschönen Teichanlage. Beeindruckend sind riesengroße Rhododendren – und Eibenbüsche sowie die größte Libanonzeder Deutschlands. Dank des milden Klimas an der Bergstraße gedeihen hier allerlei Pflanzen, die ursprünglich am Mittelmeer beheimatet waren. Auch der Heilpflanzengarten befindet sich innerhalb des Schlossparks.

2 HEPPENHEIM

Nur wenige Kilometer von den Ballungszentren Rhein-Main-Neckar entfernt, liegt Heppenheim malerisch zwischen Odenwald und Ried. Mittelalterliches Fachwerk, romantische Altstadtgässchen und idyllische Plätze prägen das Bild der Kreis-, Wein- und Festspielstadt. Hoch über ihr thront die Starkenburg.

Frühling in Heppenheim steht für sonnenverwöhnte Weinberge und prachtvoll blühende Obstbäume; der Sommer für Theater „im Hof un uff de Gass", Bergsträßer Weinmarkt und vieles mehr. Wenn der Herbst die Blätter gelb-rot färbt und die Weinberge leuchten lässt, ist es ebenfalls eine gute Zeit, nach Heppenheim zu reisen. Die Weinbauern sind geschäftig bei der Lese und an jeder Ecke duftet es nach neuem Wein – Federweißer und Federroter – und Zwiebelkuchen. Ein besonderer Tipp für jede Jahreszeit ist der Heppenheimer Laternenweg.

3 SCHLOSS AUERBACH

Im 13. Jahrhundert wurde die mächtige Wehrburg auf dem Urberg vom Landgrafen von Katzenelnbogen erbaut. 1674, im Reichskrieg gegen Ludwig XIV., fiel Marschall Turenne mit seinem Heer in das Gebiet der Bergstraße ein. Die Bewohner von Auerbach, Hochstädten und Balkhausen suchten allerdings vergeblich Schutz hinter den Mauern des Auerbacher Schlosses. Danach verwaiste die Burganlage und verfiel allmählich. 1820 stürzte der nördliche Turm ein. 30 Jahre später wurde er wieder erbaut.

Seit 1903 kümmert sich die hessische Landesregierung im Rahmen der Denkmalpflege um die eindrucksvolle Burganlage, von der aus Besucher einen herrlichen Ausblick in die Rheinebene und in den Odenwald geniessen. Die Burg ist bewirtschaftet und dient als Kulisse für Theaterspiele, Ritterturniere und eine ganze Reihe erlebnisgastronomischer Angebote. Von Mai bis September werden ausserdem Führungen angeboten.

HESSISCHE BERGSTRASSE

4 KLOSTER LORSCH

Das seit 1991 von der UNESCO als Weltkulturdenkmal gelistete Ensemble gehört zu den bedeutendsten Klosteranlagen aus karolingischer Zeit. 764 erstmals urkundlich erwähnt, setzte in der Folgezeit eine rege Bautätigkeit ein. 772 wurde das Kloster an den fränkischen König Karl übertragen, der es als Kaiser Karl der Große zu einem der wichtigsten Reichsklöster erhob.

Nach der Eingliederung in das Erzbistum Mainz 1232 und seiner Verpfändung an die Pfälzer Kurfürsten 1461 wurde es im Zuge der Reformation aufgehoben. Im Dreißigjährigen Krieg wurde die Klosterkirche zerstört und die Halle als Speicher genutzt. Wieder an das Erzbistum Mainz zurückgegeben, setzten sich die Erzbischöfe und Kurfürsten für einen Erhalt der Halle ein.

Von der einst so bedeutenden frühmittelalterlichen Klosteranlage blieben die karolingische Halle („Königshalle"), ein romanisches Kirchenfragment und die Umfassungsmauern erhalten.

64646 Heppenheim

Vinothek Domäne Bergstraße/Hessische Staatsweingüter GmbH Eberbach

Darmstädter Str. 133
Judith Schoenherr
Tel: 06252/126269
weingut@kloster-eberbach.de
www.kloster-eberbach.de

= 1
>10m >3,5 t

Anfahrt: A5 Ausf. Bensheim → Heppenheim auf der B47, am Ortsschild Heppenheim li. abbiegen

Wir sprechen auch: Englisch

GPS: 49°39'22"N 08°38'14"E

Weine: Grauburgunder, Riesling, Weißburgunder, Dornfelder, Spätburgunder
Spezialitäten: Wein, Sekt, Traubensaft, eigene Vinaigrette
Aktivitäten: Weinbergführungen

Öffnungszeiten: Vinothek: ganzjährig Mo-Fr 10.00-19.00 Uhr, Apr-Okt Sa, So und Feiertage 10.00-19.00 Uhr, Nov-März Sa, So und Feiertage 10.00-16.00 Uhr, Weinterrasse mit Ausschank: Apr-Okt Fr ab 16.00 Uhr, Sa, So ab 11.00-20.00 Uhr

Die hier aufgeführten Stell- und Campingplätze sind gebührenpflichtig – mit Ausnahme der kostenlosen Winzeratlas-Stellplätze.

SAGENHAFT **ROMANTISCH**

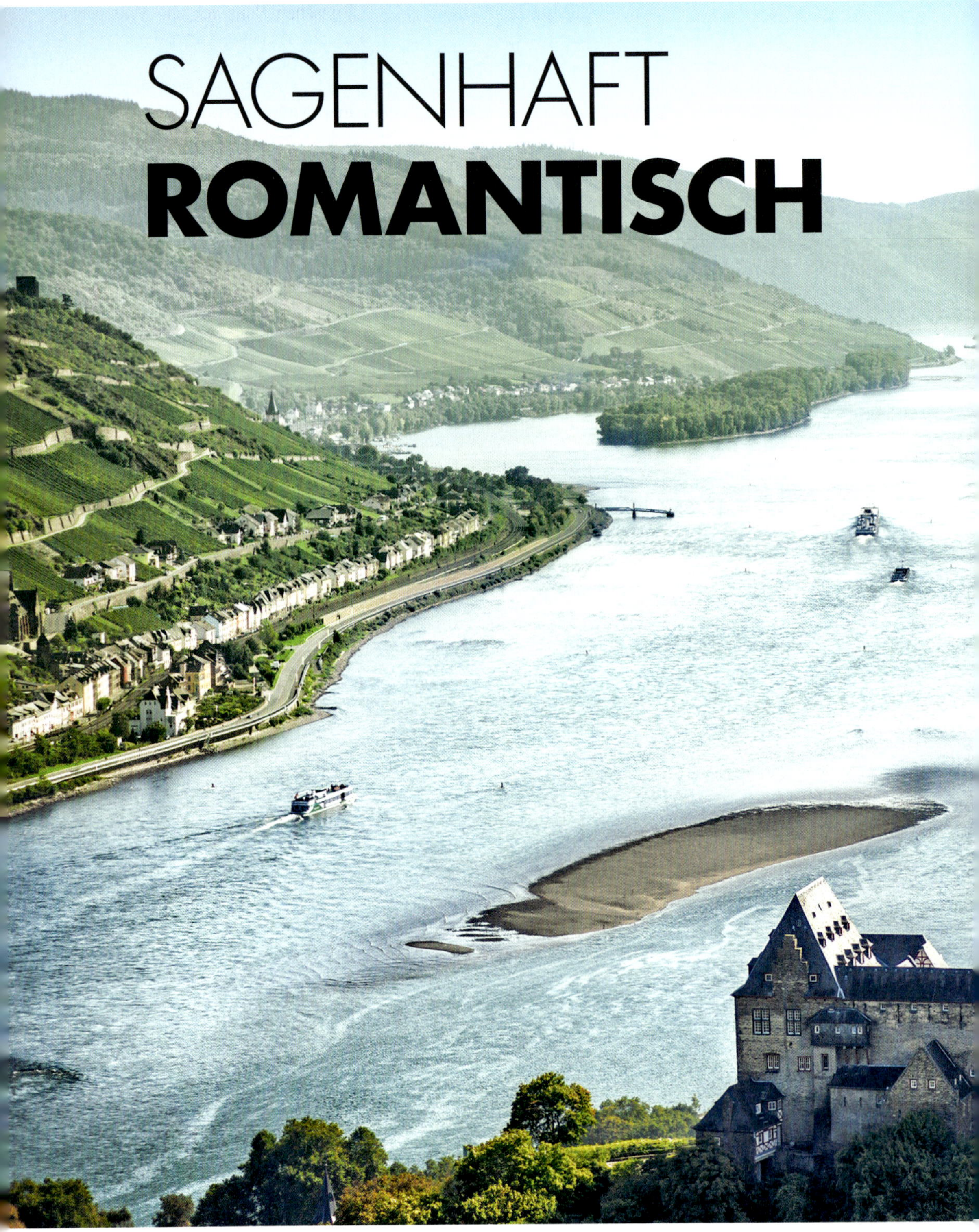

Zwischen Hunsrück und Westerwald und von Bingen/Rüdesheim bis Bonn erstreckt sich die Region Mittelrhein mit ihren steilen Weinbergen, wunderbaren Burgen und Schlössern, urwaldähnlichen Waldgebieten und zahlreichen mittelalterlichen Städtchen.

Schon die Römer legten hier Weinkulturen an. Seit 1980 jedoch ist die Rebfläche von 2.000 auf rund 530 Hektar geschrumpft. Der Grund: Die steil terrassierten Weinberge lassen sich nur sehr aufwendig und kostenintensiv bewirtschaften. Doch weisen gerade diese Lagen beste klimatische Bedingungen auf; hier werden die Rebstöcke von der Sonne verwöhnt und liegen zugleich in windgeschützter Lage.

Der Riesling ist die wichtigste Rebsorte. In all seinen Varianten überzeugt er stets durch seine herzhafte Fruchtsäure und seinen feinrassigen, kernigen Charakter. Ergänzt wird er durch Müller-Thurgau, der oftmals mild-süffig ausgebaut wird, sowie durch Kerner-Weine mit feinem, leichtem Muskatbukett. Als Vertreter der Rotweine wird Spätburgunder angebaut, der hier auch Drachenblut genannt wird. Die Mittelrhein-Region hat zweifellos ihre Reize.

Der südliche Teil dieser einzigartigen Kulturlandschaft, das Obere Mittelrheintal, wurde im Jahr 2002 von der UNESCO zum Weltkulturerbe geadelt. Es ist das Herzstück des Anbaugebiets, mit Burgen an den Hängen und mittelalterlich anmutenden Dörfern an den Flusswindungen. Am Boppparder Hamm liegt mit fünf Kilometern Länge die größte zusammenhängende Rebfläche des Mittelrheins. Hier kann man alljährlich Ende April den neuen Weinjahrgang beim Mittelrheinischen Weinfrühling und natürlich den Panoramablick genießen.

Die Weinberge laden aber nicht nur zu einer Weinprobe bei den Winzern oder in den Straußenwirtschaften ein. Sie bieten auch Gelegenheit für eine kleine Wandertour: Die Landschaft des Rheinufers mit seinen steilen Hängen, 40 Schlössern und Burgruinen und nicht zuletzt dem sagenumwobenen Loreleyfelsen ist einzigartig und bietet Rheinromantik pur. ‹

DIE **HOT**SPOTS DER

1

2

1 LORELEY

„Ich weiß nicht, was soll es bedeuten, dass ich so traurig bin ..." So lautet der Anfang von Heinrich Heines berühmtem Gedicht über die Loreley. Rund um die Loreley gibt es viele Mythen und Sagen. Beispielsweise schrieb der Dichter Clemens Brentano 1800 eine romantische Ballade mit dem Namen Loreley (Lorelei). Einer Legende aus dem 19. Jahrhundert zufolge ist die Loreley eine Nixe auf diesem Felsen. Dort kämmte sie ihre langen goldenen Haare und zog die Schiffer mit ihrem Gesang an. Diese achteten trotz gefährlicher Strömung nicht mehr auf den Kurs, sodass die Schiffe an den Felsriffen zerschellten. Noch heute ist die Loreley, in Form einer Bronzestatue, an der Hafenmole von Sankt Goarshausen zu finden.

Wenige hundert Meter vom Aussichtspunkt entfernt, befindet sich die 1939 erbaute Freilichtbühne Loreley. Auf ihr finden regelmäßig Veranstaltungen statt.

2 BACHARACH UND BURG STAHLECK

Im Mittelalter als „unbezwingbare Burg auf einem Bergsporn" benannt, ist Burg Stahleck in Bacharach auch heute noch imposant anzusehen. Mit ihrer erlebnisreichen Geschichte von der Herrschaft der Wittelsbacher im 13. und 14 Jahrhundert bis zur Zerstörung während des Pfälzischen Erbfolgekrieges im Jahr 1689 war die Spornburg Mittelpunkt zahlreicher bedeutender Ereignisse. Erst zu Beginn des 20. Jahrhunderts wurde Stahleck Stück für Stück wieder aufgebaut. Zu Fuß erreicht man die Burg Stahleck von Bacharach aus innerhalb ca. zehn Minuten über einen eindrucksvollen und abwechslungsreichen Serpentinenweg mit Ruheplätzen und lohnenden Aussichtspunkten, der mitten im Stadtkern links neben der Peterskirche und rechts neben dem Posthof beginnt. Vom Burghof hat man einen herrlichen Blick ins Rheintal, nach Bacharach am Rhein mit der mittelalterlichen Stadtmauer und ihren Wehrtürmen, auf die Weinberge, nach Rheindiebach und zum gegenüberliegenden Ufer nach Lorch und Lorchhausen.

3 RÜDESHEIM AM RHEIN

Genießen Sie einen herrlichen Blick über den Rhein – von der Kabinenseilbahn zum Niederwald-Denkmal aus. Als Highlight in Rüdesheim am Rhein bietet die Seilbahn ein traumhaftes Panorama auf die Altstadt und die Weinberge. Besuchen Sie die Germania-Statue auf dem

REGION MITTELRHEIN

Gipfel und tauchen Sie ein in die Geschichte des Deutschen Kaiserreiches. Im Sommer lohnt sich auch eine romantische Mondscheinfahrt den Berg hinauf.

Rüdesheim am Rhein ist eine Stadt im deutschen Rheintal, die für ihre Weinherstellung, vor allem für Rieslinge, bekannt ist. Im Zentrum befindet sich die Drosselgasse mit Geschäften, Kneipen und Restaurants. Siegfrieds Mechanisches Musikkabinett ist ebenfalls in der Nähe. Die mittelalterliche Brömserburg beherbergt das Rheingauer Weinmuseum.

4 RÖMERWELT RHEINBROHL

In drei Themenbereichen der Ausstellung erfährt man mehr zum Alltag der stationierten Truppen am Limes und im Kastell. Ebenso wie sich das Leben der Zivilbevölkerung auf beiden Seiten des Grenzwalls gestaltete und was zur Zerstörung des Limes beitrug. Unterstützt durch multimediale Darstellungen und interaktive Stationen wird Geschichte durch Erleben vermittelt.

Ob Groß oder Klein – hier erfährt jeder vieles über den Limes, seine Entstehung und die Spuren der Römer bis in unsere heutige Zeit. Wie schwer ist ein Kettenhemd? Wie wurde Handel und Tausch getrieben? Wie sah ein Tag im Kastell und auf einem Wachturm aus? Als Limesinformationszentrum für Rheinland-Pfalz informiert man sich auch über den Verlauf und die Funktion des Limes in der Region.

Das attraktive Außengelände mit Mannschaftsstube, Werkstatt, einem Kräutergarten und römischen Backöfen macht den Besuch der Ausstellung rund. Hier finden auch Veranstaltungen wie Back- und Römer-Tage oder auch Workshops statt.

5 SCHMETTERLINGSGARTEN, SCHLOSS SAYN

Romantisch, exotisch und faszinierend – das ist der Garten der Schmetterlinge im Schlosspark Sayn. 1987 gegründet, finden hier zahlreiche Schmetterlingsarten aus der ganzen Welt zusammen. Vom blauen Morphofalter bis zur unscheinbaren Weißen Baumnymphe können Sie von März bis November die zarten Geschöpfe bestaunen.

Für Kinder und Erwachsene ebenso interessant ist ein Spaziergang durch das Nachtfalter- und Raupenhaus sowie eine Entdeckungstour über den Naturlehrpfad des Schlosses hoch in die schäumende Fontäne des Kaltwassergeysirs.

DIE **HOT**SPOTS DER

6 BINGER MÄUSETURM

Kurz bevor sich der Rhein durch das enge Rheintal zuschlängeln beginnt, muss der Schiffer das einst zu Recht gefürchtete Binger Loch durchfahren. An eben dieser Stelle, auf einer schmalen Insel, steht ein Turm aus alter Zeit. Sagenumwoben und ohne Boot unerreichbar: der Mäuseturm von Bingen.

Bis in die Zeit der Römer reicht seine Geschichte zurück. Damals stand jedoch ein noch hölzerner Vorgänger an seiner Stelle. Doch die Geschichte des wahren Mäuseturms beginnt im 14. Jahrhundert. Der Turm diente in dieser Zeit als Zollwachturm zur Verstärkung des Zollsystems der Burg Ehrenfels und der Burg Klopp. Der Name Mäuseturm entstand Jahre später, als der Turm schon lange seine Funktion als Zollturm verlore hatte.

Wer das weltberühmte Wahrzeichen der Stadt einmal genauer betrachten möchte, meldet sich einfach bei der Tourist Info in Bingen, denn die veranstaltet viermal im Jahr Touren zum Mäuseturm. Auch am Tag des offenen Denkmals kann der Turm besichtigt werden. Seit der Zeit der Rheinromantik ist das malerische Bauwerk wie nur wenige weitere Orte am Rhein auch in der europäischen Literatur präsent.

7 GEYSIR ANDERNACH

Meterhohe Süßwasserfontänen gibt es nur im hohen Norden? Nein! Denn in Andernach am Rhein finden Sie den höchsten Kaltwasser-Geysir weltweit.

Etwa alle zwei Stunden steigt eine beeindruckende Wasserfontäne bis zu 60 Meter hoch in den Himmel, angetrieben durch vulkanisches Kohlenstoffdioxid.

Mitten im Naturschutzgebiet im angrenzenden Geysir-Zentrum begeben sich die Besucher auf Entdeckertour zum Naturphänomen Geysir. Mit dem Fahrstuhl geht es erst einmal 4.000 Meter ins Erdinnere hinab, zumindest suggeriert dies eine raffinierte Technik.

In der multimedialen Ausstellung zum Mitmachen und Anfassen folgen Besucher einem Kohlendioxidmolekül auf seiner langen Reise aus dem vulkanischen Erdinneren bis hoch in die schäumende Fontäne des Kaltwassergeysirs.

Mit dem Geysir Schiff MS Namedy schippern Besucher. zur Halbinsel, auf der sich die Ausbruchsstelle des Geysirs befindet. Die Fahrt beginnt am Anleger 4, ca. 75 Meter vom Geysir-Zentrum entfernt. Bereits von weitem ist das Schiff mit dem auffälligen Geysir-Schriftzug zu erkennen.

REGION MITTELRHEIN

8 FESTUNG EHRENBREITSTEIN UND DEUTSCHES ECK

Schon die Kelten, Germanen und Römer besiedelten das Gebiet, auf dem heute die historisch bedeutende Festung Ehrenbreitstein steht. Sie wurde seit dem 16. Jahrhundert als Trierer Fürsten- und Bischofssitz sowie Wehranlage für die preußische Armee genutzt und bietet einen direkten Blick auf das Deutsche Eck – den Zusammenfluss von Rhein und Mosel.

Die Festungsanlage bietet neben einem wundervollen Park auch zahlreiche Ausstellungen und Kulturevents. Mit der Seilbahn geht es direkt vom Konrad-Adenauer-Ufer mehr als 100 Höhenmeter hinauf zur Festung Ehrenbreitstein.Am Deutschen Eck steht ein 44 Meter hohes Monument von Kaiser Wilhelm I. – als Dank für die Einigung des Deutschen Reichs. Am Ende des Zweiten Weltkrieges, im März 1945, zerstörte eine amerikanische Granate das Reiterstandbild.

Am 25. September 1993 wurde eine Nachbildung des kaiserlichen Reiterstandbildes, durch eine Spende des Ehepaares Theisen initiiert, offiziell enthüllt. Um das Denkmal wehen jetzt die Fahnen der 16 Bundesländer.

Romantischer Rhein Tourismus GmbH
An der Königsbach 8
D-56075 Koblenz
www.romantischer-rhein.de

Ver- und Entsorgung am Mittelrhein

53117 Bonn-Auerbach,
Salierweg 7, Kläranlage

53277 Bonn-Beuel,
Maarstr. 83, Brandwein/Mi-Mobile

55435 Gau-Algesheim,
Binger Str. 48, Reisemobilstellplatz Gau-Algesheim

55422 Bacharach, an der B9,
Reisemobilplatz der Stadt Bacharach

55411 Bingen-Gaulsheim,
Mainzer Str. Wohnmobilpark Bingen

56346 St. Goarshausen,
Wellmicher Str. 55, Campingplatz Loreleystadt

56599 Leutesdorf

Weingut Peter Hohn

In der Gartenlay 50
Peter Hohn
Tel: 02631/71817
Mobil: 0171/2764868
info@weingut-hohn.de
www.weingut-hohn.de

= 2
>10m >3,5 t R

Weinprobe

Anfahrt: Auf der B42, 300 m nördlich des Ortsschildes von Leutesdorf geht ein Weg ab in die Weinberge und zum Weingut

Wir sprechen auch: Englisch

GPS: 50°27'36"N 07°22'24"E

Weine: Riesling, Spätburgunder, Weißer Burgunder, Chardonnay
Aktivitäten: Wandern auf dem Rheinsteig, Fahrradtour entlang des Rheines auf beiden Seiten, weltgrößter Kaltwasser-Geysir auf der anderen Rheinseite, hervorragender Blick von den Leutesdorfer Weinbergen, kulinarisches Weinerlebnis an Muttertag, Winzerfest Anfang Sep., Weinprobe auch online
Öffnungszeiten: nach Vereinbarung

56599 Leutesdorf/Rhein

Weingut Gotthard Emmerich

Hauptstr. 80 C (B42)
Gotthard Emmerich
Tel: 02631/72922
weingut-emmerich@leutesdorf-rhein.de
www.leutesdorf-rhein.de/
weingut-emmerich

= 2
>10m >3,5 t R
CHEM Hofladen

Anfahrt: Aus Süden: A3 oder A61 bis A48, dort Ausf. Bendorf → Neuwied, B42 bis Leutesdorf. Aus Norden: A61 Ausf. Neuwied, dann über den Rhein B256 bis B42, dort → Linz bis Leutesdorf. Von der A3 oder A1 kommend am Leverkusener Kreuz auf der A3 → Frankfurt, dann ab dem Autobahnkreuz Heumar auf die A59 und B42 bis Leutesdorf
Wir sprechen auch: Englisch

GPS: 50°27'17"N 07°22'59"E

Weine: Chardonnay, Riesling, Burgunder, Blauer Portugieser, Dornfelder
Spezialitäten: Sekt, Brände, Liköre, Apéritif, Gelée
Aktivitäten: Weinproben, Menüabende, Seminare, Rad fahren, Wandern, auch auf dem Rheinsteig, Blick vom Stellplatz auf den weltgrößten Kaltwassergeysir
Öffnungszeiten: Mo-Sa 10.00-16.00, So und Feiertag 10.00 bis 12.00 Uhr. Öffnungszeiten gelten immer nach vorheriger tel. Vereinbarung

55413 Oberheimbach

Weingut Eisenbach-Korn

Kirchstr. 23
Natalie Korn
Tel: 06743/6081
weingut@eisenbach-korn.de
www.eisenbach-korn.de

= 2
R

Hofladen, Weinprobe

Anfahrt: B9 → St. Goar, in Niederheimbach li. abbiegen → Oberheimbach. In der Ortsmitte an der Kirche li. in die Kirchstraße einbiegen, nach ca. 200 m finden Sie das Weingut auf der li. Seite

Bitte vor Ankunft anmelden

Wir sprechen auch: Englisch, Französisch

GPS: 50°1'17"N 7°47'9"E

Weine: Riesling, Chardonnay, Scheurebe, Weißburgunder, Dornfelder, Spätburgunder
Spezialitäten: Sekt, Secco
Aktivitäten: Weinproben, Kellerbesichtigungen, wenn möglich Jungweinprobe 01.05.2021 ab 11.00 Uhr, Wein Date Mittelrhein 05.06.2021,
Öffnungszeiten: auf Anfrage

55430 Oberwesel

Weingut Lanius-Knab (VDP Prädikatsweingut)

Mainzer Str. 38
Anja Lanius-Kastien
Tel: 06744/8104
weingut@lanius-knab.de
www.lanius-knab.de

= 1
>10m >3,5t R

Anfahrt: A61 Koblenz-Ludwigshafen, Ausf. Laudert → Oberwesel, dem Straßenverlauf folgen bis zur Ortsmitte Oberwesel, dort re. abbiegen, diese Straße führt direkt in die Mainzer Straße

Anmeldung erforderlich

Wir sprechen auch: Englisch

GPS: 50°6'5"N 7°44'5"E

Weine: Müller-Thurgau, Riesling, Spätburgunder
Spezialitäten: Winzersekt, Brände, Raritäten-Cabinett, Traubensaft, Rotwein- und Rieslinggelee
Aktivitäten: Jeden Mo und Fr um 17:00 Uhr Weinprobe mit Gewölbekellerführung, Weinbergführung mit Weinverkostung im Weinberg, "Spektakuläre Weinprobe" mit dem Gaukler Jo (Termine im Internet), Hoffest.
Öffnungszeiten: Ganzjährig geöffnet, Mo-Sa 09.00-18.00 Uhr, von Apr-Dez auch So 10.00-18.00 Uhr

56322 Spay

Weingut Volk

Koblenzer Str. 6
Heidi und Jürgen Volk
Tel: 02628/8290
info@weingutvolk.de
www.weingutvolk.de

= 1
>10m >3,5 t

Anfahrt: Von Koblenz kommend: auf der B9 entlang des Rheins bis zur 1. Ausf. Spay, danach re. → Spay (unter der B9 durch), an der ersten Kreuzung in Spay direkt re., nach Gemeindezentrum und Schule das zweite Haus auf der re. Seite. Von Mainz kommend: B9 → Boppard/Spay, der Hauptstraße folgen (erst Mainzer Str., dann Koblenzer Str.), durchfahren bis Hausnr. 6 (auf der li. Seite)

Wir sprechen auch: Englisch

GPS: 50°15'30"N 07°38'54"E

Weine: Riesling, Rivaner, Weißburgunder, Spätburgunder, Regent
Spezialitäten: Roter und weißer Winzersekt, Barriquewein, Eiswein, Hefebrand, Traubensaft, Weingelee aus eigener Herstellung

Aktivitäten: Weinprobe auch online,
Öffnungszeiten: Ankunft nur während der Öffnungszeiten Mo-Fr 09.00-13.00 und 17.00-18.00 Uhr, Sa 09.00-16.00 Uhr

56329 St. Goar

Weinhotel Landsknecht und Weingut Toni Lorenz

Aussiedlung Landsknecht 4-6
Toni Lorenz
Tel: 06741/2011
info@hotel-landsknecht.de
www.hotel-landsknecht.de

= 6
>10m >3,5 t R

Weinprobe

Anfahrt: A61 Köln-Ludwigshafen, Ausf. Emmelshausen od. Pfalzfeld nach St. Goar, weiter auf der B9 ca. 2 km → Koblenz zum Hotel

Wir sprechen auch: Englisch

GPS: 50°10'07"N 07°41'8"E

Weine: Bacchus, Grauburgunder, Riesling, Rivaner, Spätburgunder, Rosé
Spezialitäten: Marc vom Spätburgunder, Weinbergpfirsichlikör, hausgemachte Konfitüren, regionale Spezialitäten im Restaurant

Aktivitäten: Weinprobe schon ab einer Person in unserem Restaurant und online. Kulinarische Weinproben.
Öffnungszeiten: Im Jan und Feb kein Aufenthalt möglich

HÖCHSTE LAGE, SPITZEN-WEINE

Herrliche Landschaften im Moseltal.

Weltberühmte Spitzenweine, kulinarische Vielfalt, Kultur auf Schritt und Tritt und immer neue Landschaftsbilder. Die Pluspunkte der Weinregion Mosel mit Obermosel, Mittelmosel, Terrassenmosel, Saar und Ruwer überzeugen.

Rund 5.000 Winzer in 125 Weinorten zwischen Perl und Koblenz bewirtschaften 8.770 Hektar Weinbergsfläche. Unter oftmals schwierigen Bedingungen. Denn nirgendwo auf der Welt gibt es mehr Steillagenweinberge als in dem fünftgrößten Weinbaugebiet Deutschlands.

Das Anbaugebiet ist in sechs Bereiche unterteilt. Der Bereich Burg Cochem an der unteren Mosel wird heute oft als Terrassenmosel bezeichnet, da dort Weinbau meist nur auf Weinbergs-Terrassen möglich ist. Hier befindet sich der steilste Weinberg Europas, der Bremmer Calmont. Der Bereich Bernkastel wird als Mittelmosel bezeichnet. Er ist das Herzstück des Anbaugebietes, mit bekannten Weinbaugemeinden und berühmten Weinbergslagen. Südlich von Trier beginnt die Obermosel. Der Bereich Moseltor, ein Teil der Obermosel, gehört zum Saarland. Auch im Bereich Saar wird Weinbau betrieben. Und das Ruwertal ist die kleinste Teilregion des Anbaugebiets. In dieser Idylle reifen charakterstarke Weine heran, die sich gegenseitig herausfordern. Sie gedeihen auf Schiefer, Ton oder Muschelkalk – und gleichzeitig auf geschichtsträchtigem Boden mit Trier, der ältesten Stadt, und Neumagen-Dhron, dem ältesten Weinort Deutschlands. Wichtigste Sorte ist der Riesling, gefolgt vom Rivaner. An der Obermosel ist mit dem Elbling eine alte Rebsorte heimisch, die möglicherweise schon vor 2.000 Jahren hier angebaut wurde. Daraus werden frische, fruchtige und unkomplizierte trockene Weine gekeltert und ebensolche Winzersekte.

Zunehmend werden auch Weißer und Grauer Burgunder sowie Auxerrois und Chardonnay gepflanzt, die auf den Kalkböden hervorragende Weine erbringen. Auch Rotweine – allen voran Spätburgunder und Dornfelder – gibt es seit Ende der 80er-Jahre wieder an Mosel, Saar und Ruwer. ‹

DIE **HOT**SPOTS DER

1 FREIZEITPARK KLOTTEN

Hier wird für Groß und Klein so einiges geboten: Der Wild- und Freizeitpark Klotten überrascht seine Besucher mit einer bunten Mischung aus Fahrgeschäften, Puppenbühne und Wildtiergehege.

Fahren Sie mit der rasanten Achterbahn oder bestaunen Sie die faszinierende Greifvögel-Flugschau der zugehörigen Falknerei. Der Park beherbergt mehr als 50 verschiedene Wildtierarten – vom heimischen Wildschwein bis hin zum exotischen Wapiti-Hirsch.

2 PORTA NIGRA, TRIER

Für den gerade in Trier eingetroffenen Gast ist die Porta Nigra der vorteilhafteste Ausgangspunkt für eine Stadterkundung. Sie ist das am besten erhaltene römische Stadttor nördlich der Alpen – eine unvergleichliche Verbindung zwischen der antiken Vergangenheit und der heutigen modernen Stadt.

Die Porta Nigra selbst stammt aus einer Zeit (ca. 170 n. Chr.), als die Römer öffentliche Gebäude gerne aus großen Quadern errichteten. Die größten wiegen hier sechs Tonnen. Die Sandsteinquader aus dem nahen Kylltal wurden von mühlengetriebenen Bronzesägen zurechtgeschnitten (einige Sägespuren sind noch sichtbar) und ohne Mörtel aufeinandergesetzt. Allerdings verband man je zwei Steine horizontal durch Eisenklammern, die in Blei ausgegossen wurden.

Eine solche Klammer ist auch heute noch im Inneren des Tores nahe der östlichen Wendeltreppe sichtbar. Rostspuren vieler ehemaliger Klammern sind noch außen zu sehen, denn im Mittelalter meißelte man tiefe Löcher, um das Metall zu rauben und einzuschmelzen. Die Steinquader entgingen dem Recyclingschicksal, da sich nach 1028 der griechische Mönch Simeon als Einsiedler in den Ostturm der Porta Nigra einmauern ließ. Nach seinem Tod 1035 wurde er im Erdgeschoss bestattet und heiliggesprochen. Ihm zu Ehren ließ Erzbischof Poppo von Babenberg in das römische Tor zwei übereinanderliegende Kirchen einbauen, die erst 1804–1809 auf Napoleons Befehl hin abgetragen wurden.

Der Name „Schwarzes Tor" ist mittelalterlich und lässt sich neben dem Zahn der Zeit auch auf umweltbedingte Verschmutzung zurückführen. Im Inneren sind Spuren der Doppelkirche, römische Steinmetzzeichen und Datumsgraffiti zu sehen. Außerdem sind die Aussichten von hier auf die herrliche Stadt bemerkenswert.

Trier wurde vor mehr als 2000 Jahre gegründet und gilt damit als die älteste Stadt Deutschlands. Nach Mainz, Ludwigshafen und Koblenz ist Trier die viertgrößte Stadt in Rheinland-Pfalz.

REGION MOSEL

3 MOSELTHERME

Aus den Tiefen des Schiefergesteins, vor Jahrtausenden gebildet, mit wertvollen Spurenelementen angereichert, sprudelt das Thermalwasser mit einer Temperatur von 33° C zu Tage und wird unmittelbar zur Moseltherme geleitet.

Tauchen Sie ein in eine über 2.000 Quadratmeter große Welt aus Wasser und Dampf. Sie werden wie neugeboren wieder auftauchen. In der Moseltherme, architektonisch außergewöhnlich und farblich faszinierend, vereinen sich eine der schönsten Badelandschaften der Mosel, eine großzügige Saunalandschaft und eine eigene Therapieabteilung.

Das Mehrzweckbecken bietet drei Sprungblöcke für den richtigen Sprung in das 28° C kühle Nass. Die Wassertemperatur im Thermen- und Außenbecken beträgt 31 °C. Es gibt auch ein Kleinkinderbecken für die kleinen Besucher und einen Whirlpool.

Entspannung pur erleben auch Besucher der Saunalandschaft. Zwei unterschiedlich temperierte, finnische Trockensaunen, eine Biosauna, eine Dampfsauna und eine Salzsauna mit Solevernebelung sorgen für eine stressfreie Zeit. Ruhe nach dem Saunagang finden die Gäste im abgeschlossenen Ruheraum oder im Saunagarten mit FKK-Liegewiese. Unabhängig davon verwöhnen die Mitarbeiter des Therapie- und Wellnesscenters in den Räumen der Moseltherme mit einer großen Anzahl von therapeutischen und vitalisierenden Anwendungen.

4 MOSEL ADVENTURE FORREST IN TRABEN-TRARBACH

Der Mosel Adventure Forrest bei Traben-Trarbach ist ein einzigartiger Kletterwald, der Kinder und Erwachsene an ihre Grenzen bringt. Abenteuerlustige Besucher erklimmen die 14 Parcours des Waldseilgartens oder toben sich auf dem ersten Seilrutschenparcours Europas aus. Für die jüngeren Besucher bietet die Freizeitanlage Spiele-Parcours mit kindgerechter Betreuung.

Traben-Trarbach gilt als eines der touristischen Zentren an der Mittelmosel und ist das ganze Jahr über ein beliebter Anziehungspunkt.

5 REICHSBURG IN COCHEM

Als größte Höhenburg an der Mosel, ragt die Reichsburg direkt über Cochem auf und bietet ein beeindruckendes Panorama. Nachdem sie während des pfälzischen Erbfolgekrieges stark beschädigt wurde, erstrahlt sie seit dem 19. Jahrhundert in neuem Glanz – und zwar im neugotischen Stil. Für die Besucher wird ein buntes Unter-

DIE **HOT**SPOTS DER

haltungsprogramm geboten: von Ritterspielen für Kinder bis hin zum rustikalen Rittermahl mit mittelalterlichen Tischsitten.

6 WASSERFALL SAARBURG

Entlang der Leuk hört man schon aus einiger Entfernung das Tosen des Wasserfalls. Von einer kleinen Eisenbrücke aus kann man das imposante Schauspiel der Wassermassen erleben, die 17 Meter über Felskaskaden in die Tiefe stürzen. Zwischen Fachwerkhäusern und Barockbauten rauscht das Wasser zu Tal und treibt unten eine Reihe von Wassermühlen an.

Ursprünglich floss die Leuk durch den heutigen Stadtteil Niederleuken, also um die Stadt herum, und speiste dort Fischteiche sowie die Burggräben der „Saarburg". Im 13. Jahrhundert bettete man den Bach kurzerhand um, damit genügend Löschwasser in der Stadt vorhanden war. Gleichzeitig baute man die Mühlen im Talkessel am Fuße des Wasserfalls.

Mit Hilfe der Wasserkraft wurden die Wasserräder der Stadtmühlen betrieben, heute Museum Hackenberger Mühle, und die der kurfürstlichen Mühle.

7 MOSELTAL, BERNKASTEL-KUES

Die Stadt Bernkastel-Kues ist eines der beliebtesten Urlaubsziele an der Mosel. Nicht verwunderlich, dass sie sich stolz „Zentrum der Mittelmosel" nennt.

Hierher kommen jedes Jahr Gäste aus aller Welt, um in der „Internationalen Stadt der Rebe und des Weins" Erholung und Abwechslung zu finden. Für Wanderungen oder Radtouren ist Bernkastel-Kues ein idealer Ausgangspunkt. Und eine flotte Schifffahrt vorbei an den Weinbergen gehört ebenfalls einfach dazu.

Bernkastel-Kues ist eines der ältesten Gebiete des deutschen Weinbaues und berühmt für seine Weinberglagen wie Bernkasteler Doctor, Badstube, Graben, Schlossberg, Kueser Weisenstein, Kueser Kardinalsberg, Rosenberg, Wehlener Sonnenuhr und Andeler Goldschatz.

8 BUNDESBANK-BUNKER

Der ehemalige Geheimbunker der Deutschen Bundesbank in Cochem war jahrzehntelang eines der bestgehüteten Geheimnisse der Bundesrepublik Deutschland.

REGION MOSEL

Gebaut, um einen Atomkrieg zu überstehen, lagerten hier während des Kalten Krieges 15 Milliarden DM einer geheimen Notstandswährung. Es handelt sich dabei um eine einzigartige Tresoranlage. Interessant sind überdies auch die Geheimnisse des unterirdischen, verworrenen Bunkersystems.

Von April bis Anfang Januar finden täglich Führungen zwischen 11 und 15 Uhr statt. In den Wintermonaten gelten abweichende Öffnungszeiten. Der Eintritt kostet zehn Euro.

9 LEOFELSEN

Von der Schutzhütte „Leofelsen" aus hat man einen wunderschönen Ausblick. Der in 258 Meter über dem Meeresspiegel gelegene Felsen ist Teil des Rheinischen Schiefergebirges und vermittelt dem Wanderer Eindrücke über die Geologie der Landschaft.

Besucher geniessen von dort einen schönen Blick auf den Verlauf des Alfbaches, aus der Eifel kommend bis hin zur Mündung in die Mosel. Ein Wanderlehrpfad führt über den Bergrücken in Richtung Burg Arras.

i
Mosellandtouristik GmbH
Kordelweg 1,
D-54470 Bernkastel-Kues
www.mosellandtouristik.de

Ver- und Entsorgung an der Mosel

56859 Alf, Wohnmobilstellplatz am Freibad Arrastal, Junkergasse 1

56332 Burgen, Knaus Campingpark Mosel-Burgen, Am Bootshafen

56072 Koblenz-Metternich, Autohof Koblenz, Rübenacher Wald 2

56332 Löf, SOG-Entlüftungssysteme Dahmann, In der Mark 2

56858 Sankt Aldegund, Reisemobilplatz im Moselvorgelände, Am Moselufer-Radwanderweg

54294 Trier, Reisemobilpark Treviris, In den Moselauen 2

54349 Trittenheim, Reisemobilplatz Trittenheim, Am Moselufer

54487 Wintrich, Wohnmobilstellplatz Wintrich, Moselstraße

56856 Zell-Kaimt, Stellplatz Römerquelle, Am Freizeitzentrum

54470 Bernkastel-Kues

Weingut Karl O. Pohl

Reitzengang 9
Stefan K. Pohl Dipl.-Ing. (FH)
Tel: 06531/8372
info@weinpohl.de
www.weinpohl.de

= 1
>10m >3,5t R

Weinprobe.

Anfahrt: Fahren Sie im Ortsteil Wehlen über die Brückenstraße zum Moselufer und dort li. auf die Uferallee. Nach ca. 450 m biegen Sie in den Reitzengang ein. Der Abstellplatz befindet sich auf der re. Seite zwischen dem 1. und 2. Haus

Wir sprechen auch: Englisch

GPS: 49°56'36"N 07°02'20"E

Weine: Riesling
Spezialitäten: Sekt, Secco, Trester, Apfelbrand, Viezbrand, Spezialitäten aus der Winzerküche
Aktivitäten: Weinproben
Öffnungszeiten: Vom 01.10.-30.04. ist kein Aufenthalt möglich. Gutsweinstube geöffnet Mai-Okt, Weinproben und Ausschank

54472 Brauneberg

Weingut Rainer Heil GbR

Moselweinstr. 79
Waltraud Heil
Tel: 06534/439
winzer@rainerheil.de
www.rainerheil.de

= 1
>10m >3,5t R

Anfahrt: Von Süden kommend über die A6 und weiter über Trier und die A48 Ausf. Salmtal. Von Norden A48 Ausf. Salmtal od. Ausf. Wittlich Mitte. Das Weingut liegt direkt an der B53 (Moselweinstraße)

Wir sprechen auch: Englisch

GPS: 49°54'26"N 06°58'50"E

Weine: Findling, Goldriesling, Kerner, Reichensteiner, Riesling, Rivaner, Weißburgunder, Dornfelder, Reberger, Regent, Spätburgunder
Spezialitäten: Sekt, Secco, Traubensaft, Liköre, Brände
Aktivitäten: Weinproben, Weinbergführungen (ab 8 Pers.), im Sep und Okt Straußwirtschaft mit Federweißer und Zwiebelkuchen
Öffnungszeiten: Weinverkauf von etwa Ostern bis Anfang Nov fast täglich

54472 Brauneberg

Weingut Willi Haag

Burgfriedenspfad 5
Marcus Haag
Tel: 06534/450
info@willi-haag.de
www.willi-haag.de

= 3
>10m >3,5 t R
CHEM

Anfahrt: Die B53 (Moselweinstraße) führt durch den Ort Brauneberg. Der Burgfriedenspfad ist die erste Parallelstraße zwischen der Traf und der Boorgasse

Aufenthalt nach vorheriger Absprache fast immer möglich

Wir sprechen auch: Englisch

GPS: 49°54'29"N 06°59'9"E

Weine: Riesling
Spezialitäten: Sekt

Aktivitäten: Weinproben und Weinbergführungen sind nach vorheriger Absprache möglich
Öffnungszeiten: ebenfalls nach vorheriger Absprache

56843 Burg/Mosel

Weingut Postkellerei

Moselstr. 21
Heinz Flöter
Tel: 06541/9214
floeterpost@t-online.de
www.kunst-hotel-zur-post-burg-mosel.de

= 1
>10m >3,5 t

Anfahrt: Parkplatz liegt direkt an der Ortsstraße, 100 m vom Weingut entfernt

Wir sprechen auch:
Englisch, Französisch

GPS: 50°00'31"N 07°07'19"E

Weine: Müller-Thurgau, Riesling, Weißburgunder, Dornfelder
Aktivitäten: Informative Weinproben, kulinarische Weinproben (nach Voranmeldung), Weinbergführungen nach Absprache, Kunstgemälde-Galerie im Keller
Öffnungszeiten: Ganzjährig geöffnet. Restaurant mit Moselterrasse

54472 Burgen

Weingut Bohn-Leimbrock

Lindenstr. 6
Annette Leimbrock-Debus
Tel: 06534/383
annette@keller-leimbrock.de
www.bohn-leimbrock.de

= 4
>10m >3,5 t

Anfahrt: A1 Ausf. Salmtal, weiter auf der L47 über Mülheim und Veldenz nach Burgen. Das Weingut liegt auf der li. Seite an einem Bach

Wir sprechen auch:
Englisch, Französisch

GPS: 49°52'47"N 06°59'59"E

Weine: Kerner, Müller-Thurgau, Riesling
Spezialitäten: Mosel-Riesling-Sekt, "free-Sekt", Weinbrände, Liköre

Aktivitäten: Weinproben, Wanderungen durch die begrünten Weinberge und Kellerführungen

54472 Burgen

Weingut Ingo Norwig

Am Frohnbach 1
Ingo Norwig
Tel: 06534/763
info@weingut-norwig.de
www.weingut-norwig.de

= 2
>10m >3,5 t R

Anfahrt: In Burgen liegt das Weingut von Brauneberg oder Veldenz kommend an der ersten Brücke im alten Ortskern von Burgen

Bitte im Weingut, Am Frohnbach 1, anmelden. Der Stellplatz befindet sich Am Frohnbach 3/4

Wir sprechen auch:
Englisch, Holländisch, Polnisch

GPS: 49°52'49"N 07°00'00"E

Weine: Grauburgunder, Müller-Thurgau, Kerner, Riesling, Dornfelder, Spätburgunder
Spezialitäten: Sekt, Secco, Tresterbrand, Weinbrand, Traubensaft, Weinessig

Aktivitäten: Kellerführungen, Weinproben
Öffnungszeiten: Während der Weinlese von ca. Mitte Sep-Ende Okt kein Aufenthalt möglich.

56850 Enkirch

Weingut Immich-Anker

Am Steffensberg 19
Marika Immich
Tel: 06541/6230
immich-anker@mosel.net
www.mosel.net

= 1
>10m >3,5t R

Anfahrt: A1 Autobahnkreuz Wittlich Ausf. ➔ Traben-Trarbach, weiter auf der B53 ➔ Bullay/Zell/Enkirch, an der 2. Ausf. Enkirch unter der Unterführung durch, nach der Kreuzung befindet sich das Weingut nach 50 m auf der li. Seite

Wir sprechen auch:
Englisch, Ungarisch

GPS: 49°59'05"N 07°07'30"E

Weine: Riesling, Dornfelder
Spezialitäten: Sekt (traditionelle Flaschengärung), Destillate

Aktivitäten: Weinprobe nach Voranmeldung, Vinothek und Weinshop tägl. ab 09.00 Uhr

54492 Erden

Weingut Johannes Schneider Maring

Hauptstr. 56
Heide Weidemann
Mobil: 0176/43781304
weingut@slowwine.de
www.slowwine.de

= 1
>10m >3,5t
CHEM

Anfahrt: A1 Ausf. Wittlich, 1. li. ➔ Bernkastel-Kues. Über die Kreisverkehre ➔ B50 neu – Zeltingen-Rachtig, vom Kreisverkehr an der Mosel über die Brücke zum Kreisverkehr am anderen Ufer, ab dort ➔ Erden-Lösnich bis Erden, re. in die Poststr., dann li. in die Hauptstr. abbiegen, nach 200 m auf der li. Seite

Wir sprechen: Englisch, Französisch

GPS: 49°58'43"N 07°01'17"E

Bio WINZER

Weine: Riesling, Regent, Dornfelder, Müller-Thurgau, Phönix
Spezialitäten: Sekt, Traubensaft
Aktivitäten: Gruppenweinproben, Tagesseminare zum Thema Weinbau und Ökologie, kulinarische Weinproben, Wein- und Sektabonnement
Öffnungszeiten: Ganzjährig geöffnet

54484 Maring-Noviand

Weingut A. Melsheimer

Klosterhof Siebenborn 9
Esther Melsheimer
Tel: 06535/851
info@arthur-melsheimer.de
www.arthur-melsheimer.de

= 2
>10m >3,5 t

Anfahrt: A1 Ausf. Wittlich-Mitte, weiter auf der B50 → im 3. Kreisverkehr erste Ausf., nächste Abf. L53 Bernkastel, Ausf. Maring-Noviand, li. in die Straße „Im Siebenborn". Die Stellplätze befinden sich vor dem Hof

Um telefonische Voranmeldung wird gebeten

Wir sprechen auch: Englisch, Französisch, Holländisch

GPS: 49°56'4"N 06°59'33"E

Weine: Riesling, Weißburgunder, Spätburgunder
Spezialitäten: Edle Rieslinggewächse aus biologischem Anbau, Eiswein
Aktivitäten: Weinproben im ehemaligen Kelterhaus oder online, Rundgang mit dem Winzer, Einblicke in das Winzerhandwerk mit Seminaren zu den Themen Rebschnitt, Laubarbeiten, Weinstock- und Bodenarbeiten und Mitarbeit bei der Traubenlese
Öffnungszeiten: Mo geschlossen, Di-So 10.00-12.00 und 14.00-18.00 Uhr, Anreise auch außerhalb der Öffnungszeiten möglich

54318 Mertesdorf

Weingut Karlsmühle

Im Mühlengrund 1
Sylvia Wels
Tel: 0651/5124
anfrage@weingut-karlsmuehle.de
www.weingut-karlsmuehle.de

= 1
>10m >3,5 t
CHEM

Anfahrt: A1/A602 → Trier, Ausf. Kenn → Ruwer, von da aus → Ruwertal auf die L149. Die Karlsmühle liegt zwischen den Orten Mertesdorf und Kasel

Wir sprechen auch: Englisch

Weine: Riesling, Weissburgunder, Grauburgunder, Spätburgunder
Aktivitäten: Weinproben tagsüber möglich von 8.00-17.00 Uhr und nach Absprache
Öffnungszeiten: Ganzjährig möglich, Weingut geöffnet von 08.00-17.00 Uhr. Mittwochabends finden wenn möglich Musikabende statt, hier empfiehlt sich eine Anreise vor 17.00 Uhr

GPS: 49°46'12"N 06°43'26"E

54518 Platten

Weingut Görgen

Bahnhofstr. 14
Werner Görgen
Tel: 06535/944
info@weingut-goergen.com
www.weingut-goergen.com

= 3
>10m >3,5 t R

Anfahrt: A1/A48 Ausf. Wittlich → Bernkastel-Kues bis Platten oder A60/B50 Ausf. Platten

Wir sprechen auch: Englisch

Weine: Grauburgunder, Kerner, Riesling, Weißburgunder, Dornfelder, Spätburgunder
Spezialitäten: Winzersekt, Secco

Aktivitäten: Weinproben, Frühstücksbüfett, Brunch
Öffnungszeiten: Von Dez-März ist kein Aufenthalt möglich

GPS: 49°57'05"N 06°56'54"E

54439 Schloss Thorn / Palzem

Weingut Schloss Thorn

Schloss Thorn 1
Dr. Baron von Hobe-Gelting
Tel: 06583/433
weingut@schloss-thorn.de
www.schloss-thorn.de

= 1
>10m >3,5 t R
Weinprobe.

Anfahrt: A8 Ausf. Perl, weiter auf der B419 → Palzem, der Beschilderung zum Schloss Thorn folgen. Diese führt in eine kleine Straße mit einem „Einfahrt verboten/Anlieger frei" Schild, entlang der Schlossflügelmauer fahren bis li. Hand ein Gebäude mit der Aufschrift VINARIA kommt, dort bitte klingeln. **Wohnmobile nur mit eigenen sanitären Anlagen. Anreise 14:00-18:00 Uhr**
Wir sprechen: Englisch, Französisch

GPS: 49°33'06"N 06°22'57"E

Weine: Weißer Elbling, Pinot Blanc, Pinot Gris, Sauvignon Gris, Riesling, Roter Elbling, Pinot Meunier
Spezialitäten: Wein, Sekt, Brände, Wildsalami

Aktivitäten: Geführte Besichtigungen durch die Schlossanlage, Weinproben, Weinseminare, Konzerte und andere Veranstaltungen
Öffnungszeiten: In der letzten Dezember- und ersten Januarwoche ist kein Aufenthalt möglich

56841 Traben-Trarbach

Weingut Trossen

Alter Brauerweg 6
Jörg Trossen
Tel: 06541/2937
info@trossen-weine.de
www.trossen-weine.de

= 3
>10m >3,5t

Anfahrt: A1/48 Koblenz-Trier, Ausf. Wittlich-Nord, weiter auf der B53 → Traben-Trabach oder A61 Ludwigshafen-Koblenz Ausf. Rheinböllen, weiter → Bernkastel-Kues/Trier, vorbei am Frankfurt Hahn Airport, dann auf der B50 (Hunsrückhöhenstrasse) bis zur Ausf. Irmenach → Traben-Trabach

Wir sprechen auch: Englisch

GPS: 49°57'10"N 07°06'52"E

Weine: Phönix, Riesling, Rivaner, Blauer Spätburgunder, Cabernet Sauvignon, Dornfelder, Regent
Spezialitäten: Riesling du Monde - bester Riesling in Europa, Staatsehrenpreise für höchste Qualität, Eiswein, edle Destillate, Traubensaft, Weingelee

Aktivitäten: "Vinothek Royal" von Mai-Okt, Weinprobe mit Kellerbesichtigung, Planwagenfahrt
Öffnungszeiten: täglich ab 12.00 Uhr

54539 Ürzig

Weingut Benedict Loosen Erben

Würzgartenstr. 1
Claudia Müller
Tel: 06532/2203
alter@alter-klosterhof.de
www.benedict-loosen-erben.de

= 1
>10m >3,5t

Anfahrt: A48 Ausf. Wittlich, weiter auf der B53 bis Ürzig

GPS: 49°58'43''N 07°00 20''E

Weine: Riesling
Aktivitäten: geführte Weinbergwanderung mit Winzerrast, Weinprobe auch online anlässlich Harley- und Weinfest in Ürzig, Weinprobe im Riesenrad anlässlich Säubrenner-Kirmes in Wittlich, Straßen- und Weinfest in Zeltingen-Rachtig
Öffnungszeiten: Ganzjährig nach vorheriger telefonischer Absprache

54320 Waldrach

Weingut Heinrich Mertes

Hermeskeiler Str. 36
Wolfgang Mertes
Tel: 06500/480
mail@mertes-waldrach.de
www.mertes-waldrach.de

= 2
>10m >3,5 t

Anfahrt: A602 Ausf. Kenn ➔ Trier, in Ruwer li. abbiegen ➔ Hermeskeil/ Ruwertal, 5 km bis Waldrach, den Ort durchfahren, das Weingut liegt am Ortsausgang auf der re. Seite

Wir sprechen auch: Englisch

GPS: 49°44'28"N 06°44'41"E

Weine: Riesling (trocken bis edelsüß), Riesling-Sekt, Spätburgunder, Rosé, Blanc de noir und -Sekt
Spezialitäten: Marc vom Spätburgunder

Aktivitäten: Weinproben
Öffnungszeiten: Sa 09.00-16.00 Uhr und nach telefonischer Vereinbarung

54487 Wintrich

Weingut Clemens

Kurfürstenstr. 11
Jochen Clemens
Tel: 06534/692
weingutclemens@gmx.de
clemensweingut.de

= 10
>10m >3,5 t
CHEM

Anfahrt: Von der B53 in die Kurfürstenstraße einfahren nach 100 m auf den Stellplatz fahren

Wir sprechen auch: Englisch

GPS: 49°53'23"N 06°57'15"E

Weine: Riesling, Elbling, Weißburgunder, Müller-Thurgau und Kerner
Aktivitäten: Weinbergführungen, kulinarische Weinproben, Grillabende und vieles mehr ist nach Absprache möglich

Öffnungszeiten: Ganzjährig geöffnet, Straußwirtschaft Öffnungszeiten siehe Homepage

„TRÖSTE DICH
DU EINGESPERRTER,
DEIN ERLÖSER
STEHT VOR DIR."
(Inschrift auf einem Weinfass im Elsass)

JETZT NEU! AHORN WINES
Wir schenken Ihnen eine Flasche!
Mehr Infos auf:
ahorn-wines.de/winzeratlas
30 YEARS AHORN CAMP
AHORN CAMP WIRD 30!
FEIERN SIE MIT UNS!
ENTDECKEN SIE DIE 30-YEARS EDITION
Wir beraten Sie gerne vor Ort oder online auf:
ahorn-camp.de
Lieber mieten? ahorn-rent.de
AHORN
Camp
DIE BESSERE ALTERNATIVE

WO DAS **GUTE**
SO **NAHE** LIEGT

Das Gebiet um Bingen ist ein beliebtes Wanderziel.

Die Nahe entspringt im Saarland südwestlich des Bostalsees und mündet nach 120 abwechslungsreichen Kilometern bei Bingen in den Rhein. Sie trennt den Hunsrück vom Nordpfälzer Bergland und überwindet dabei 322 Höhenmeter. Gemeinsam mit ihren fünf Nebenflüssen als Lebensadern ist sie pulsierendes Herz dieser vom großartigen Mikroklima und landschaftlichen Reizen verwöhnten Weinregion. Sie hat deutschlandweit die größte Bodenvielfalt und die engräumigsten Wechsel vorzuweisen. Mehr als 180 Bodenvarianten werden vermutet.

Bunt und einzigartig wie die Böden sind auch die Winzer: Kreative Traditionalisten und moderne Querdenker arbeiten hier mit unterschiedlichem Ansatz, aber ganzem Einsatz. Rund 4.200 Hektar Ertragsfläche umfasst das Anbaugebiet Nahe. Die Reben gedeihen auf sanftem Hügelland, teilweise auch auf Steillagen.

Ausgeglichen, mild und regenarm ist das Klima in allen Lagen des Anbaugebietes. An der unteren Nahe zwischen Bingen und Bad Kreuznach gedeihen Burgundersorten und klimatisch anspruchsvolle rote Sorten besonders gut, mit hohen Mostgewichten und einer moderaten Säurestruktur.

An der oberen Nahe und ihren Seitentälern ist das Klima von den kühleren Luftmassen der Mittelgebirge (Soonwald/Hunsrück und Nordpfälzer Bergland) geprägt. Die Reife der Weintrauben erfolgt daher später. Das ist besonders vorteilhaft für das Aroma und die Säurestruktur des Rieslings. Die Winzer erhalten rassige, fruchtige und schlanke Weine.

Der Rebsortenspiegel ist vielfältig, zu 75 Prozent sind die weißen Sorten vertreten. Riesling, Müller-Thurgau und Silvaner stehen an der Spitze, Weiß- und Grauburgunder legen seit einigen Jahren stark an Anteilen zu. Bei den Rotweinen steht der Dornfelder an erster Stelle, gefolgt von Spätburgunder, Portugieser und Regent.

Ein Großteil des Ertrags geht als Qualitäts- und Prädikatswein auf den Markt. Die Weine der Nahe werden zu knapp 50 Prozent direkt vermarktet. ‹

DIE **HOT**SPOTS

1

2

3

1 DEUTSCHES EDELSTEIN-MUSEUM IDAR-OBERSTEIN

Das deutsche Edelsteinmuseum in Idar-Oberstein ist immer einen Ausflug wert. Es zeigt auf drei Etagen mit einer Fläche von 700 Quadratmetern einer stilvoll restaurierten Gründerzeitvilla alle Edelsteinarten der Welt mit mehr als 10.000 Exponaten. Neben funkelnden Edelsteinen und Diamanten ziehen auch kunstvoll gearbeitete Gravuren und Skulpturen sowie ausgesuchte Mineralien den Betrachter in ihren Bann.

Die jährlich wechselnden Sonderausstellungen finden im ausgebauten Gewölbekeller den angemessenen Rahmen. Die schon über 500 Jahre alte Edelsteinindustrie bringt mit ihren „Schleiferfamilien" rund 90 Prozent der gezeigten Exponate als Leihgaben ein. Dadurch sind im Deutschen Edelsteinmuseum auch Einmaligkeiten zu sehen, die ein privater oder öffentlicher Träger nie oder nur schwer erwerben könnte.

In dieser einmaligen Ausstellung, die ständig durch neue Zugänge ergänzt wird, werden nahezu alle weltweit vorkommenden Edelsteine präsentiert – sowohl als Rohstein als auch in vollendet bearbeiteter Form. Wer also an der Nahe unterwegs ist, sollte unbedingt ein Abstecher in dieses Museum machen.

2 WELLNESS IN BAD KREUZNACH

Als staatlich anerkanntes Mineralheilbad ist Bad Kreuznach nicht nur für Kuraufenthalte, sondern auch als Ziel eines erholungsfördernden Kurztrips ideal.

Das Bäderhaus zählt zu den schönsten Saunalandschaften Deutschlands. Hinter der prachtvollen, klassizistischen Fassade locken auf 4.000 Quadratmetern gleich elf verschiedene Saunen, vom römischen Dampfbad über die orientalische Saune bis zur alpenländischen Schwitzstube.

Baden kann man entweder in einem der Solebecken, im großen Pool mit Wasserfall, im sprudelnden Whirlpool oder im herrlichen Außenbecken auf dem Dachgarten. Abkühlung verschafft man sich hingegen in der Eisgrotte. Abgerundet wird das Wellnessangebot durch verschiedenste Anwedungen und Massagen. Für das leibliche Wohl sorgt das Restaurant und ein Nickerchen hält man in den großzügigen Ruhebereichen.

In direkter Nachbarschaft des Bäderhauses befinden sich die „crucenia thermen". Das sind drei Innen- und Außenbecken mit 33 Grad warmer Sole. Gespeist werden die Becken von Wasser, das aus einer Quelle im Salinental gewonnen wird.

DER REGION NAHE

3 STEINSKULPTURENMUSEUM

Vor der gewaltigen Kulisse des Rotenfels entstand 2010 in Bad Münster am Stein-Ebernburg das erste und einzige zeitgenössische Steinskulpturenmuseum der Welt. Es wurde nach Plänen des japanischen Star-Architekten Tadao Ando errichtet. Die Steine für die Skulpturen stammen aus allen fünf Kontinente dieser Welt. Geschaffen wurden die Kunstwerke von den Bildhauern Wolfgang Kubach und Anna Kubach-Wilmsen. Markantes Kennzeichen ihrer Arbeiten sind die bekannten Buchtürme, Buchsäulen und Steinbücher sowie die 150-teilige Steinbibliothek.

Neben 15 Großskulpturen werden rund 50 weitere Skulpturen in diesem einzigartigen Museum, das eine Symbiose aus moderner Betonarchitektur und einer translozierten Fachwerk-Scheune darstellt, präsentiert. Das Museum ist als Tageslichtmuseum konzipiert. Außerdem verwandeln die beiden Steinhauer seit 2001 die verlassenen Weinberge in einen Steinskulpturenpark, der öffentlich zugänglich ist. 13 von 24 Skulpturen haben schon ihren Platz in dieser Landschaft gefunden. Manche Skulpturen verweisen auf die Evolution ihrer Materie, andere visualisieren Steingeschichte im atmosphärischen Licht der Weinlandschaft des Nahetals.

4 BESUCHERBERGWERK SCHMITTENSTOLLEN

Der Lemberg an der Nahe – wenige Kilometer westlich von Bad Kreuznach – ist nicht nur ein großartiges Wandergebiet, er ist auch bergbaugeschichtlich von größtem Interesse. Hier wurde ein halbes Jahrtausend Quecksilberbergbau betrieben. Das größte Quecksilberbesucherbergwerk Deutschlands, der Schmittenstollen, veranschaulicht Arbeitsweise und Arbeitsbedingungen der Bergleute. Eine spannende Zeitreise führt den Besucher in den Berg hinein.

Geöffnet von April bis Oktober. Den Besuch des Bergwerks sollte man unbedingt mit einer Rundwanderung um den Lemberg verbinden. Die nächste Bahnstation befindet sich in Niederhausen.

5 ALTSTADT MEISENHEIM

Die Altstadt der charmanten Kleinstadt Meisenheim am Glan, 20 Kilometer südlich von Bad Kreuznach, hat sich ihren historischen Charme mit vielen denkmalgeschützten Gebäuden bewahrt und weist heute noch erstaunlich viel von seiner mittelalterlichen Bausubstanz auf. Es ist als einzige der vormals pfälzischen Städte in seiner

DIE **HOT**SPOTS DER

Geschichte von Kriegen und größeren Katastrophen verschont geblieben ist. Im 7. Jahrhundert wurde es vermutlich von einem fränkischen Siedler namens Meiso gegründet. Als Amtsstadt der Wittelsbacher verfügt die Stadt über einen besonders schönen Ortskern. Sehenswert vor allem die Schlosskirche. Sie ist Ausgangspunkt einer kulinarischen Stadtführung mit Nachtwächter. In 90 Minuten erleben Besucher eine unterhaltsame und informative Einführung in die Geschichte einer der schönsten Städte der Pfalz.

Stadtführungen gibt es immer sonntags, feiertags 14.30 Uhr. Meisenheim ist auch mit dem Rad gut zu erreichen. E-Bike empfiehlt sich.

6 BARFUSSPFAD BAD SOBERNHEIM

Barfuß gehen ist gesund und regt den gesamten Organismus an. Das dachten sich auch die Gründer von Deutschlands erstem Barfußpark in Bad Sobernheim.

Nebenbei bemerkt: Es ist gesund. Schon „Lehmpastor" Emanuel Felke (1856–1926) hat seinen Patienten das Barfußlaufen kombiniert mit Lehmbädern in Heilerde empfohlen. So entstand auch die Felkekur, welche heute noch in den Bad Sobernheimer Kurhäusern angewandt wird. Seit 1992 lädt ein 3.500 Meter langer Rundweg zum Laufen ohne Schuhe ein. Wie eine Fußreflexzonenmassage regt der Gang über Lehm, Gras, Sand, Steine und Rindenmulch den gesamten Organismus an.

Wanderer waten durch die Lehmbecken und durch eine Furt durch die Nahe und überqueren zum Abschluss eine Hängebrücke. Das ist ein Erlebnis für die ganze Familie. Die regelmäßig geöffnete „NaheBar" lädt die Besucher mit Bier, Wein & Cocktails zum Verweilen ein.

7 ARCHÄOLOGIEPARK BELGINUM MORBACH

Sie möchten wissen, wie die alten Römer gelebt haben? Dann bietet der Archäologiepark Belginum in Morbach genau das richtige Ausflugsziel.

Herzstück des Parks ist das 2002 eröffnete Museum. Es steht mitten in dem antiken Straßendorf und zeigt sehr anschaulich das Leben an einer Fernstraße in keltischer und römischer Zeit.

Was aßen die Römer? Wie funktionierte die Wasserversorgung? Womit wurde damals gearbeitet? Fragen wie diese werden anhand von Originalfunden erläutert und illustriert. Durch die Präsentation einzelner

REGION NAHE

Grabfunde gelingt es, den Menschen der damaligen Zeit ein Gesicht zu geben. Gleichzeitig wird versucht, Einblicke in die alltägliche Arbeit und Methodik eines Archäologen zu geben: Wie funktioniert Luftbildarchäologie? Oder: Warum suchen Archäologen Müll? Auf 100 Quadratmetern ergänzen regelmäßig wechselnde Sonderausstellungen das Gesamtbild. Die Sonderausstellung „Die Dame von Schengen" ist noch bis zum 05. September 2021 zu sehen.

8 SOMMERRODELBAHN AM ERBESKOPF

Der Erbeskopf im Nahetal lädt im Winter zum Skifahren und Rodeln ein, doch auch von Mai bis Oktober können Rodelfans den Hang hinuntersausen – mit der Sommerrodelbahn am Erbeskopf.

Seit 2005 wird auf der Skipiste im Sommer gerodelt. Die 1.356 Meter lange Strecke bietet viel Spaß für Groß und Klein. Wo im Winter Besucher rodeln in einem Schlitten mit bis zu 42 km/h auf einer standfesten Aluminiumschiene ins Tal hinab und erleben dabei echtes Kurvenfeeling, ohne auf Sicherheit verzichten zumüssen. Ein perfektes Ausflugsziel also für Familien oder für Großeltern mit ihren Enkeln.

Naheland-Touristik GmbH
Bahnhofstrasse 37
D-55606 Kirn/Nahe
www.naheland.net

Ver- und Entsorgung an der Nahe

55543 Bad Kreuznach,
Stellplatz Salinental, Saline Karlshalle 11

55566 Bad Sobernheim,
Stellplatz am Nohfels, Hömigweg 1

55411 Bingen-Gaulsheim, Mainzer Straße

55743 Fischbach,
Wohnmobilpark Fischbach-Nahe, Marktstraße 4

55743 Idar-Oberstein,
Stellplatz an der Börse, Hauptstraße

66625 Nohfelden-Bosen,
Stellplatz Camping Bostalsee, Am Campingplatz 1

55618 Simmertal,
Camping Haumühle, Haumühle 1

55595 Gutenberg

Weingut und Brennerei Dapper

Am Schloßberg 5
Eckhard Dapper
Tel: 06706/301
weingut-dapper@t-online.de
www.weingut-dapper.de

= 5
>10m >3,5 t R
CHEM

Anfahrt: A61 Ausf. 47 (Windesheim/Waldlauberseheim/Wallhausen), li. → Wallhausen. Nach ca. 8 km am Kreisel Roxheim 1. Abfahrt re. nach Gutenberg. Nach der Ortseinfahrt ca. 300 m vor der Kirche re. in „Am Schloßberg 5" abbiegen, geradeaus in den Hof fahren (direkt unterhalb der Gutenburg)

Nach vorheriger Absprache

Wir sprechen auch: Englisch

GPS: 49°52'50"N 07°47'56"E

Weine: Bacchus, Chardonnay, Gewürztraminer, Grauburgunder, Riesling, Scheurebe, Weißburgunder, Blauer Spätburgunder, Dornfelder, Regent
Spezialitäten: Sekt, Secco, Edelobstbrände aus eigener Brennerei, Liköre, Traubensaft, Marmeladen, Gelees, Himberessig aus eigener Herstellung, Traubenkernöl
Aktivitäten: Weinproben (auf Wunsch mit Vesper) oder Weinbergführungen (auf Anfrage)
Öffnungszeiten: Ganzjährig geöffnet. Auf Anfrage Brötchenservice möglich

55585 Hochstätten

Bio-Weingut Otto Laubenstein

Entengasse 2
Torsten Hashagen
Tel: 06362/993120
info@laubenstein.com
www.laubenstein.com

= 5
>10m >3,5 t
CHEM

Anfahrt: A61, Ausf. Gau Bickelheim, B420 → Kusel, Meisenheim

Wir sprechen auch: Englisch, Spanisch

GPS: 49°45'53"N 07°49'54"E

Bio WINZER

Weine: Bacchus, Chardonnay, Grau- und Weißburgunder, Riesling, Silvaner, Dornfelder, Spätburgunder
Spezialitäten: Bio-Weine, vegane Weine, Sekt, Secco
Aktivitäten: Weinseminare, Themenproben wie "Wein und Schokolade", Weinbergpicknick mit ausgestattetem Picknickkorb, Weinprobe, Weinwanderungen und Führungen mit der Kultur- und Weinbotschafterin M. Laubenstein-Hashagen (nach Absprache im Weingut)
Öffnungszeiten: Ganzjährig geöffnet

55569 Monzingen

Weingut Alt

Hauptstr. 67
Holger Alt
Tel: 06751/94560
info@weingut-alt.de
www.weingut-alt.de

= 6
>10m >3,5 t
CHEM

Anfahrt: Über A61 Ausf. Waldlaubersheim od. Ausf. Bad Kreuznach auf B41 bis Monzingen, in Monzingen der Beschilderung im Ort Weingut Alt folgen, bis in den hist. Ortskern

Wir sprechen auch: Englisch

GPS: 49°47'57"N 7°35'29"

Weine: Riesling, Grauburgunder, Weißburgunder, Bacchus, Müller -Thurgau, Dornfelder, Spätburgunder, Domina
Aktivitäten: Weinprobe und Weinbergsführung nach Absprache

Öffnungszeiten: Vom 01.11.-31.03. ist kein Aufenthalt möglich. Straußwirtschaft siehe Website. Frühstück nach Absprache im Weingut möglich. Weinverkauf Mo-Fr. 08.00-12.00 und 14.00-18.00 Uhr, Sa 08.00-12.00 und 14.00-17.00 Uhr, So. 08.30-12.00 Uhr

55569 Monzingen

Weingut Schauß

Römerstr. 12
Simone Schauß
Tel: 06751/2882
weingut-schauss@web.de
www.weingut-schauss.de

= 2
>10m >3,5 t
CHEM

Anfahrt: A61 Ausf. Bad Kreuznach, hier auf die B41, bis Ausf./Kreuzung Monzingen, hier re. abbiegen, für 1 km auf dieser Straße bleiben, Weingut auf der li. Seite

Wir sprechen auch: Englisch

GPS: 49°48'4"N 7°35'22"E

Weine: Gewürztraminer, Grauburgunder, Riesling, Weißburgunder, Cabernet, Domina, Spätburgunder, Regent
Spezialitäten: Sekt, Brände, Verjus

Öffnungszeiten: Weingut: Mo-Fr 08.00-19.00 Uhr, Sa 09.00-18.00 Uhr, So 10.00-17.00 Uhr nach Vereinbarung

55585 Niederhausen

Weingut Mathern

Winzerstr. 5-7
Gloria Mathern
Tel: 06758/6714
info@weingut-mathern.de
www.weingut-mathern.de

= 1
>3,5 t
WC
Müllentsorgung.

Anfahrt: A61 Ausf. Bad Kreuznach, weiter auf der B41 bis Ausf. Hüffelsheim, nach Hüffelsheim li. → Niederhausen

Wir sprechen auch: Englisch, Französisch

GPS: 49°48'08"N 07°47'01"E

Weine: Riesling, Burgundersorten
Spezialitäten: Sekt, Secco, Hefebrand, Liköre, Traubensaft, Weingelee
Aktivitäten: Weinproben, Degustationsmenüs, Weinbergrundgänge

Öffnungszeiten: Täglich nach Vereinbarung. Oktober beziehungsweise während der Weinlese kein Aufenthalt möglich.

55585 Norheim

Weingut Brunnenhof

Brunnenhof 1
Ronald Gebhard
Tel: 0671/31151
weingut-brunnenhof@t-online.de
www.weingut-brunnenhof.de

= 3
>10 m >3,5 t R
CHEM

Anfahrt: A61 Ausf. Waldlaubersheim über Hargesheim und Rüdesheim nach Norheim, im Ort der Beschilderung folgen

Wir sprechen auch: Englisch

GPS: 49°48'45"N 07°48'44"E

Weine: Gewürztraminer, Grauburgunder, Riesling, Weißburgunder, Cabernet Dorsa, Dornfelder, Spätburgunder
Spezialitäten: Winzersekt, Erdbeer-Secco, Riesling-Trester, Weinbergpfirsich-Likör

Aktivitäten: Traktorrundfahrt durch die Weinberge, Weinverkostung, Vinothek, Nahe-Radweg, Barfußpfad

55571 Odernheim

Weingut von Racknitz

Disibodenberger Hof 3
Luise v. Racknitz-Adams
Tel: 06755/285
info@weingut-von-racknitz.com
www.weingut-von-racknitz.com

= 2
>10m >3,5 t

Anfahrt: A61 Ausf. Dreieck Nahetal abfahren auf B41 bis Ausf. Waldböckelheim, durch Waldböckelheim → Odernheim, in Staudernheim → Odernheim weiterfahren, letzte Straße vor Ortsende li. einfahren, der Beschilderung „Klosterruine Disibodenberg" folgen

Wir sprechen auch: Englisch

GPS: 49°46'40"N 7°42'15"E

Weine: Riesling, Silvaner, Pinot Meunier
Aktivitäten: Für Weinverkostung mit bis zu 6 Weinen für 15 € pro Person Vorausbuchen erbeten. Zum Weingut gehört die Klosterruine Disibodenberg, das ehemalige Kloster in dem Hildegard von Bingen 40 Jahre verbrachte – Führungen sehr empfehlenswert.
Öffnungszeiten: In den Wintermonaten ist kein Aufenthalt möglich

55452 Windesheim

Bio WINZER

Weingut Großmann

Im Setzling 8
Reinhold Großmann
Tel: 06707/583
post@bioweinegrossmann.de
www.bioweinegrossmann.de

= 3
>10m >3,5 t R
CHEM

Anfahrt: A61 Ausf. Waldlaubersheim, → Windesheim, im Ort 2. Str. li. oder B41 von Bad Kreuznach → Stromberg

Wir sprechen auch: Englisch

GPS: 49°54'21"N 07°49'02"E

Weine: Chardonnay, Gewürztraminer, Grauburgunder, Optima, Riesling, Weißburgunder, Acolon, Blanc de Noir, Blauer Spätburgunder, Cabernet Dorsa, Dornfelder, Spätburgunder, St. Laurent
Spezialitäten: Sekt, Tresterbrand, Traubensaft, Weinessig, Balsamico
Aktivitäten: Weinproben

SPEKTAKULÄRE LANDSCHAFTEN IN DER **PFALZ**

Schwungvolle Landschaft: Genuss zwischen Felsen und Weinbergen.

Was ist eines der besten Dinge in der Pfalz? Ganz klar: die viele Sonne. Fast fühlt man sich hier wie in der Toskana. Feigenbäume gedeihen in der Pfalz genauso prächtig wie Mandelbäume. Egal ob auf den sanft geschwungenen Hügeln oder in der Ebene: Dank der vielen Sonnenstrahlen entfalten die Pfälzer Trauben ein volles Aroma. Das Klima ist für Deutschland überdurchschnittlich mild mit bis zu 2.000 Sonnenstunden pro Jahr. Dazu kommt ein relativ milder Winter. Die Pfalz ist mit 23.000 Hektar Rebfläche das zweitgrößte deutsche Weinbaugebiet. Hier bauen Winzer zu 60 Prozent weiße Rebsorten aus, allen voran den Riesling. Damit gilt die Pfalz als weltweit größte Anbaufläche des respektvoll genannten „Königs der Weißweine".

Als beliebter, leichter Schoppenwein hat sich Silvaner durchgesetzt. Aber auch der lieblich schmeckende Gewürztraminer erfreut sich großer Beliebtheit.

Zugleich ist die Pfalz aber auch das größte deutsche Rotweinanbaugebiet. Dunkelroter Dornfelder wächst hier am häufigsten, gefolgt von Spätburgunder und Portugieser. Letzteren bauen die Winzer oft auch zu frischem Weißherbst oder Rosé aus. Kein Wunder, dass die Pfalz bei diesen beliebten Sommerweinen Marktführer ist.

Wer in der Pfalz Urlaub macht, muss unbedingt die über 85 Kilometer lange Deutsche Weinstraße besuchen. Sie zieht sich von Bockenheim bis an die Grenze zum Elsass in Schweigen-Rechtenbach durch die Pfalz. Prima für weinliebende Wohnmobilfahrer: Nirgendwo in Deutschland ist die Dichte der reisemobilfreundlichen Winzer so hoch wie in der Pfalz. In vielen Orten bieten gleich mehrere Weinbauern kleine, einfache Stellplätze zum Übernachten an.

Etwa in Neustadt an der Weinstraße und seinen Teilorten, wo 14 überwiegend gebührenpflichtige Reisemobilplätze eingerichtet sind (siehe Bordatlas Deutschland 2021 von Reisemobil International). Doch es gibt auch Weingüter, die Winzeratlas-Reisende zu einem Gratis-Aufenthalt willkommen heißen. ‹

DIE **HOT**SPOTS DER

1 DAHNER FELSENLAND

Viele Gesteinsformationen des Wander- und Klettergebiets Südpfalz liegen im Dahner Felsenland, Teil des Naturparks Pfälzerwald. Einige dieser Buntsandsteinfelsen nutzen Sportkletterer, um sich an der Senkrechten auszutoben. Diese Art der sportlichen Betätigung eignet sich eher für Könner. Wer trotzdem mal klettern möchte: In dem weitläufigen Gebiet finden sich Klettersteige auch für Anfänger.

Wer's eher in der Waagerechten mag: Die Region ist durch viele Wanderwege erschlossen. Sie führen hin zu den natürlichen Sehenswürdigkeiten, vor allem natürlich den Felsen. Manche von ihnen gehören zu den Sagen der Region, etwa der Berwartstein. Hier lebte einst der wilde Ritter Hans von Trotha. Er führte die sogenannte Wasserfehde gegen Abt Heinrich vom Kloster Weißenburg und wurde als Kinderschreck Hans Trapp im Sagengut der Region verewigt.

Obendrein locken viele Burgruinen Wanderer an. Zu ihnen gehören als bekannteste die Dahner Burgengruppe aus Altdahn, Grafendahn und Tanstein, besagter Berwartstein sowie der Drachenfels.

Gut für Reisemobilisten, die gern wandern und/oder klettern: Am Rand des Dahner Felsenlands gibt es mehrere Campingplätze.

2 DEUTSCHES WEINTOR

Das 18 Meter hohe Deutsche Weintor steht im südpfälzischen Schweigen-Rechtenbach. Als eines der Wahrzeichen der Pfalz markiert es seit 1936 den südlichen Beginn der Deutschen Weinstraße. Das Gegenstück steht seit 1995 am 85 Kilometer entfernten nördlichen Ende der Weinstraße: das Haus der Deutschen Weinstraße in Bockenheim.

Am Deutschen Weintor gibt es einige Restaurants, die mit Pfälzer Küche und Weinen um die Gunst der Gäste buhlen. Zu besonderen Anlässen wird das Deutsche Weintor in prächtigen Farben illuminiert.

Der nächste Stellplatz befindet sich am Weingut Cuntz Sonnenhof im Ortsteil Rechtenbach (www.weingut-cuntz.de).

3 HAMBACHER SCHLOSS

Das Hambacher Schloss steht beim Ortsteil Hambach der Stadt Neustadt an der Weinstraße. Früher hieß es Kästenburg, im Volksmund auch Maxburg genannt. Es wurde im Mittelalter als Burg erbaut und in der Neuzeit schlossartig ausgestaltet.

Hier wurde das Hambacher Fest ausgerichtet, bei dem vom 27. Mai bis 1. Juni 1832 die bürgerliche Oppo-

REGION PFALZ

sition entgegen dem allgemeinen Willen der Obrigkeit nationale Einheit, Freiheit und Souveränität des Volkes forderte. Deshalb gilt das Hambacher Schloss hierzulande außer der Frankfurter Paulskirche als wichtigstes Symbol der deutschen Demokratiebewegung. Zu diesem Thema gibt es für die Besucher regelmäßig Führungen durch das Gebäude.

Gut für mobile Gäste: Allein in Hambach laden fünf Winzer, die Schlosskellerei und die Stadt selbst mit ihren Stellplätzen ganz gezielt Reisemobilisten ein.

4 PFÄLZER MANDELPFAD

Über 77 Kilometer verläuft der Pfälzer Mandelpfad durch die Pfälzer Weinlandschaft von Bad Dürkheim bis nach Schweigen-Rechtenbach. Besonders schön ist dieser Pfad im Frühling, wenn in der Pfalz früher als anderswo in der Republik die Mandelbäume ihre rosaroten Blüten entfalten. Dennoch lohnt es sich auch zu anderen Jahreszeiten, über den Pfälzer Mandelpfad zu wandern. Im Sommer besticht das satte Grün der Reben und im Herbst das bunte Farbenspiel der Weinlandschaft. Im Winter hingegen locken die Pfalz-Besucher eher die zahlreichen romantischen Winzerdörfer entlang der Weinstraße.

5 SPEYER

Speyer ist eine städtebauliche Perle mit südlichem Flair am Tor zur Pfalz. In der linksrheinischen Stadt, gut 50.000 Menschen leben hier, befindet sich der größte der drei Kaiserdome (die anderen beiden stehen in Mainz und Worms). Gleichzeitig ist der Speyrer Dom die größte romanische Kirche der Welt und gehört seit 1981 zum Weltkulturerbe der UNESCO.

Dreifaltigkeits- und Gedächtniskirche, Kloster St. Magdalena und Pfarrkirche St. Josef belegen die religiöse Vielfalt in Speyer. Dazu zählt ebenso das jüdische Erbe der Stadt. Das zeigt sich in den Ruinen der Synagoge, dem jüdischen Friedhof und einem Ritualbad.

Doch die weltoffene Stadt bietet mehr, etwa das Altpörtel. Das einst westlichste Stadttor Speyers und Teil der mittelalterlichen Befestigung, zu der 68 Mauer- und Tortürme gehörten, markiert gegenüber dem Dom den Abschluss der Fußgängerzone Maximilianstraße.

Das Neue Kaufhaus am Markt steht seit 1748 an der Stelle der Alten Münze. Nach der Zerstörung Speyers 1689 entstand der imposante Barockbau, bis ins 19. Jahrhundert Umschlagplatz für den Handel und später Sitz verschiedener Behörden. Sehenswert ist zudem das Technik-Museum mit einem eigenen Stellplatz für Reisemobile, unweit vom Stadtzentrum.

DIE **HOT**SPOTS DER

6 DEIDESHEIM

Ein Mekka für alle Genuss- und Weinliebhaber ist das kleine Städtchen Deidesheim. Über 600 Jahre alt ist die „Rieslingweinstadt" an der Deutschen Weinstraße, am Rande der Mittelhaardt. Durch das warme Klima wachsen hier nicht nur Trauben in rauen Mengen sondern auch Kiwis und Zitronensträucher. Die Weinbautradition in Deidesheim ist über zweitausend Jahre alt. Es ist also nicht verwunderlich, dass Deidesheim als die heimliche Hauptstadt der Pfalz gilt. Außerdem ist das Städtchen mit seinen 3.800 Einwohnern die Heimat des legendären Saumagens - ein Fleischgericht aus Schweinefleisch, Brät und Kartoffeln, das wie nach Art einer Brühwurst in einem Schweinemagen gegart wird. Neben deftigen-pfälzischen Gerichten finden aber auch Liebhaber der feinen Küche zahlreiche Sternelokale in Deidesheim. Und auch die vielen Vinotheken der Premiumweingüter entlang der Hauptstraße laden zum Verweilen ein.

7 REICHSBURG TRIFELS

Hoch über der Kleinstadt Annweiler thront in 310 Meter Höhe eine der bekanntesten Pfälzer Burgen - Die Reichsburg Trifels. Der Name der Burg rührt wahrscheinlich daher, dass der Sonnenberg auf dem die Burg steht, dreigeteilt ist. Gegründet wurde die Burg von Saliern, die eine Holz- und Steinburg errichteten. Die Staufer bauten sie aus zur stattlichen Reichsburg und machten sie zur Schatzkammer des Heiligen Römischen Reiches Deutscher Nation. Bedeutung erlangte sie auch als Staatsgefängnis für den englischen König Richard Löwenherz.

8 RHEINAUEN

Ein lohnenswertes Ausflugsziel sind auch die Rheinauen - das Land hinter dem Rheindeich. Seen, kleinere Wasserläufe und viel Wald prägen hier das Landschaftsbild. Am besten lassen sich die Rheinauen bei einer gemütlichen Rad- oder Wandertour oder einer Nachenfahrt erkunden. Bekannt ist zum Beispiel der acht Kilometer lange Tulpenbaumweg. Start- und Zielpunkt ist das Schützenhaus in Hördt. Vorbei am idyllischen Ufer des Michelsbaches durchwandert man die urwüchsige Hördter Rheinaue. Urwaldähnliche Landschaften, malerische Altrheinarme und einsame Seen entdeckt man auf der Tour. Doch es gibt auch viele gemütliche Orte entlang der Rheinauen zu entdecken. Dazu gehört außer Hördt auch Leimersheim, Neupotz oder auch das Städchen Jockgrim.

REGION PFALZ

9 VILLA LUDWIGSHÖHE

Die prächtige, klassizistische Villa diente einst dem bayerischen König Ludwig I. als Sommersitz. Dieser liebte Italien so sehr, dass er sich in der Pfalz ein Domizil nach italienischem Vorbild erbauen ließ. Noch heute steht die Villa Ludwigshöhe als weit wirkender Blickfang hoch über Edenkoben an der Weinstraße. Besucher staunen hier über pompejische Wandmalereien, die Porträts der Feldherren, Könige und Kurfürsten. Auch Werke des großartigen Impressionisten Max Slevogt sind hier zu sehen.

10 WEINSTEIG

Über 172 Kilometer ist der Premiumwanderweg Weinsteig lang. Von Bockenheim bis Schweigen-Rechtenbach an der Grenze zu Frankreich geht es parallel zur Deutschen Weinstraße auf 17 Etappen abwechselnd durch Weinberge und Waldabschnitte. Dabei haben Wanderer insgesamt ganze 6.000 Höhenmeter zurück zu legen. Start- und Zielorte sind an den öffentlichen Nahverkehr angebunden. So lassen sich auch einzelne Etappen unkompliziert laufen oder fahren. Pause macht man in den schönen Weindörfern, die an der Strecke liegen.

Pfalz Touristik
Martin-Luther-Straße 69
D-67433 Neustadt an der Weinstraße
www.pfalz.de

Ver- und Entsorgung in der Pfalz

76855 Annweiler am Trifels, Wohnmobilplatz Am Kurpark, Bindersbacher Straße

76887 Bad Bergzabern, Stellplatz P Schlossgärten, Weinbergstraße 7/Luitpoldstraße

67098 Bad Dürkheim, Reisemobilplatz In der Silz, In der Silz

67098 Bad Dürkheim, Knaus Reisemobilhafen Bad Dürkheim, In den Almen 1

67480 Edenkoben, Wohnmobilstellplatz am Kirchberg, Kirchbergplatz

76863 Herxheim, Wohnmobilstellplatz am Festplatz, Festplatz

76829 Landau/Pfalz, Stellplatz am Freizeitbad La Ola, Horstring 2

67434 Neustadt a. d. W.-Hambach, Stellplatz Dammstraße/Schwimmbad

67433 Neustadt a. d. Weinstraße, Reisemobilstellplatz Martin-Luther-Kirche, Martin-Luther-Straße

67487 Sankt Martin, Zufahrt zum Stellplatz Edenkobener Straße, Edenkobener Straße

76857 Albersweiler

Weingut Gebr. Nägle

Hauptstr. 11
Peter Nägle und Elke Kudling
Tel: 06345/3443
info@weingut-naegle.de
www.weingut-naegle.de

= 1
>10m >3,5 t

Hofladen, Weinprobe

Anfahrt: A65 ➔ Landau, Ausf. Landau-Nord, B10 ➔ Annweiler, Ausf. Birkweiler (Dt. Weinstraße), ➔ Albersweiler abbiegen. Im Ort der Hauptstraße folgen bis zur Hausnummer 11 (grünes, großes Doppelhaus auf der re. Seite)

Wir sprechen auch: Englisch

GPS: 49°13'09"N 08°01'24"E

Weine: Chardonnay, Gewürztraminer, Grauburgunder, Kerner, Müller-Thurgau, Riesling, Scheurebe, Weißburgunder, Dornfelder, Dunkelfelder, Portugieser, Regent, Spätburgunder, St. Laurent
Spezialitäten: Secco, Destillate, Apfel- und Traubensaft

Aktivitäten: Weinproben mit Kellerführung nach Anmeldung (auf Wunsch mit Pfälzer Speisen), Weinbergwanderung (für Gruppen). Gasthaus mit deutschen/pfälzischen Leckereien.
Öffnungszeiten: Während der Weinlese im September und Oktober ist ein Aufenthalt nur nach Anfrage möglich

76887 Bad Bergzabern

Weingut Hitziger

Liebfrauenbergweg 3
Stefan Hitziger
Tel: 06343/1710
info@weingut-hitziger.de
www.weingut-hitziger.de

= 8
>10m >3,5 t
CHEM

Anfahrt: Von Karlsruhe B10 (Südtangente) od. über die A65 Ausf. Kandel-Nord, B427 nach Osten bis Bad Bergzabern. Von Frankfurt A65 bis Ausf. Landau-Süd, B38 bis Bad Bergzabern. Im Ort den Schildern „Klinikum LD-SÜW“ folgen, dann den Liebfrauenbergweg hochfahren (schmale Straße)

Wir sprechen auch: Englisch, Französisch

GPS: 49°06'26"N 07°59'49"E

Weine: Riesling, Grau- und Weißburgunder, Chardonnay, Morio Muskat, Müller-Thurgau, Silvaner, Gewürztraminer, Dornfelder, Spätburgunder, Acolon, Sauvignon, Auxerrois
Spezialitäten: Winzersekt, "Hitsecco", Brände, Liköre

Aktivitäten: Weinprobe, Weinberg- und Kellerführungen
Öffnungszeiten: Weinverkauf Mo-Sa 9.00-18.00 Uhr, So 10.00-12.00 Uhr

67278 Bockenheim an der Weinstraße

Weingut Benß

Am Spiegelpfad 10
Stefan Benß
Tel: 06359/4333
weingut.benss@t-online.de
www.weingut-benss.de

= 10
>10m >3,5 t R
WC CHEM Weinprobe

Anfahrt: A6 Ausf. 19 Grünstadt ➔ Bockenheim. Das Weingut befindet sich direkt am Ortsanfang in den Weinbergen. od. A61 Ausf. Worms ➔ Monsheim, danach B271 nach Bockenheim. Dort befindet sich das Weingut kurz vor dem Ortsende

Reservierung nicht nötig, da genügend Stellplätze vorhanden

Wir sprechen auch: Englisch

GPS: 49°35'58"N 08°10'41"E

Weine: Chardonnay, Grauburgunder, Riesling, Sauvignon Blanc, Cabernet Sauvignon, Dornfelder, Merlot, Spätburgunder
Spezialitäten: Wein, Sekt & Secco, Weincocktail, Brände & Liköre

Aktivitäten: Weinproben, Weinberg-Rundgang, wenn möglich Sommerfest am 2. Wochenende im Juli, Winzerfest im Ort am 3. Wochenende im Oktober
Öffnungszeiten: Bei Schnee und starker Nässe nicht befahrbar, da es sich um einen Rasenplatz handelt

76835 Burrweiler

Weingut Gästehaus Hermann Eberle

Böchinger Str. 3
Hermann Eberle
Tel: 06345/919245
info@weingut-eberle.de
www.weingut-eberle.de

= 3
>10m >3,5 t
CHEM

Anfahrt: A65 Ausf. Edenkoben, B35 ➔ Edesheim, dort ➔ Albersweiler auf der Deutschen Weinstraße, weiter über Hainfeld nach Burrweiler. Oder A65 Ausf. Landau Nord, B10 ➔ Pirmasens bis Ausf. Birkweiler, dort auf die Weinstraße über Siebeldingen nach Burrweiler

Wir sprechen auch: Englisch

GPS: 49°14'48"N 08°40'51"E

Weine: Bacchus, Gewürztraminer, Grauburgunder, Kerner, Müller-Thurgau, Morio Muskat, Riesling, Weißburgunder, Dornfelder, Merlot, Spätburgunder
Spezialitäten: Sekt, Secco, Brände, Liköre, Traubenkernöl, Winzer Essig, Traubengelee
Öffnungszeiten: Ganzjährig geöffnet, Sa 8.00-18.00 Uhr, Sonntagvormittag, ansonsten nach telefonischer Vereinbarung

76835 Burrweiler

Weingut Meßmer

Weinstr. 6
Martin Meßmer
Tel: 06345/9599790
lecker@dasweinhaus.com
www.weingut-messmer.de

= 5
>10m >3,5 t
CHEM

Anfahrt: A65 Ausf. Edenkoben, weiter auf der B35 → Edesheim, dort → Albersweiler auf die Deutsche Weinstraße, weiter über Hainfeld nach Burrweiler. Die Vinothek Meßmer liegt direkt an der Weinstraße. Oder A65 Ausf. Landau Nord, weiter auf der B10 → Pirmasens bis Ausf. Birkweiler, dort auf die Weinstraß

Wir sprechen auch:
Englisch, Italienisch, Türkisch

GPS: 49°14'48"N 08°04'41"E

Weine: Chardonnay, Gewürztraminer, Grauburgunder, Kerner, Muskateller, Riesling, Sauvignon Blanc, Scheurebe, Weißburgunder, Cabernet Sauvignon, Dornfelder, Merlot, Portugieser, Sankt Laurent, Spätburgunder
Spezialitäten: Trester, Tapas, Slowfood Leberwurst, Restaurant mit Pfälzer Spezialitäten

Aktivitäten: Kellerbesichtigungen, Terroirweinproben, kulinarische Weinproben, sensorische Lichtweinproben, Weinevents, Casino Vino, Veranstaltungskalender siehe Website
Öffnungszeiten: Vinothek (zu Zeiten von Corona): Mo-Do 08.30-12.00 und 13.00-17.00 Uhr, Fr 08.30-12.00 Uhr, Sa 12.00-17.00 Uhr

67480 Edenkoben

Weingut Schäfer

Rhodter Str. 24
Bernd Schäfer
Tel: 06323/5923
Mobil: 0151/18305960
schaefer-wein@gmx.de
www.weingut-schaefer.online.de

= 3
>10m >3,5 t R

Anfahrt: A65 Ausf. Edenkoben, → Edenkoben, dort der Beschilderung (grüne Schilder mit gelber Schrift) zum Weingut Schäfer folgen

Wir sprechen auch: Englisch

GPS: 49°16'42"N 08°07'33"E

Weine: Grauburgunder, Riesling, Silvaner, Weißburgunder, Dornfelder, Portugieser, Spätburgunder
Spezialitäten: Winzersekt, trockene Weiß- und Rotweine

Aktivitäten: Weinproben, wenn möglich Erlebnistag Deutsche Weinstrasse 29.08.2021 nur 100 m vom Weingut entfernt
Öffnungszeiten: Ganzjährig geöffnet

67483 Edesheim

Weingut Erich Braun & Sohn

Ludwigstr. 151
Michael Braun
Tel: 06323/4083
mbraun-edesheim@t-online.de
www.weingutbraun.com

= 3
>10m >3,5t R

Weinprobe.

Anfahrt: Am Ortsausgang von Edesheim → Hainfeld nach dem Ortsschild re. und gleich wieder li.

Wir sprechen auch: Englisch

GPS: 49°15'26"N 08°06'57"E

Weine: Bacchus, Chardonnay, Gewürztraminer, Grauburgunder, Huxelrebe, Müller-Thurgau, Kerner, Riesling, Sauvignon Blanc, Scheurebe, Silvaner, Cabernet Sauvignon, Dornfelder, Dunkelfelder, Heroldrebe, Merlot, Portugieser, Regent, Spätburgunder, St. Laurent

Spezialitäten: Sekt, Brände
Aktivitäten: Weinproben, Keller- und Weinbergführung
Öffnungszeiten: Mo-Sa 8.30-17.00 Uhr, So 9.30-14.00 Uhr

67483 Edesheim

Bio WINZER

Weingut Rehm

Ludwigstr. 36
Martina Rehm
Tel: 06323/7749
info@weingut-rehm.de
www.weingut-rehm.de

= 1
>10m >3,5t R
WC CHEM GRAU

Dusche, Weinprobe.

Anfahrt: A65 Ausf. Edenkoben über Edesheim → Hainfeld, vor der kath. Kirche re., danach gleich li. abbiegen. Die Straße → Westen verlassen, nach den letzten Häusern re. über die Brücke und gleich wieder re. und dann in → Osten bis zum Weingut fahren (nicht nach Navi fahren, leitet in eine schmale Gasse)

Wir sprechen auch: Englisch

GPS: 49°15'36"N 08°07'37"E

Weine: Chardonnay, Grauburgunder, Kerner, Müller-Thurgau, Riesling, Scheurebe, Blauer Spätburgunder, Dornfelder, Portugieser, Regent

Spezialitäten: Bioweine, Sekt, Schnaps, Traubensaft, Weingelee
Aktivitäten: Weinproben nach telefonischer Absprache

67483 Edesheim

Weingut Werner Anselmann

Staatsstr. 58-60
Ruth Anselmann
Tel: 06323/94120
info@weingut-anselmann.de
www.weingut-anselmann.de

= 3
>10m >3,5 t R
WC
Biergarten, Weinprobe

Anfahrt: A65 Ausf. Edenkoben ➔ Edenkoben, am Kreisel ➔ Edenkoben, dann immer geradeaus, das Weingut liegt am Ortseingang re. an der Hauptstraße (Parkmöglichkeiten auf dem Weingutsparkplatz, bitte zeigen lassen)

Wir sprechen auch:
Englisch, Französisch, Spanisch

GPS: 49°16'02"N 08°07'55"E

Weine: Gewürztraminer, Grauburgunder, Riesling, Sauvignon Blanc, Auxerrois, Weißburgunder, Chardonnay, Cabernet Blanc, Johanniter, Solaris, Ortega, Siegerrebe, Huxelrebe, Müller-Thurgau, Silvaner, Cabernet Sauvignon, Dornfelder, Merlot, St. Laurent, Spätburgunder, Cabernet Dorsa, Syrah, Tempranillo, Acolon, Blauer Portugieser, Regent,

Spezialitäten: Sekt, Barriqueweine, edelsüße Weine
Aktivitäten: Straußwirtschaft, Weinprobierstand und -stube, Weinproben
Öffnungszeiten: Verkauf tägl. 8.00-20.30 Uhr, So und Feiertag 9.00-20.30 Uhr, am 25./26.12. und 01.01. geschlossen. Straußwirtschaft in den Sommermonaten

76831 Eschbach

Weingut Wind

Weinstr. 5
Bruno Wind
Tel: 06345/2343
weingutwind@web.de
www.weingutwind.de

= 5
>10m >3,5 t

Anfahrt: A65 Landau-Süd ➔ Landau, vor dem Bahnübergang li. ➔ Pirmasens, an der nächsten Ampel li. halten ➔ Leinsweiler, 8 km bis Eschbach. In den ersten Wirtschaftsweg vor dem Ort einbiegen (an der gelben Flasche) und bis zur Halle des Weinguts fahren

Wir sprechen auch: Englisch

GPS: 49°10'32"N 08°01'16"E

Weine: Riesling, Grauburgunder, Weißburgunder, Chardonnay, Kerner, Spätburgunder, Merlot, Cabernet Sauvignon, Dornfelder u.v.m.

Aktivitäten: Weinproben
Öffnungszeiten: Ganzjährig geöffnet

67435 Gimmeldingen-Mußbach

Weingut Peter Stolleis

Kurpfalzstr. 99
Peter Stolleis
Tel: 06321/66071
weingut.p.stolleis@t-online.de
www.stolleis.de

= 3
>10m >3,5 t
CHEM

Anfahrt: A61 Ausf. 12

GPS: 49°22'22"N 08°09'47"E

Weine: Grauburgunder, Riesling, Sauvignon Blanc, Scheurebe, Weißburgunder, Dornfelder, Spätburgunder, St. Laurent
Spezialitäten: Sekt, Secco
Aktivitäten: Weinproben nach telefonischer Absprache und online

Öffnungszeiten: Ganzjährig geöffnet, Mo-Fr 8.00-12.00 und 13.00-17.00 Uhr, Sa 9.00-13.00 Uhr und nach Vereinbarung

76835 Gleisweiler

Weingut F.G. Kost

Hainbachtalstr. 3
Gunther Kost
Tel: 06345/3000
info@kostwein.de
www.kostwein.de

= 3
>10m >3,5 t R

Anfahrt: A65 (Mannheim-Karlsruhe) zw. Neustadt und Landau Ausf. Edenkoben oder Landau-Nord

GPS: 49°14'19"N 08°04'02"E

Weine: Aus kontrolliert umweltschonendem Anbau – Chardonnay, Kerner, Morio Muskat, Müller-Thurgau, Riesling, Weißburgunder, Dornfelder, Portugieser
Spezialitäten: Sekt, Secco
Aktivitäten: Weinproben, Menü mit Wein, Weinbergführungen, Wein-Wander-Wochenenden („Mandelblüte", „Weinfrühling", „Kastanienblüte", „Martini" und „Silvester-Programm"), Singen mit der Wirtin u.v.m.
Öffnungszeiten:
Weinstube: wenn möglich Mi, Fr, Sa, So 17.00-22.00 Uhr und nach Vereinbarung

67161 Gönnheim

Weingut Eymann

Ludwigstr. 35
Vincent Eymann
Tel: 06322/2802
info@weinguteymann.de
www.weingut-eymann.de

= 2
>10m >3,5 t
CHEM

Anfahrt: A650 Ausf. Gönnheim/ Friedelsheim

Wir sprechen auch: Englisch

GPS: 49°26'52"N 08°14'20"E

Weine: Riesling, Pinot Noir, Burgundersorten
Aktivitäten: Kellerführungen, Weinbergführungen nach Absprache

Öffnungszeiten: Ganzjährig geöffnet, Weinverkauf Mo-Fr 8.00-12.00 und 13.00-19.00 Uhr, Sa 10.00-19.00 Uhr, Öffnungszeiten Weinstube Do und Fr ab 18.00 Uhr, Sa ab 17.00 Uhr (Tischreservierung empfohlen), Betriebsferien Weinstube Anfang Januar bis Ende Februar und von Mitte Juli bis Mitte August

76835 Hainfeld

THEODORUS Wein- und Sektgut

Theodorhof
Thomas Lergenmüller
Tel: 06323/5034
info@theodorus-wein.de
www.theodorus-wein.de

= 3
>10m >3,5 t
CHEM

Anfahrt: A65 Landau bis zur Ausf. Landau-Nord → Neustadt bis zur Orteinfahrt Edesheim, li. abbiegen → Hainfeld. Im Ort der Beschilderung zum Weingut Theodorhof folgen

Wir sprechen auch: Englisch, Französisch, Italienisch

GPS: 49°15'19"N 08°05'55"E

Weine: Chardonnay, Gelber Muskateller, Gewürztraminer, Grauburgunder, Kerner, Müller-Thurgau, Muskateller, Riesling, Rivaner, Sauvignon Blanc, Scheurebe, Silvaner, Weißburgunder, Cabernet Sauvignon, Dornfelder, Merlot, Portugieser, Spätburgunder, St. Laurent

Spezialitäten: Sekt, Secco
Aktivitäten: Keller- und Weinbergführungen, Weinproben
Öffnungszeiten: Mo-Fr 8.00-12.00 und 13.00-17.00 Uhr, Sa 10.00-12.30

76831 Heuchelheim-Klingen

Weingut Junghof

Hauptstr. 21
Marco Jung
Tel: 06349/1881
junghof@weingut-junghof.de
www.weingut-junghof.de

= 3
>10m >3,5 t
CHEM

Anfahrt: A65 Ausf. Landau-Süd, weiter → Bad Bergzabern, in Appenhofen → Heuchelheim, am Kreisel geradeaus, nach 80 m links

Wir sprechen auch: Polnisch

GPS: 49°08'44"N 08°03'21"E

Weine: Bacchus, Chardonnay, Gewürztraminer, Grauburgunder, Kerner, Müller-Thurgau, Muskateller, Ortega, Riesling, Silvaner, Acolon, Dornfelder, Dunkelfelder, Regent, Schwarzriesling, Spätburgunder, St. Laurent

Spezialitäten: Sekt, Barriqueweine, Tresterbranntwein, Liköre, Winzeressig, Weingelee, Senf
Aktivitäten: Weinproben
Öffnungszeiten: Falls möglich, Straußwirtschaft vom 13.05.-17.10.2021, 19.07-02.08.2021 Betriebsferien

76831 Impflingen

Weingut Junker

Sonnenberghof
Gudrun Damian
Tel: 06341/84144
mail@weingut-junker.de
www.weingut-junker.de

= 3
>10m >3,5 t
CHEM

Anfahrt: A65 Ausf. 18 Insheim, über die K45 weiter nach Impflingen. Im Ort über die Obergasse anfahren

GPS: 49°09'44"N 08°06'26"E

Weine: Chardonnay, Gewürztraminer, Grauburgunder, Kerner, Müller-Thurgau, Ortega, Riesling, Sauvignon Blanc, Scheurebe, Silvaner, Weißburgunder, Dornfelder, Dunkelfelder, Spätburgunder, St. Laurent
Spezialitäten: Sekt, Secco, Obstbrände, Liköre, Traubensaft, Weingelee
Aktivitäten: Weinproben, Sektfrühstück in der Weingalerie, Sommerfest
Öffnungszeiten: Mo nach Vereinbarung, Di-Sa 9.00-18.00 Uhr, So 9.00-12.00 Uhr

76889 Kapellen-Drusweiler

Weingut Manderschied

Dorfstr. 4
Martin Manderschied
Tel: 06343/2579
weingut-manderschied@gmx.de
www.weingut-manderschied.de

= 5
>10m >3,5t R

Anfahrt: A65 Ausf. Landau, weiter auf der B38 über Impflingen und Ingenheim nach Kapellen-Drusweiler

Wir sprechen auch:
Englisch, Französisch

GPS: 49°06'17"N 08°02'14"E

Weine: Biologischer Weinbau: Chardonnay, Grauburgunder, Riesling, Sauvignon blanc, Weißburgunder, Cabernet Sauvignon, Dornfelder, Spätburgunder

Aktivitäten: Weinproben
Öffnungszeiten: Auf Anfrage

76829 Landau-Nußdorf

WEIN.GUT.PAN

Lindenbergstr. 36
Thomas Pfaffmann
Tel: 06341/969187
info@vinopan.de
www.vinopan.de

= 3
>10m >3,5t R

Anfahrt: A65 Ausf. Landau-Nord, B10 bis Ausf. Landau, an der Ampel re., auf der Neustadter Str. über den Kreisverkehr zur folgenden Ampel, re. in die Herrenbergstr., geradeaus bis zum Ortseingang Landau-Nussdorf, das Weingut befindet sich auf der re. Seite

Bitte nur auf Voranmeldung

Wir sprechen auch: Englisch

GPS: 49°13'20"N 08°06'37"E

Weine: Grauburgunder, Riesling, Sauvignon Blanc, Weißburgunder
Spezialitäten: Sekt (klassische Flaschengärung), Ante Porta (Weinaperitif mit Portweincharakter)
Aktivitäten: Weinproben, Weinerlebnispfad Nußdorf

Öffnungszeiten: Am 1. Wochenende im August kein Aufenthalt möglich, Weingut geöffnet von Mo-Fr 9.00-12.00 und 14.00-18.00 Uhr, Sa 9.00-18.00 Uhr oder nach telefonischer Vereinbarung

76829 Landau-Nußdorf

Weingut & Gästehaus Villa Hochdörffer

Lindenbergstr. 79
Lieselotte Hahn-Hochdörffer
Tel: 06341/649630
info@weingut-villa.de
www.weingut-villa.de

= 5
>10m >3,5t R
WC CHEM

Anfahrt: A65 Ausf. Landau-Nord, an der Ampel re., im Kreisverkehr geradeaus, an der nächsten Ampel re. → Nußdorf, den Ort durchfahren, 100 m nach dem Ortsausgang li.

Wir sprechen auch:
Englisch, Französisch, Polnisch

GPS: 49°13'26"N 08°05'59"E

Weine: Chardonnay, Gewürztraminer, Grau- und Weißburgunder, Scheurebe, Cabernet Sauvignon, Lemberger, Schwarzriesling, Spätburgunder
Spezialitäten: Sekte und Crémants nach traditioneller Flaschengärung, selbstgebrannte Brände, Liköre

Aktivitäten: Nach vorheriger Absprache: Führungen durch den Weinerlebnispfad mit Weinprobe und Vesperteller, Führungen durch den Betrieb. Brötchenservice oder Frühstück-Buffet möglich.
Öffnungszeiten: Vom 20.12.-15.01. kein Aufenthalt möglich

67487 Maikammer

Wein- & Sektgut Immengarten Hof

Marktstr. 62
Frank Höhn
Tel: 06321/59400
info@immengarten-hof.de
www.immengarten-hof.de

= 1
>10m >3,5t R

Weinprobe

Anfahrt: A65 Ausf. Edenkoben-Maikammer → Edenkoben, nach 300 m den Kreisel an der 1. Ausf. verlassen, ebenso am folgenden Kreisel, nach ca. 300 m li. - Ortseinfahrt Maikammer - in die Marktstraße abbiegen, das Weingut befindet sich nach ca. 300 m auf der li. Seite

GPS: 49°18'15"N 08°08'10"E

Weine: Riesling, Müller-Thurgau, Weißburgunder, Grauburgunder, Gelber Muskateller, Sauvignon Blanc, Spätburgunder, Lemberger, Merlot und weitere internationale Rebsorten
Spezialitäten: Ausbau verschiedener Rotweine in Holz - und Barriquefässern
Aktivitäten: Weinproben und Führungen
Öffnungszeiten: Mo-Fr 14.00-18.00 Uhr und nach Vereinbarung, Sa 10.00-17.00 Uhr, So 10.30-12.30 Uhr. An Feiertagen geschlossen.

67434 Neustadt an der Weinstraße

Hambacher Schloß Kellerei eG

Weinstr. 110
Martin Laible
Tel: 06321/2343
info@hskeg.de
www.hskeg.de

= 2
>10m >3,5t R

Anfahrt: A65 Ausf. Neustadt-Süd → Hambach

Wir sprechen auch: Englisch

GPS: 49°20'14"N 08°07'53"E

Weine: Auxerrois, Chardonnay, Grauburgunder, Riesling, Weißburgunder, Dornfelder, Schwarzriesling, Spätburgunder, St. Laurent
Spezialitäten: Sekt, Perlwein, Winzeressig, Wein-Gelee

Aktivitäten: Weinproben während der Öffnungszeiten möglich
Öffnungszeiten: Mo-Fr 8.00-12.00 und 13.00-17.00 Uhr, Sa 9.00-12.00 Uhr

67434 Neustadt-Diedesfeld

Weingut Rumsauer

Von-Dalheim-Str. 11
Familie Rumsauer
Tel: 06321/86173
weingut@rumsauer.de
www.rumsauer.de

= 3
>10m >3,5t R
CHEM

Anfahrt: A65 Ausf. Neustadt-Süd, der Beschilderung nach Diedesfeld folgen, im Ort 3. Straße li. abbiegen

Wir sprechen auch:
Englisch, Französisch

GPS: 49°19'12"N 08°08'26"E

Weine: Bacchus, Chardonnay, Gewürztraminer, Grauburgunder, Huxelrebe, Kerner, Morio Muskat, Müller-Thurgau, Ortega, Riesling, Scheurebe, Dornfelder, Dunkelfelder, Heroldrebe, Merlot, Portugieser, Spätburgunder

Spezialitäten: Sekt, Secco, Liköre, Weinbrand, Traubensaft, Weingelee, Traubenkernöl, Winzeressig
Aktivitäten: Weinproben
Öffnungszeiten: Mo-Fr 08.00-18.00 Uhr, Sa 08.00-16.00 Uhr

67434 Neustadt-Hambach

Weingut und Weinschenke Hans Abel

Weinstraße 103
Hans Abel
Tel: 06321/86895
Mobil: 02894459
info@weingut-hans-abel.de
www.weingut-hans-abel.de

= 3
>10m >3,5 t R

Anfahrt: A65 Ausf. Neustadt a.d. Weinstraße-Süd, weiter auf der B39 ➔ Hambach

Wir sprechen auch: Englisch

GPS: 49°20'16"N 08°07'53"E

Weine: Riesling, Müller-Thurgau, Grauburgunder, Silvaner, Gewürztraminer, Spätburgunder, Blanc de noirs, St. Laurent

Spezialitäten: Sekt, Secco und Spirituosen
Aktivitäten: Weinproben

67435 Neustadt-Mußbach

Weinland Meckenheim

An der Eselshaut 76
Tel: 06321/95978200
info@weinland-meckenheim.de
www.weinland-meckenheim.de

= 13
>10m >3,5 t

Weinprobe.

Anfahrt: A65 Ausf. Neustadt-Mitte ➔ Hassloch, weiter ➔ Mußbach, an der großen Kreuzung ➔ Deidesheim. Das Weinland Meckenheim liegt direkt an der Deutschen Weinstraße am Ortsausgang Mußbach ➔ Deidesheim

Keine Reservierung möglich

Wir sprechen auch: Englisch

GPS: 49°22'13"N 08°10'30"E

Weine: Chardonnay, Grauburgunder, Riesling, Sauvignon Blanc, Weißburgunder, Cabernet Dorsa, Dornfelder, Merlot, Portugieser, Schwarzriesling, Spätburgunder, Cabernet Sauvignon, Auxerrois
Spezialitäten: Sekt, Secco, Spirituosen und Dosenwurst, Weingelee

Aktivitäten: Je nach Kundenwunsch können Weinproben angeboten werden. Bewirtung mit Pfälzer Spezialitäten auf der Schoppenwiese wenn möglich von April-Oktober.
Öffnungszeiten: Mo-Fr 09.00-18.00 Uhr, Sa 09.00-17.00 Uhr, So 10.00-17.00 Uhr

76872 Steinweiler

Wein- und Sektgut Rosenhof

Rosenhof 6
Familie Bohlender
Tel: 06349/8125
weingut@rosenhof-steinweiler.de
www.rosenhof-steinweiler.de

= 3
>10m >3,5 t

Anfahrt: A65 Ausf. Kandel-Nord, → Steinweiler

Wir sprechen auch: Englisch

GPS: 49°07'16"N 08°08'14"E

Weine: Bacchus, Chardonnay, Gewürztraminer, Grauburgunder, Kerner, Morio Muskat, Müller-Thurgau, Riesling, Silvaner, Traminer, Weißburgunder, Dornfelder, Spätburgunder, St. Laurent, Cabernet Cubin
Spezialitäten: Sekt, Barriqueweine, Trester- und Traubenbrand, Liköre, Traubensaft, Weingelee, Federweißer von Anfang September bis Ende Oktober
Aktivitäten: Wein- und Sektproben, Weinproben im Weinberg, Keller- und Weinbergführungen, Weinfest am vorletzten Wochenende im Juli
Öffnungszeiten: Ganzjährig geöffnet, Weinverkauf Mo-Fr 9.00-12.30 Uhr und 14.00-18.00 Uhr, Sa 9.00-15.00 Uhr, So und Feiertag geschlossen

67526 Weisenheim am Sand

Weingut Langenwalter

Wormser Str. 32
Thorsten Langenwalter
Tel: 06353/7390
info@weingut-langenwalter.de
www.weingut-langenwalter.de

= 3
>10m >3,5 t R

Weinprobe.

Anfahrt: A61 bis Autobahnkreuz Ludwigshafen, weiter → Weisenheim am Sand, im Ortszentrum die Wormser Straße bis in die Weinberge durchfahren, die Stellplätze befinden sich bei einem grauen Gebäude mit einem kreisförmigen Hof

Wir sprechen auch:
Englisch, Französisch, Spanisch

GPS: 49°31'21"N 08°15'11"E

Weine: Chardonnay, Gewürztraminer, Grauburgunder, Weißburgunder, Riesling, Silvaner, Cabernet Sauvignon, Dornfelder, Portugieser, Spätburgunder, St. Laurent
Spezialitäten: Ausgezeichnete Weine, Sekt und Destillate
Aktivitäten: Weinproben
Öffnungszeiten: Weinverkauf: Mo, Di und Fr 10.00-12.00 und 14.00-18.00 Uhr, Sa 9.00-15.00 Uhr oder nach telefonischer Vereinbarung

76835 Weyher

Weingut Gästehaus Graf

Borngasse 7
Otmar Graf
Tel: 06323/980064
info@graf-von-weyher.de
www.graf-von-weyher.de

= 3
>10m >3,5t R
CHEM

Anfahrt: A65 Ausf. Edenkoben → Edesheim, dort re. → Rhodt, weiter → Weyher, dort die Hauptstraße bis zum Ortsende durchfahren. Am großen Parkplatz re. auf den Wirtschaftsweg fahren, zweimal re. halten, nach ca. 500 m erreicht man das Weingut

Bitte vorher anmelden

Wir sprechen auch: Englisch

GPS: 49°16'01"N 08°04'57"E

Weine: Riesling, Gewürztraminer, Muskateller, Sauvignon Blanc, diverse Burgundersorten
Spezialitäten: Sekt, Secco, Weinaperitif

Aktivitäten: Gutsausschank, falls möglich ab 13. September bis 23. Oktober 2021, Mo-Fr 16.00-21.00 Uhr, Sa-So 12.00-21.00 Uhr.
Weinverkauf Mo-Fr 9.00-12.00 und 14.00-18.00 Uhr, Sa 10.00-16.00 Uhr

VOM **RIESLING** GEPRÄGT

80 Prozent der Rebfläche sind mit Riesling bestückt.

Im Rheingau sind die berühmten Rheingauer Rieslingweine zu Hause. Über 80 Prozent der 3.200 Hektar großen Rebflächen sind mit der Königin der Rebe, dem Riesling, bestockt. Doch auch hervorragende Spätburgunder reifen in dem vom Rhein reflektierten Sonnenlicht heran.

Neben kulinarischen Genüssen ist das Rheingauer Weinland auch mit vielen kulturellen Sehenswürdigkeiten gesegnet. Aus dem Film „Der Name der Rose" nach dem Roman von Umberto Eco, in dem Sean Connery als William von Baskerville brillierte, ist das Kloster Eberbach und die Burg Eltville weltweit bekannt. Andere Sehenswürdigkeiten: beispielsweise das gotische Weindorf Kiedrich mit der Ruine der Burg Scharfenstein und der Pfarrkirche St. Valentinus.

Der Rhein ist hier teilweise über einen Kilometer breit und sorgt mit seinen Wassermassen für ein gemäßigtes, oftmals feuchtes Klima. Hier haben sich schon seit tausend Jahren Adelige und Geistliche niedergelassen und eine der bedeutendsten Anreihungen von Baudenkmälern in Deutschland gegründet, wie das oben genannte Zisterzienserkloster Eberbach, die Abtei St. Hildegard (Kloster Eibingen), die Kurfürstliche Burg Eltville sowie die Schlösser Johannisberg und Vollrads – genussreiche Tagen in außergewöhnlichen Locations locken die Besucher.

Ende des 18. Jahrhunderts wurde hier zufällig die Spätlese entdeckt, als man einmal gezwungen war, den Wein aus bereits überreifen Reben zu keltern. Solch edelreife Beeren (auch Edelfäule oder Botrytis genannt) entstehen nur in wenigen Regionen bei sehr warmem und feuchtem Klima. Daraus entwickelten sich neben der Spätlese noch die Beeren- und Trockenbeerenauslese und sind zu einem besonderen Merkmal deutscher Weine herangewachsen.

Der Rheingau verfügt sowohl über kalkhaltige Böden als auch über Sand- und Lössböden. Das sorgt bei den Weißweinen für einen einzigartigen Charakter mit viel Säure und kräftiger Würze. Die bekömmlichen Rotweine werden hingegen trockener und fruchtiger ausgebaut. ‹

DIE **HOT**SPOTS DER

1 RÜDESHEIM

Hungrig in Rüdesheim? Das gibt es nicht. Denn die kleine, nur knapp 10.000 Einwohner zählende Stadt am Tor zum Welterbe Oberes Mittelrheintal beherbergt in der Altstadt Speiselokale und Weinstuben ohne Ende. Schon bald stellt der Gast fest: Bodenständiges und Regionales sind die klaren Favoriten. Bei rheinischem Sauerbraten, Wildschweinbratwurst oder Spundekäs läuft einem das Wasser im Mund zusammen.

Zum guten Essen darf das passende Getränk nicht fehlen, und das ist in der Weinstadt Rüdesheim natürlich ein schönes Glas Riesling oder Spätburgunder. Die topografische Lage nach Süden hin, das schützende Taunusgebirge mit ausgedehnten Wäldern im Norden, mineralische Böden und der breit dahin fließende Rhein, der Temperaturschwankungen abpuffert, schaffen gerade hier für den Riesling ideale Reifebedingungen.

Wein füllt natürlich auch in der Drosselgasse die Gläser, Rüdesheims bekanntester Straße. Mehr als drei Millionen Besucher zählt die Stadt Jahr für Jahr, und wohl kein Gast lässt die romantische Flaniermeile aus. So kann es auf dem nur 144 Meter langen, an der schmalsten Stelle gerade einmal drei Meter breiten Gässchen schon mal eng werden. Langsam schlendernd findet man genügend Muße, den reichen Fassadenschmuck der historischen Fachwerkhäuser rechts und links und die Auslagen der kleinen Souvenirläden zu betrachten.

An Einkehrmöglichkeiten ist zudem kein Mangel. Rüdesheim entdecken heißt auch, seine Gastronomie entdecken – im Zentrum des Ortes zwischen Drosselgasse, Oberstraße und Marktstraße ebenso wie in den romantischen Seitengassen und im Rotweinstadtteil Assmannshausen, der per Seilbahn und Sessellift oder mit dem Schiff zu erreichen ist, wenn man sich nicht zu Fuß auf den Weg durch die Weinberge machen möchte.

REGION RHEINGAU

2 RHEINWEINWELT

Die historischen, denkmalgeschützten Gebäude der ehemaligen Asbach-Uralt-Brennerei bilden den Rahmen für eines der spannendsten Projekte in der deutschen Weinlandschaft: die Vinothek RheinWeinWelt in Rüdesheim am Rhein.

Neues gestalten, Altes erhalten: Das war der Grundgedanke des Konzepts. Die Eingriffe haben die Besonderheiten der Räume bewahrt, ohne auf zeitgemäßen Komfort zu verzichten. Der ursprüngliche Charakter der raumgroßen, begehbaren Wein-Lagertanks aus Beton blieb erhalten, sie sind jetzt das Herzstück der Vinothek. Mit ihren glitzernden Original-Glasfliesen und der Patina aus einem Jahrhundert Weinbranderzeugung bilden sie eine einzigartige Kulisse, in denen die Weine der Winzer präsentiert und selbstständig verkostet werden können.

Sie geben den Weinen von 76 ausgewählten Winzern aus dem UNESCO-Weltkulturerbe Mittelrheintal und den angrenzenden Gebieten Rheingau, Rheinhessen und Mosel auf über 1.000 Quadratmetern eine neue frische Vielfalt. Ob ambitionierte Aufsteiger oder etablierte Traditionsweingüter – sie alle katapultieren die RheinWeinWelt an die Spitze der regionalen Wein- und Erlebnisgastronomie.

3 KLOSTER EBERBACH

Gut 300 Kloster hatte sich der französische Regisseur Jean-Jaques Annaud für sein Filmprojekt „Der Name der Rose" nach einem Roman von Umberto Eco angeschaut – nichts hat so richtig gepasst. Bis ihm ein Bekannter das Kloster Eberbach ans Herz legte. So kam der Hauptdarsteller Sean Connery in den Rheingau, um dort im Winterhalbjahr 1985/86 im Kloster Eberbach mit viel Aufwand das Mittelalter wieder lebendig werden zu lassen. Auf den Spuren der Mönche wandelnd, war es eine einmalige Erfahrung für alle Beteiligten – und sicherlich auch ein Grund für den großen Erfolg beim internationalen Kinopublikum.

Das Kloster Eberbach gehörte bereits im Mittelalter zu den größten und bedeutendsten Klöstern des Zisterzienserordens. Wobei der Wein eine ganz besondere Rolle spielt. Die Mönche von Eberbach sind ihrer Zeit weit voraus und starten ein profitables Geschäft mit dem Wein. Sie entwickeln neue Keltertechniken, legen gigantisch große Rebflächen an, und bauen die größten Weinfässer der damaligen Zeit. Im 15. Jahrhundert besitzen die Glaubensbrüder sogar eine eigene Flotte auf dem Rhein, mit der sie ihre Weine bis nach Köln, dem Hauptumschlagsplatz für Rebsorten aller Art, transportieren.

DIE HOTSPOTS DER REGION RHEINGAU

4 BURGEN

Wer gerne Burgen besichtigt, ist im Rheingau genau richtig. Als Zeugen des Mittelalters säumen Sie den Rheingau und erzählen von längst vergangenen Zeiten. Besonders bekannt und sehenswert ist die Burg Ehrenfels, nahe der berühmten Weinstadt Rüdesheim. Von der Burg aus dem 10. Jahrhundert, die sich an den steilen Hang schmiegt, hat der Besucher einen wunderbaren Fernblick. Unweit des Stadtteils Assmannshausen liegt die klobig wirkende Brömserburg, in der sich das Rheingauer Weinmuseum befindet. Direkt dahinter ragt der romanische Bergfried der Boosenburg hervor. Ebenfalls einen Besucht wert ist die Kurfürstliche Burg in Eltville. Sie gilt als Wahrzeichen der Stadt und ist mitten in der traumhaften Altstadt gelegen.

5 SCHLÖSSER

Biebrich besitzt eines der schönsten Barock-Schlösser entlang des Rheins mit weitläufigen Schlossgarten. Ein Highlight für Weinliebhaber ist das Schloss Johannisberg aufgrund seiner Lage inmitten eines der ältesten Rieslinganbaugebiete der Welt. Der beliebte Riesling-Wanderweg führt hier vorbei. Sehenswert sind außerdem das romantisch gelegene Schloss Vollrads inklusive Vinothek und das Schloss Schönborn in Geisenheim.

i
Rheingau-Taunus Kultur & Tourismus GmbH
Rheinweg 30
D-65375 Oestrich-Winkel
www.rheingau.com

Ver- und Entsorgung im Rheingau

65343 Eltville, Stellplatz Parkplatz Weinhole, Weinhole

64711 Erbach, Wohnmobilplatz Alexanderbad, Wiesenweg

65366 Geisenheim-Marienthal, Weingut Ostermühle, Ostermühle

65385 Rüdesheim am Rhein, Ponyland Ebentaler Hof, L 3454

65375 Oestrich-Winkel, Wohnmobilplatz am Sportzentrum, Kirchstraße 126

65178 Wiesbaden, Reisemobilhafen Wiesbaden, Wörther-See-Straße 29/Ecke Saarstraße 43

65346 Eltville

Weingut Kloster Eberbach

Tel: 06723/9178
info@kloster-eberbach.de
www.kloster-eberbach.de

= 1
>10m >3,5t

Anfahrt: A5 Frankfurter Kreuz auf die A3 → Wiesbaden, am Wiesbadener Kreuz auf die A66 abbiegen, an Wiesbaden vorbei → Rheingau (Rüdesheim) weiterfahren. Die A66 wird ab Walluf zur B42. Dieser folgen, ab Ausf. Kiedrich den braunen Kulturhinweisschildern durch Kiedrich folgen. Auf der L3320 → Hattenheim

Wir sprechen auch: Englisch

GPS: 50°02'26"N 08°02'59"E

Weine: Grauburgunder, Riesling, Weißburgunder, Pinot Noir, Spätburgunder
Spezialitäten: Sekt, Secco, Liköre, Tresterbranntwein, Traubensaft, Weingelee, Traubenkernöl, Senf
Aktivitäten: Weinführungen, Steinbergkeller-Führung, Schlenderweinproben, musikalische Weinproben, Weinversteigerungen, Klosterbesichtigung
Öffnungszeiten: Mo-Fr (max. 1 Übernachtung), Abstellen auf dem gepflasterten Parkstreifen für Busse (Westzufahrt), Abreise bis 10.00 Uhr oder im Anschluss an die Besichtigung (max. 12.00 Uhr)

65346 Eltville-Erbach

Weinhof Martin

Bachhöller Weg 4
Günter Martin
Tel: 06123/62856
info@weingut-martin.de
www.weinhof-martin.de

= 4
>10m >3,5t R
WC CHEM

E-Bike Ladestation, eigener Grillplatz in den Weinbergen

Anfahrt: A66 von Frankfurt (50 km), Wiesbaden (16 km) und Mainz (17 km) → Rüdesheim bis zur Ausf. Eltville-West/ Erbach, der Hauptstr. bis zum Marktplatz, von dort der Beschilderung zum Weingut folgen. Eingabe ins Navi: statt Bachhöller Weg bitte Franseckystraße. Diese führt in den Bachhöller Weg

Telefonische Reservierung erbeten

Wir sprechen auch: Englisch

GPS: 50°01'25"N 08°05'18"E

Weine: Riesling, Weißburgunder, Goldmuskateller, Chardonnay, Cabernet Sauvignon, Dornfelder, Regent, Spätburgunder
Spezialitäten: Wein, Sekt, Perlweine, Brände, Liköre, Traubensaft, Weingelee, Pralinen, Essig, Öl, Senf
Aktivitäten: Hoffest mit Jahrgangspräsentation, "Weinlese mit meinem Winzer", Glühweinparty, Termine siehe Website
Öffnungszeiten: Vinothek werktags nach Vereinbarung, Öffnungszeiten des Gutsausschanks siehe Website. Von Mitte Dez-Mitte März kein Aufenthalt möglich

WEINLAND DER **SUPERLATIVE**

Der Rhein und die Reben prägen die Region Rheinhessen.

Rheinhessen liegt am nordwestlichen Ende des Oberrheingrabens und ist mit seinen 26.500 Hektar Rebfläche das größte deutsche Weinbaugebiet. Es liegt komplett linksrheinisch und damit nicht in Hessen, sondern in Rheinland-Pfalz. Rheinhessen wird im Norden und Osten vom Rhein begrenzt. Die Fläche erstreckt sich über rund 1.400 Quadratkilometer zwischen Mainz und den Städten Worms, Alzey, Bingen und Ingelheim. Sie ist eingeteilt in die drei Bereiche Nierstein, Bingen und Wonnegau, aus dem jährlich über ein Viertel der deutschen Weinmosternte kommt. Zentrum des Weinhandels und größte Stadt des Anbaugebiets ist Mainz. Neben den drei Bereichen teilt sich das Gebiet in 24 Großlagen und 432 Einzellagen.

Rheinhessen gehört zu den wärmsten und trockensten Gebieten Deutschlands. Eine Vielfalt an Klima- und Bodenverhältnissen sorgt für ein reiches Spektrum an interessanten Weinen. Durch den Taunus, den Soonwald sowie durch das Donnersbergmassiv werden die Weinberge gegen starke Regenschauer aus Richtung Westen geschützt. Der Odenwald und der Taunus halten zudem kalte Nordwinde ab und sorgen damit für ein besonders mildes Klima. Steillagen sind nur in der Gegend um Nierstein, Nackenheim und Bingen zu finden. Im Hinterland bestimmen dagegen sanfte Hügellandschaften das Rebgebiet. Die Böden reichen von Löss- und Sedimentböden über feinsandigen Mergel bis hin zu Quarzit- und Porphyr-Verwitterungsböden. Entsprechend werden die unterschiedlichsten Rebsorten angebaut, allen voran der Müller-Thurgau. Die zweitwichtigste Rebsorte ist der Silvaner. Diese Rebe hat in Rheinhessen ihre weltweit größte Anbaufläche. Insgesamt machen die Weißweine deutlich über 80 Prozent des Angebots aus.

Weitere häufig angebaute Sorten sind Riesling, Kerner, Scheurebe, Bacchus und Huxelrebe. Die gehaltvollsten Rieslinge Deutschlands stammen vom Roten Hang zwischen Nierstein und Nackenheim. Ingelheim ist ein kleines Rotweingebiet, das für seinen Portugieser, aber auch für einen edlen Spätburgunder bekannt ist. ‹

DIE **HOT**SPOTS DER

1 MAINZ

„Mainz – wie es singt und lacht." Ein Slogan, den in der 200.000-Einwohner-Stadt sicherlich kaum mehr jemand hören kann. Dennoch: Eine halbe Million Besucher säumen jedes Jahr den Rosenmontagsumzug. Aber auch Faschingsmuffel besuchen gerne Mainz, bietet die Landeshauptstadt von Rheinland-Pfalz doch jede Menge Sehenswertes aus Weinbau, Geschichte und Leben jenseits der fünften Jahreszeit.

Der mächtige Dom überragt die Mainzer Altstadt. In den verwinkelten Straßen, die kuriose Namen wie Nasengässchen, Heringsbrunnengasse oder Leichhof tragen, ist immer was los. Johannes Gutenberg, Erfinder der Druckerkunst mit beweglichen Metalllettern, ist der bekannteste Spross der Stadt. Deshalb ist ein Besuch in dem weltweit bekannten Museum der Schrift- und Druckkunst Pflicht.

Natürlich sind dort die berühmten Gutenberg-Bibeln zu sehen. Und wer Hunger bekommt, greift am besten zur Mainzer Spezialität: Weck, Worscht un' Woi. Jede Stadt hat ihre Flaniermeile. In Mainz heißt sie Augustinerstraße. Bis ins 17. Jahrhundert war sie Hauptgeschäftsstraße der Stadt. Heute säumen kleine Geschäfte, Boutiquen, Pubs, Restaurants und urige Weinhäuser die Gasse.

2 OPPENHEIM

Auf halbem Wege zwischen Mainz und Worms lädt das mittelalterliche Städtchen Oppenheim zu einer Entdeckungstour ein. In und vor allem unter der historischen Altstadt verbirgt sich lebendige Geschichte mit den Sehenswürdigkeiten der Weinstadt, dem Kellerlabyrinth und der Katharinenkirche.

Weithin sichtbar ragt die gotische Katharinenkirche über Oppenheim. Ein Stück weiter oben erhebt sich die Burgruine Landskron. Obwohl Stadt und Burg 1689 während des pfälzischen Erbfolgekriegs zerstört wurden, geben die noch erhaltenen Mauern der Burgruine einen Eindruck davon, wie mächtig sie einst war. Heute spielen sich hier immer noch Machtkämpfe und Intrigen ab – allerdings nur als Schauspiel auf der Bühne, denn seit über 25 Jahren ist die Ruine einer der Spielorte der Festspiele Oppenheim.

In seinen Kellern hat Oppenheim Erstaunliches zu bieten: Die gesamte Altstadt verfügt über ein Kellersystem, das an einigen Stellen bis zu fünf Stockwerke in die Tiefe reicht. Bereits 765 wurde Oppenheim urkundlich erwähnt. Seit jeher ist das Wohl der Stadt mit dem Wein verbunden. Noch heute haben die Oppenheimer Lagen wie Sackträger, Krötenbrunnen und Herrenberg einen guten Namen unter Weinkennern in aller Welt.

REGION RHEINHESSEN

3 WORMS

Worms und die Nibelungen sind untrennbar miteinander verbunden. Der Drachentöter Siegfried, Kriemhild und all die Protagonisten der Nibelungensage sind für die Wormser gute Bekannte. Doch es gibt noch viele andere Gründe, die 82.000 Einwohner große, moderne Nibelungenstadt zu erkunden.

Worms besitzt – archäologisch bezeugt – ein sehr hohes Alter. Die erste Blütezeit erlebte das keltische Borbetomagus in römischer Zeit, als es als Civitas Vangionum blühender Hauptort seines Umlandes wurde. Worms war im Mittelalter Ort wichtiger politischer Entscheidungen. Der Reichstag von 1521 markiert mit dem Auftreten Martin Luthers den Beginn der Reformation, die in Worms rasch Fuß fasste. Worms erlitt 1689 eine katastrophale Stadtzerstörung durch die Franzosen.

Es gibt viel zu sehen: den romanischen Dom, den ältesten jüdischen Friedhof Europas, das ehemalige Judenviertel in der Altstadt mit Synagoge oder Raschihaus und das Jüdische Museum. Weiter geht es mit dem Lutherdenkmal als größtem Reformationsdenkmal der Welt, der Kunstsammlung im Museum Heylshof, dem Museum im Andreasstift und dem Nibelungenmuseum an der Stadtmauer. Das sind nur die beliebtesten, aber längst nicht alle Anziehungspunkte in Worms.

4 FLONHEIMER TRULLO

Wie riesige, weiße Zipfelmützen ragen die Weinbergshäuschen in ganz Rheinhessen aus den Weinbergen und leuchten zwischen den Rebzeilen auf. Allein drei dieser Trulli, die man vor allem aus Apulien kennt, stehen bei Flonheim. Sie wurden im 18. Jahrhundert als Schutzhütten für Winzer und Mitarbeiter gebaut, möglicherweise mit Hilfe italienischer Wanderarbeiter. Genau wie ihre süditalienischen Pendants sind sie in Kragbauweise mit Steinen ohne Mörtel errichtet, wobei historisch nicht belegt ist, ob die Rundhäuser aus Apulien wirklich als Vorbild dienten oder nicht. Die insgesamt gut 30 Trulli der Gegend sind einmalig in Deutschland und eines der beliebtesten Fotomotive in Rheinhessen.
Einer der schönsten Trulli steht in Flonheim auf dem Adelberg. Man kann ihn zu Fuß über die „Hiwweltour Aulheimer Tal" erreichen, eine wunderschöne Rundwanderung mit schönen Aussichten und Rastplätzen, einer davon direkt am Trullo. Sollte schlechtes Wetter aufziehen, findet man nach wie vor im Trullo einen sicheren Unterschlupf.

DIE **HOT**SPOTS DER

5 KAISERPFALZ UND BURG-KIRCHE IN INGELHEIM

Im Mittelalter hatte Ingelheim weltpolitische Bedeutung. Der spätere Kaiser Karl der Große hatte Ende des 8. Jahrhunderts hier eine Pfalz errichten lassen – ein Machtzentrum nach dem Vorbild antiker Palastarchitektur. Seit Anfang der 1990er Jahre legen Archäologen die Anlage frei, die seither als eine der am besten untersuchten Anlagen ihrer Art gilt. Reste der Palastarchitektur prägen bis heute das Stadtbild. Das Heidesheimer Tor zählt dabei zu den besonders sehenswerten Bauresten aus der karolingischen und staufischen Zeit.

Unweit vom Stadtzentrum entfernt erhebt sich die evangelische Burgkirche, ehemals St. Wigbert. Sie ist Teil einer der am besten erhaltenen Kirchenbefestigungen im süd- bzw. westdeutschen Raum. Der romanische Kirchturm (12. Jahrhundert) mit seinem spätgotischen Zinnenkranz und dem Erkertürmchen überragt den dreischiffigen Kirchenbau mit unterschiedlichen Dachhöhen (15. Jahrhundert). Im Innern finden sich noch viele Ausstattungselemente aus vorreformatorischer Zeit sowie ein farbenprächtiges Glasfenster als einzigartiges Zeugnis der Glasmalerei am Mittelrhein um 1400.

6 FLECKENMAUER IN DALSHEIM

Wehrmauern gab es in dieser Gegend im Mittelalter viele. Sie wurden jedoch abgerissen oder als Steinbruch genutzt. Nur die um Dalsheim ist noch fast komplett erhalten: 1100 Meter lang, bis zu zehn Meter hoch und mit sieben Türmen versehen. Der Name hat mit Schmutz auf den Steinen oder einer besonders abwechslungsreichen Struktur aus unbehauenen Kalksteinen nichts zu tun. Flecken nannte man früher ein Dorf, das besondere Privilegien hatte.

7 BINGEN AM RHEIN

Die Rheinpromenade, das Museum am Strom, das Kloster Rupertsberg und das historische Erbe der Hildegard von Bingen, das Stefan-George-Museum – Bingen am Zusammenfluss von Nahe und Rhein blickt auf eine reiche Geschichte zurück und hat viel Sehenswertes zu bieten. Wie viele Städte am Rhein verdankt auch Bingen seine Existenz den Römern.

Nur einen Katzensprung – in dem Fall eine kurze Fahrt mit der Autofähre – von Rüdesheim entfernt, lädt insbesondere das Binger Kulturufer entlang der Rheinpromenade mit Gärten, Mäuseturm, Museen und Vinothek zum Verweilen ein.

REGION RHEINHESSEN

8 ALZEY

Alzey besticht durch seine liebevoll restaurierte Innenstadt. Den pulsierenden Mittelpunkt der Stadt bildet der von wunderschönen Fachwerkhäusern umringte Rossmarkt. Neben dem von Reben und Weintrauben umrankten Rossmarktbrunnen lässt hier das Bronzepferd Max, das an seinen Reiter, den adeligen Ritter und Minnesänger Volker von Alzey – Freiherr von Alzey erinnert, die Nibelungensage lebendig werden. In Anlehnung an das mittelalterliche Heldenepos ist auf dem Grund des Brunnens der Schatz der Nibelungen versenkt.

Das Alzeyer Schloss beherbergt heute das Amtsgericht und ein Mädcheninternat. Im Sommer lockt der Schlosshof mit seiner besonderen Atmosphäre zum Da Capo Open-Air-Festival. Über die bewegte Geschichte des Schlosses und 30 Millionen Jahre Zeitgeschichte informiert das Museum der Stadt. Etwas außerhalb, inmitten der Weinberge, thront das Wahrzeichen von Alzey: Der Wartbergturm. Hier erwarten den Besucher traumhafte Ausblicke auf die Stadt und das rheinhessische Hügelland.

i
Rheinhessenwein e.V.
Otto-Lilienthal-Straße 4
D-55232 Alzey
www.rheinhessen.de

Ver- und Entsorgung in Rheinhessen

55283 Nierstein, Außerhalb 17,
Weingut Gehring

55232 Alzey, Gutbornerhof,
Camping auf dem Gutbornerhof

55234 Biebenheim, Flonheimer Straße 36,
Wohnmobilpark am Petersberg

55276 Oppenheim, An der Festwiese 11 A,
Womoland Oppenheim

55435 Gau-Algesheim, Binger Straße 48,
Reisemobilstellplatz Gau-Algesheim

55599 Gau-Bickelheim, An der B 50,
Autohof

67547 Worms, Kastanienallee am Festplatz,
Stellplatz Worms

67547 Worms, Mainzer Straße 85, Esso-Station
Strebel

56070 Koblenz, Schartwiesenweg 6,
Knaus Campingpark Rhein-Mosel/Koblenz

55129 Mainz, Dr.-Martin-Luther-King-Weg 21,
Wohnmobil-Stellplatz Mainz

55576 Sprendlingen, Am Freibad/Bachgasse,
Wohnmobilplatz Wiesbach

67577 Alsheim

Ökologisches Weingut Theo Schütte

Kesselgasse 4
Albrecht Schütte
Tel: 06249/5508
post@oekowein-schuette.de
www.oekowein-schuette.de

= 1
>10m >3,5 t R

Anfahrt: A61 Ausf. 57 Worms/Mörstadt, L425 re. abbiegen → Worms-Abenheim/Worms-Nord Osthofen, li. auf L439, in Osthofen re. auf die Friedrich-Ebert-Str./L386, li. auf Schwerdtstr./L439 bis Alsheim oder B9 Mainz-Worms Ausf. Alsheim, am Kreisel 2. Ausfahrt
Bitte vorher telefonisch anmelden
Wir sprechen auch: Englisch, Französisch

GPS: 49°46'00"N 08°20'25"E

Bio WINZER

Weine: Riesling, Silvaner, Blanc de Noir, Dornfelder, Merlot, Portugieser, Regent, Spätburgunder
Spezialitäten: Perlwein, Tresterbrand, verperlter Traubensaft

Aktivitäten: Weinproben
Öffnungszeiten: Während der Weihnachtsfeiertage ist kein Aufenthalt möglich

55546 Biebelsheim

Weingut Fred Emrich

Hauptstr. 14
Fred Emrich
Tel: 06701/7233
weingut-emrich@t-online.de
www.weingut-emrich.de

= 3
>10m >3,5 t R

Hofladen, Weinprobe.

Anfahrt: A61 Ausf. 51 Bad Kreuznach auf B41, erste Abfahrt → Sprendlingen auf die B50, nach 1 km re. nach Biebelsheim

Wir sprechen auch: Englisch

GPS: 49° 52' 22"N 07° 56' 25"E

Weine: Chardonnay, Gewürztraminer, Huxelrebe, Blanc de Noir, Riesling, Weißburgunder, Dornfelder, Früh- und Spätburgunder, St. Laurent
Spezialitäten: Rosenmuskateller, Würzer, Secco, Mirabellenbrand

Aktivitäten: Weinproben
Öffnungszeiten: Weihnachtsfeiertage bis einschließlich Neujahr geschlossen

55278 Dolgesheim

Weingut Seck

Weinolsheimer Str. 12
Axel Seck
Tel: 096733/324
info@weingut-seck.de
www.weingut-seck.de

= 5
>10m >3,5t R
WC CHEM GRAU
Hofladen, Dusche, Weinprobe.

Anfahrt: A61 Koblenz-Ludwigshafen Ausf. 56 Gundersheim, weiter auf der L425 über Westhofen und Heßloch nach Dolgesheim

Bitte telefonisch oder per Mail anmelden

Wir sprechen auch:
Englisch, Französisch

GPS: 49°47'51"N 08°15'40"E

Bio WINZER

Weine: Bacchus, Chardonnay, Grauburgunder, Huxelrebe, Kerner, Riesling, Rivaner, Sauvignon Blanc, Silvaner, Weißburgunder, Dornfelder, Regent, Spätburgunder
Spezialitäten: Ökologischer Weinbau Naturland

Aktivitäten: Weinproben, kulinarische Weinproben, Weinseminare, Weinbergrundfahrten
Öffnungszeiten: Ganzjährig geöffnet

55270 Engelstadt

Weingut Zimmer-Mengel

Im Adelpfad 1
Fabian Mengel
Tel: 06130/1788
info@weingut-zimmer-mengel.de
www.weingut-zimmer-mengel.de

= 3
>10m >3,5t

Anfahrt: A63 Ausf. 4, weiter auf der L413 über Stadecken-Elsheim, Schwabenheim und Bubenheim nach Engelstadt

Wir sprechen auch: Englisch

GPS: 49°54'16"N 08°04'21"E

Weine: Blanc de Noir, Gewürztraminer, Grauburgunder, Morio-Muskat, Riesling, Silvaner, Weißburgunder, Dornfelder, Frühburgunder, Merlot, Portugieser, Schwarzriesling, Spätburgunder

Aktivitäten: Weinproben
Öffnungszeiten: Weingut ganzjährig, Straußwirtschaft im Frühjahr und Spätsommer/Herbst geöffnet (Termine siehe Website)

55237 Flonheim

Meyerhof - Weingut | Vinothek | Gästehaus

Bio WINZER

Meyerhof
Alina Engel
Tel: 06734/8714
info@weingut-meyerhof.de
www.weingut-meyerhof.de

= 3
>10m >3,5t R

Anfahrt: Von Köln/Ludwigshafen A61 Ausf. Bornheim/Flonheim, weiter auf der L408 → Flonheim, am Ortseingang vorbei. Das Weingut befindet sich auf der re. Seite. Von Kaiserslautern/Mainz A63 Ausf. Biebelnheim/Flonheim

Wir sprechen auch: Englisch

GPS: 49°47'17"N 08°02'43"E

Weine: Chardonnay, Grauburgunder, Riesling, Sauvignon Blanc, Cabernet Sauvignon, Merlot, Spätburgunder
Spezialitäten: Winzersekte, Secco, Öle & Essig, Weingelee
Aktivitäten: Immer freitags 17.30 Uhr: Weinprobe mit Kellerführung und Flammkuchenessen (Anmeldung erforderlich), Brötchenservice und Frühstück im Gästehaus.
Öffnungszeiten: Ganzjährig geöffnet, Mo-Fr 09.00-12.00 und 14.00-18.00 Uhr, Sa 10.00-17.00 Uhr sowie nach telefonischer Vereinbarung.

55237 Flonheim

Weingut Werner GbR

Langgasse 40
Florian Werner
Tel: 06734/401
Mobil: 0171/7080027
weingut-werner@web.de
www.werner-weine.de

= 3
>10m >3,5t R

Anfahrt: A61, Ausf. 53 Bornheim, den Ort passieren, dem Straßenverlauf an Flonheim vorbei folgen, im nächsten Kreisel die 3. Ausfahrt nehmen, nach 500 m befindet sich das Weingut auf der re. Seite

Wir sprechen auch: Englisch

GPS: 49°47'16"N 08°02'29"E

Weine: Chardonnay, Grauburgunder, Riesling, Rivaner, Weißburgunder, Cabernet Dorsa, Dornfelder, Regent, Spätburgunder, St. Laurent
Spezialitäten: Sekt, Werners' Secco, Hefebrand
Aktivitäten: Weinproben in der hist. Weinstube mit Kachelofen, Planwagenfahrten mit Weinprobe
Öffnungszeiten: Ganzjährig geöffnet

67592 Flörsheim-Dalsheim

Ökologisches Weingut Schmitt

Weedenplatz 1
Gabriele Schmitt
Tel: 06243/8515
info@gutsschaenke-schmitt.de
www.gutsschaenke-schmitt.de

= 3
>10m >3,5 t

Anfahrt: A61 Ausf. Monsheim, an der großen Kreuzung vor dem Ort re. → Pfeddersheim, nächste Straße li. in den Ort (Alzeyerstraße) fahren, dann gleich wieder re. (Untergasse), die nächste gleich wieder li. (Pfarrgasse) diese Straße ganz durchfahren, an deren Ende li. befindet sich die Gutsschänke

Wir sprechen auch:
Englisch, Ungarisch

GPS: 49°39'12''N 08°12'40''E

Weine: Demeter zertifiziertes Weingut: Bacchus, Chardonnay, Grauburgunder, Huxelrebe, Riesling, Scheurebe, Silvaner, Dornfelder, Merlot, Portugieser, Spätburgunder, St. Laurent
Spezialitäten: Sekt, Brände, Liköre, Traubensaft, Weingelee, Traubenkernöl, Wildschweinleberwurst, -bratwurst, -schinken

Aktivitäten: (Geführte) Wanderungen, Weinproben, kulinarische Weinproben, Planwagenfahrten, Weinbergpicknick nach vorheriger Absprache im Weingut
Öffnungszeiten: Ganzjährig geöffnet. Am Wochenende Essen in der Gutsschänke, während der Woche Frühstück und Essen auf Anfrage möglich. Weinrestaurant

67583 Guntersblum

Weingut Burghof Oswald

Alsheimer Str. 11
Heidrun Baumann-Oswald
Tel: 06249/2392
info@burghof-oswald.de
www.burghof-oswald.de

= 3
GRAU

Anfahrt: A61 Ausf. Alzey → Gau-Odernheim, dort re. → Alsheim und am Ortsausgang li. → Alsheim. In Alsheim re. → Guntersblum. Oder über die B9 nördl. Abfahrt → Guntersblum, der Hauptstraße folgen bis zur Gabelung, re. abbiegen in die Alsheimer Straße

Wir sprechen auch: Englisch

GPS: 49°47'48"N 08°20'45"E

Weine: Bacchus, Chardonnay, Gewürztraminer, Grauburgunder, Müller-Thurgau, Riesling, Scheurebe, Silvaner, Weißburgunder, Cabernet Sauvignon, Dornfelder, Portugieser, Spätburgunder
Spezialitäten: Sekt, Secco, Brände, Liköre, Traubensaft, Weingelee, Essig, Traubenkernöl, Nudeln, Senf, Pesto, Chutney

Aktivitäten: Wenn möglich 17.04.-18.04.2021 Jungweinprobe, 10.05.-21.05.2021 Frühjahrsstraußwirtschaft, 02.07.-04.07. 2021 Hoffest, 31.08.-10.09. 2021 Herbststraußwirtschaft
Öffnungszeiten: Ganzjährig geöffnet, Mo-Fr 08.00-12.00 und 13.30-19.00 Uhr, Sa 08.00-12.00 und 13.30-18.00 Uhr

67586 Hillesheim

Ökologisches Weingut Manuel Engelhard

Untergasse 28
Manuel Engelhard
Tel: 06733/6298
Mobil: 0175/2739827
weingutengelhard@t-online.de
www.weingut-engelhard.de

= 2
>10m >3,5 t R

Anfahrt: A63 Ausf. 7, weiter auf der L408 → Gau-Odernheim und von dort über die L438 und L425 nach Hillesheim

Vorherige telefonische Anmeldung erwünscht

Wir sprechen auch: Englisch

GPS: 49°46'39"N 08°15'19"E

Weine: Grauburgunder, Kerner, Morio Muskat, Müller-Thurgau, Riesling, Scheurebe, Silvaner, Weißburgunder, Dornfelder, Portugieser, Regent, Spätburgunder
Spezialitäten: Secco, Eiswein, Tresterbrand

Aktivitäten: Weinproben
Öffnungszeiten: Während der Weinlese im Sep und Okt kein Aufenthalt möglich

55129 Mainz

Weingut Stefan Leber

Klein-Wintersheimer Weg 4
Stefan Leber
Tel: 06131/507371
info@weingut-leber.de
www.weingut-leber.de

= 2
>10m >3,5 t R
CHEM

Anfahrt: A60 Ausf. Mainz-Hechtsheim Ost, an der Ampel li. → Hechtsheim, ca. 1,5 km geradeaus, an der 5. Ampel li. → Bürgerhaus Hechtsheim, nach dem Abzweig Bürgerhaus 2. Straße rechts

Bitte per Mail anmelden

Wir sprechen auch: Englisch

GPS: 49°57'27"N 08°16'42"E

Weine: Chardonnay, Gewürztraminer, Grauburgunder, Riesling, Ruländer, Silvaner, Weißburgunder, Cabernet Sauvignon, Dornfelder, Merlot, Portugieser, Spätburgunder
Spezialitäten: Reg. Küche mit rheinhessischen Weinen. Spezialität ist der Graue Burgunder, von trocken bis edelsüß

Aktivitäten: Gutsausschank im Weingut (Di Ruhetag), Weinproben möglich, Weintour im Weingut, Adventsverkostung, Besuch der Stadt Mainz (Anschluss an die Straßenbahn zur Mainzer Innenstadt, ca. 5 Min. zu Fuß, Fahrtzeit in die Innenstadt 20 Min.)
Öffnungszeiten: Ganzjährig geöffnet

67574 Osthofen

Weingut Grittmann

Alter Westhofer Weg 32
Annette Grittmann
Tel: 06242/7108
grittmannhof@t-online.de
www.grittmannhof.de

= 3
>10m >3,5 t

Anfahrt: A61 Ausf. Gundersheim, weiter nach Westhofen, dort im Kreisverkehr 3. Ausf. nach Osthofen, dort an der 1. Ampel re., nach 60 m li. in den Hof fahren

Wir sprechen auch: Englisch

GPS: 49°42'9"N 08°18'28"E

Weine: Bacchus, Chardonnay, Grauburgunder, Kerner, Müller-Thurgau, Pinot Blanc, Sauvignon Blanc, Riesling, Weißburgunder, Blauer Portugieser, Cabernet Sauvignon, Dornfelder, Pinot Noir
Spezialitäten: Sekt, Eiswein, Tresterbrand, Traubensaft

Aktivitäten: Weinproben
Öffnungszeiten: Vom 20.12.-06.01. kein Aufenthalt möglich, Weinverkauf: Mo-Fr 08.00-12.00 und 14.00-18.00 Uhr, Sa 08.00-12.00 Uhr. Im gesamten Juni und Juli und am 4.08. + 11.08.2021 mittwochs Straußwirtschaft, Tischreservierung möglich

55278 Selzen

Weingut Kapellenhof Oekonomierat Schätzel Erben

Kapellenstraße 18
Thomas Schätzel
Tel: 06737/204 · Mobil: 0172/6112921
kapellenhof@t-online.de
www.weingut-kapellenhof.de

= 3
>10m >3,5 t R
Hofladen

Anfahrt: A60 Ausf. Mainz-Hechtsheim West, auf der Rheinhessen-Straße nach Süden, in Selzen 1. Straße re. oder A63 Ausf. Wörrstadt, weiter auf der B420 → Nierstein-Oppenheim nach Selzen, dort 7. Straße re. (Zufahrt zum Stellplatz über Kirschgartenstraße)

Um telefonische Reservierung wird gebeten

Wir sprechen auch: Englisch

GPS: 49°51'52"N 08°15'17"E

Weine: Chardonnay, Gewürztraminer, Grauburgunder, Müller-Thurgau, Portugieser, Riesling, Rivaner, Silvaner, Weißburgunder, Blanc de Noirs, Dornfelder, Spätburgunder, St. Laurent
Spezialitäten: Sekt, Traubenweinbrand, Traubenkernöl, Weinessig, Weingelee

Aktivitäten: Weinprobiertage, kulinarische Weinproben mit Weinbergrundfahrt
Öffnungszeiten: Weinverkauf: Mo-Fr 08.00-12.00 und 13.00-18.00 Uhr, Sa 09.00-14.00 Uhr

LAND AUS WEIN UND STEIN

Herzoglicher Weinberg mit Schloss Neuenburg

Entdecken mit allen Sinnen. Urlaub in der Region Saale-Unstrut bietet facettenreiche Erlebnisse. Für Wanderer und Radfahrer ebenso wie für Kultur- und Weinliebhaber. Das sonnenreiche Weinanbaugebiet zwischen den Flüssen Saale, Unstrut, Weiße Elster und Ilm offeriert liebliche Landschaften und historische Orte, architektonische Schätze, gelebtes Brauchtum und eine lebendige Kultur.

Saale-Unstrut gilt als nördlichstes Qualitätswein-Anbaugebiet Europas. Muschelkalk- und Buntsandsteinböden, rund 1.600 Sonnenstunden im Jahr und vergleichsweise wenig Regen bieten ideale Bedingungen für Müller-Thurgau, Weißburgunder, Burgunder, Silvaner, Riesling und eine Rarität, die nur in dieser Region gedeiht: den roten André. Nicht umsonst wird das Weinland im Herzen Deutschlands auch Toskana des Nordens genannt. Das Weingebiet erstreckt sich über drei Bundesländer, wobei die meisten Rebflächen auf sachsen-anhaltinischem Boden liegen. Thüringer Winzer und Weinbaugenossenschaften liefern den zweitgrößten Anteil der Saale-Unstrut-Weine. Und sogar noch nördlicher in Brandenburg bis zum Werder Havelland und Wachtelberg westlich von Berlin gedeihen Saale-Unstrut-Trauben. Die Qualität der Weine garantieren über 50 Privatweingüter, die Winzervereinigung Freyburg, das Landesweingut Kloster Pforta und die Rotkäppchen Sektkellerei.

Auf dem sehr gut ausgebauten Rad-, Wander- und Wasserwegenetz macht die Erkundung des Anbaugebiets und seiner Weine, der Weingüter, Straußwirtschaften und Gutsschänken besonders viel Spaß. Der größte Teil des Weinbaugebiets befindet sich im Naturpark Saale-Unstrut Triasland.

Entlang der Weinstraße Saale-Unstrut verlaufen die „Straße der Romanik" sowie die „Himmelswege". Burgen und Schlösser, wie die Neuenburg oder Rudelsburg, bedeutende Bauwerke, wie der Naumburger Dom, sowie mystische Stätten, wie der Fundort der „Himmelsscheibe von Nebra", erzählen von der kulturellen Geschichte des Landes. Als heimliche Weinhauptstadt gilt Freyburg an der Unstrut.

DIE **HOT**SPOTS DER

1 HEILIGE HALLEN

Der Naumburger Dom St. Peter und St. Paul ist das Topziel der Region. Das Ensemble zählt zu den bedeutendsten Kulturdenkmälern aus der Zeit des europäischen Hochmittelalters und wurde 2018 von der UNESCO in die Liste der Welterbestätten aufgenommen. Mit seinem Kreuzgang, dem Domgarten und den umliegenden Kuriengebäuden hat er sich längst zum Besuchermagneten an der „Straße der Romanik" entwickelt. Eine besondere Attraktion ist Uta, eine der zwölf berühmten Stifterfiguren, die der Naumburger Meister im Westchor verewigt hat. Sie gilt als schönste Frau des Mittelalters und zieht immer noch, trotz ihres hohen Alters, zahlreiche Besucher in ihren Bann.

2 HIMMLISCHES FUNDSTÜCK

Die Himmelsscheibe von Nebra ist eine Bronzescheibe, unfassbare 3.600 Jahre alt, und gilt als weltweit älteste bisher bekannte konkrete Darstellung des Kosmos. Auf 32 Zentimetern Durchmesser zeigt sie die Sonne, eine Mondsichel und goldene Sterne. Außergewöhnlich sind auch die Umstände ihres Fundes. Entdeckt wurde sie nicht etwa im Rahmen einer regulären Ausgrabung, sondern von zwei Grabräubern, die sie 1999 auf dem Mittelberg in Wangen bei Nebra mitten in einem dichten Wald fanden. Die Dauerausstellung der Arche Nebra enthüllt die Dimensionen dieses rätselhaften Fundes: Die erstaunlichen handwerklichen Fähigkeiten und astronomischen Kenntnisse lassen erkennen, wie hochentwickelt die Kulturen der Bronzezeit gewesen sein müssen. Herzstück ist das einzigartige digitale Planetarium, in dem Besuchern das komplexe astronomische Wissen begreifbar gemacht wird, das auf der Himmelsscheibe verschlüsselt ist. Die 22-minütige Show wurde eigens für die Arche Nebra konzipiert und ist im Eintrittspreis enthalten.

3 HEILSAME SALZQUELLEN

Neben Wein spielt in Saale-Unstrut auch Salz eine große Rolle. In den Kurorten Bad Kösen und Bad Sulza werden heilkräftige Solequellen seit Mitte des 19. Jahrhunderts als Bade- und Gradiersole zur Linderung von Atemwegs- und Hauterkrankungen genutzt.

Im sehenswerten Kurpark von Bad Sulza zeugen ehemalige Kureinrichtungen wie das historische Inhalatorium und die Jugendstil-Trinkhalle von der Geschichte des Salzes. Von April bis Oktober können Gäste dort kostenlos Trinksole abfüllen. Neben dem restaurierten Gradierwerk ist dort auch die super ausgestattete Toskana-Therme eine gute Empfehlung für Wellness-Genießer.

REGION SAALE-UNSTRUT

4

Saale-Unstrut-Tourismus e.V.
Topfmarkt 6
D-06618 Naumburg
www.saale-unstrut-tourismus.de

Ver- und Entsorgung in Saale-Unstrut

99518 Bad Sulza,
Wohnmobilstellplatz Gradierwerk, Am Gradierwerk

99518 Eberstedt,
Stellplatz an der Historischen Mühle, Dorfstraße 28

06632 Freyburg,
Caravanstellplatz Schleusenblick, Wasserstraße 22

06618 Naumburg,
Altstadtparkplatz Vogelwiese, Luisenstraße

06628 Bad Kösen-Stendorf
Wohnmobil-Stellplatz am Saalebogen, Stendorf 14

4 FAST EIN MÄRCHEN

Eine der bekanntesten Sektkellereien Deutschlands befindet sich in der Saale-Unstrut Region, in Freyburg: Rotkäppchen Sekt. Der Besucher lernt, warum die Sektmarke so heißt: Am 12. Mai 1894 tritt das „Gesetz zum Schutz der Warenzeichen" in Kraft. Kloss & Foerster, die Gründer, dürfen ihren Sekt nicht länger „Monopol". Den Namen beanspruchte ein französisches Champagnerhaus. Der Name ging tatsächlich an die Franzosen und Kloss & Foerster benannten fortan ihren Sekt nach der roten Kapsel, die Geburtsstunde der Marke Rotkäppchen, und ließen sie als Warenzeichen eingetragen. Das und viele weitere interessante Fakten zur Herstellung des prickelnden Getränks erfährt man bei einer Führung durch die Kellerei. www.rotkaeppchen.de

5 GESCHICHTSTRÄCHTIG

In der Saale-Unstrut Region reiht sich eine Burg an die nächste, kein Wunder in dieser geschichtsträchtigen Gegend. Ein besonders hübsches Exemplar ist das Schloss Goseck. Mithilfe moderner Medien wird dem Museumsbesucher in Film, digitaler Darstellung und Hörstationen die fünfhundertjährige Geschichte des Benediktiner-Klosters zu Goseck nachvollziehbar vergegenwärtigt. www.schlossgoseck.de

06542 Allstedt OT Beyernaumburg

Weingut Goldschmidt

Liedersdorfer Str. 15
Harri Goldschmitt
Tel: 03464/570724
info@obst-wein-goldschmidt.de
www.goldschmidt-wein.de

= 2
>10m >3,5 t
CHEM

Anfahrt: Obstgut: Von der A38 Ausf. Allstedt über die L222 ➔ Riestedt. Weingut: A9, Ausf. Naumburg, über die B180 bis Freyburg, weiter auf der B176 ➔ Laucha nach Balgstädt. Oder A38 Ausf. Braunsbedra über die B176 nach Balgstädt

Wir sprechen auch: Englisch

GPS: 51°28'17"N 11°23'54"E

Weine: Chardonnay, Kerner, Müller-Thurgau, Riesling, Silvaner, Traminer, Weißburgunder, Dornfelder, Portugieser, Regent
Aktivitäten: Weinprobe, Weinbergführung auf Anfrage
Öffnungszeiten: Das Weingut ist auf zwei Ortschaften verteilt: Weingut (Lauchaer Str. 4 in 06632 Balgstädt): geöffnet auf Anfrage. Hofladen im Obstgut in Allstedt: Mo-Sa, im Juli ist kein Aufenthalt möglich. Zwei Stellplätze im Obstgut in Allstedt und zwei Stellplätze im Weingut in Balgstädt

06632 Freyburg

Weindomicil Raik Moh

Zeuchfeld 60
Raik Moh
Tel: 03464/28340
raik.moh@weindomicil.de

= 3
>10m >3,5 t R
CHEM

Anfahrt: A4 Ausf. Apolda, ➔ Naumburg, von da nach Freyburg, weiter auf der B176 in ➔ Weißenfels, an der zweiten Einfahrt re. abbiegen oder A9 Ausf. Weißenfels, dann weiter auf der B176 in ➔ Freyburg. 5 km vor Freyburg an der ersten Ausf. Zeuchfeld li. abbiegen, erstes Haus re. oder A38 Ausf. Braunsbed
Um telefonische Voranmeldung wird gebeten
Wir sprechen auch: Englisch

GPS: 51°14'20"N 11°49'41"E

Weine: Grauburgunder, Rivaner, Riesling, Weißburgunder, Spätburgunder
Spezialitäten: Saisonale Produkte direkt vom Hof
Aktivitäten: Weinproben
Öffnungszeiten: Vom 01.11.-Ostern kein Aufenthalt möglich, Weinverkauf: Mo-Sa 09.00-18.00 Uhr, So geschlossen

06636 Laucha

Weinmanufaktur Alte Zuckerfabrik

Alte Zuckerfabrik 5
Marcus Schubert und Johannes Beyer
Tel: 0178/4768990
Mobil: 0160/97798001
info@wein-zuckerfabrik.de
www.wein-zuckerfabrik.de

= 1
>10m >3,5 t

Anfahrt: B176 aus Laucha kommend → Nebra

Wir sprechen auch: Englisch

GPS: 51°13'52"N 11°40'09"E

Weine: Müller-Thurgau, Riesling, Silvaner, Weißburgunder, Dornfelder, Portugieser, Cabernet Mitos, Cuvee Wein: Grauburgunder, Bacchus

Aktivitäten: Weinverkostung, Weinwanderwochenende, Weinsonnenwende, Kanutour, Radtouren (Fahrradverleih)
Öffnungszeiten: nach vorheriger telefonischer Vereinbarung

KLEINER, ABER FEINER WEINBAU

Der Proschwitzer Weinberg oberhalb von Meißen.

Wein in Sachsen? Tatsächlich: Rund um Dresden, Meißen und Radebeul versteckt sich das östlichste Weinbaugebiet Deutschlands – eines der kleinsten und jüngsten. Im Vergleich zu südlichen Weinregionen, wo einst die Römer den Weinbau einführten, sind Weinberge in Sachsen erst seit tausend Jahren verbürgt. Was aber deren Reiz nicht schmälert: Terrassierte Weingärten schmiegen sich ins Elbtal – wo Raddampfer den Fluss durchpflügen.

Das Klima ist verhältnismäßig mild, die Sonne scheint oft. Dennoch gedeihen rote Trauben nur auf einem Fünftel der sächsischen Weinberge, allen voran der Spätburgunder (acht Prozent) und der Dornfelder. Bei Weißweinen führen Müller-Thurgau (15 Prozent) und Riesling (14 Prozent) die sächsische Rangliste an, gefolgt von Weiß- und Grauburgunder (Ruländer).

Eine Besonderheit bilden die vielen königlichen Weinberge, die prächtige Schlösser umgeben. Dazu gehören besonders das Sächsische Staatsweingut Schloss Wackerbarth in Radebeul-Niederlößnitz und das städtische, ehemals königliche Weingut Hoflößnitz in Radebeul-Oberlößnitz. Dem Schloss Proschwitz in Zadel ist eine Weinkellerei angeschlossen, es gilt als ältestes privates sächsisches Weingut.

Verlockend für Urlauber: Die Sächsische Weinstraße durchzieht auf 60 Kilometern rechts der Elbe von Pirna aus die Rebhänge, auf denen die typischen steinernen Weinberghäuschen stehen. Ab Dresden schließlich windet sich die Weinstraße bis nach Radebeul und Meißen.

Auf sogar 90 Kilometer Länge verbindet der Sächsische Weinwanderweg die Weinorte Pirna, Dresden, Radebeul, Meißen und Diesbar-Seußlitz. Die Strecke führt teils direkt am Fluss entlang, überwiegend jedoch auf halber Höhe durch die Weinberge oder entlang der Abbruchkante des Elbtals. Von dem teilweise asphaltierten Weg aus blicken Wanderer aufs Elbtal – und sie kehren ein in einen der gemütlichen Weinkeller oder in eine der Besenwirtschaften entlang der wunderbaren Strecke. ‹

DIE **HOT**SPOTS DER

1

2

1 MEISSENER PORZELLANMANUFAKTUR

Meißen, Stadt an der Elbe, ist weltberühmt dank der Erfindung von Johann Friedrich Böttger: Unter dem Druck des sächsischen Kurfürsten August des Starken gelang es dem Alchimisten 1708, zwar nicht Gold, wohl aber Porzellan herzustellen. Dieses weiße Gold verhalf der Meissener Porzellanmanufaktur zu einem ungeahnten Aufstieg, der bis heute anhält – und zwar über alle Grenzen hinweg: Aus aller Herren Länder besuchen Menschen die Porzellanmanufaktur.

Gäste der Stadt sehen sich gern diese einzigartige Fabrik an, deren Eingangshalle mit den vielen Exponaten schon die Interessierten in ihren Bann zieht.

Die Führung in der Manufaktur umfasst den Besuch des hauseigenen Museums samt Sonderausstellung, vor allem aber der Schauwerkstätten. Hier erleben die Porzellan-Interessierten aus nächster Nähe, wie Figuren und Teller gebrannt und dann mit ruhiger Hand und Pinsel verziert werden – zum Beispiel mit dem charakteristischen Zwiebelmuster. Sehr sehenswert. Wer mit dem Reisemobil unterwegs ist, findet in Meißen gleich drei Stellplätze.

2 SCHLOSS WACKERBARTH

Schloss Wackerbarth – wo früher Grafen residierten und schon der Hof Augusts des Starken rauschende Feste feierte, erleben Genießer heute ein in Europa einzigartiges Ensemble. Schloss Wackerbarth ist eine Mischung aus barocker Schloss- und Gartenanlage, historischer Weinkulturlandschaft sowie moderner Wein- und Sektmanufaktur. Auch an gehobener Gastronomie und vielen interessanten Veranstaltungen rund um das erlesene Thema Wein und Sekt mangelt es nicht.

Mit täglichen Führungen durch die gläserne Manufaktur, vorbei an Rüttelpulten und dem Barriquekeller sowie einem eigenen Gasthaus bringt Europas erstes Erlebnisweingut seinen Gästen den sächsischen Wein- und Sektgenuss mit allen Sinnen näher. Dabei erfahren die Besucher, was mehr als 850 Jahre Weinbautradition in Sachsen ausmachen.

Schloss Wackerbarth, gerade mal sieben Kilometer entfernt von Radebeul, bietet ein außergewöhnliches Ambiente für spannende Verkostungen, klassische Konzerte, prickelnde Feste und genussvolle Entdeckungen. Einen Stellplatz finden Urlauber im nahe gelgenen Radebeul. Dort kann man in einem der vielen Weinlokale übernachten und es sich gut gehen lassen.

REGION SACHSEN

Tourismus Marketing Gesellschaft Sachsen
Bautzner Straße 45/47
D-01099 Dresden
www.sachsen-tourismus.de

Ver- und Entsorgung in Sachsen

06889 Coswig
Marina Coswig, Elbstraße 22

01069 Dresden, Wohnmobilstellplatz
Dresden-Zentrum, Zinzendorfstraße 7

01097 Dresden
Parkplatz Wiesentorstraße

01662 Meißen
Stellplatz Landhaus Nassau, Nassauweg 1

01468 Moritzburg-Bosdorf
Stellplatz Caravan Meinert, Am Weiher 4

01796 Pirna, Caravanstellplatz Schlosspark Pirna, Schlosspark 13a

3 DRESDEN

Das Herz der sächsischen Weinregion ist mit Sicherheit die Landeshauptstadt Dresden. Dank der warmen Temperaturen im Sommer, könnte man fast meinen in Italien zu sein. Nicht umsonst trägt Dresden deshalb den Spitznamen „Elb-Florenz". Die prächtigen Bauten wie Zwinger, Semperoper und Frauenkirche ziehen jährlich viele Touristen in die Stadt. Doch auch die imposante Brücke „Blaues Wunder", das Residenzschoss, das Historische Grüne Gewölbe, die Gemäldegalerie Alte Meister, die Brühlsche Terrasse und Schloss Moritzburg sind sehenswerte Ausflugsziele.

Doch längst sind auch die Weinlokale und guten Restaurants der Stadt ein Magnet für Besucher. Etwas versteckt, in der gemütlichen Salzgasse direkt neben der Frauenkirche, liegt die Sächsische Vinothek. Betritt man den Laden hat man das Gefühl in einem goßen Weinfass gelandet zu sein. Das Angebot umfasst etwa 150 Weine, über 40 Brände und Liköre sowie elf Sekte. 31 Weinbaubetriebe und zwei Brennereien der Region sind mit ihren Spezialitäten vertreten. Als Kunde hat man die Wahl zwischen 25 weißen und roten Rebsorten. Außerdem sind Raritäten wie Goldriesling, Perle von Zala, Kernling und Dunkelfelder im Sortiment.

01662 Meißen

Weinterrassen Kämpfe

Elbtalstr. 28
Herr Kämpfe
Tel: 03521/738461
weinterrassen.kaempfe@t-online.de
www.weinterrassen.de

= 3
>10m >3,5t R
CHEM

Anfahrt: Das Weingut befindet sich auf der re. Elbseite schräg gegenüber der Albrechtsburg. Nach Überquerung der neuen Elbbrücke li. abbiegen ➔ OT Winkwitz, nach ca. 1 km erreicht man das Weingut. Ausgeschildert ist auch das Hotel „Knorre" kurz vor den „Weinterrassen"
Die Stellplätze liegen am Straßenrand

Wir sprechen auch: Englisch

GPS: 51°10'42"N 13°27'43"E

Weine: Goldriesling, Rotling (Meißner Schieler), Riesling, Müller-Thurgau
Spezialitäten: Hausgeräuchertes (Käse, Paprikaspeck, Lende, Sächsischer Urknacker, Lauchzwiebel, Oliven, marinierter Knoblauch)

Aktivitäten: Tagesprogramm Sächsische Weinstraße, Stadtführung Meißen, Weinbergwanderungen, gesellige Weinproben im Haus mit Kellerführung
Öffnungszeiten: nach Absprache

VIERTELES-SCHLOTZER

Blick auf die Mundelsheimer Neckarschleife.

Unter Deutschlands großen Weinbaugebieten belegt Württemberg mit 11.461 Hektar Platz vier. Hier dominieren mit fast 70 Prozent die roten Rebsorten in den Weinbergen.
Der bekannteste Rotwein aus dem Ländle ist nach wie vor der Trollinger. Man nennt den süffigen Rotwein das Nationalgetränk der Württemberger, das gerne und häufig zur Vesper getrunken wird.
Steil aufsteigende Rebgärten über dem Neckar und Kocher, der Jagst, Enz und Tauber, durchsetzt mit steilen Steintreppen, den „Stäffele", prägen die Kulturlandschaft in den Weinbauregionen in Württemberg. Die Weinberge reihen sich hier vor allem entlang der wärmespeichernden Flusstäler. Dank südlicher, sonnenreicher Lage wachsen aber auch in den flacheren Weingärten rund um Stuttgart und Heilbronn sowie auf den Hochebenen über dem Neckartal ausgezeichnete Trauben.

Zusammen mit dem weißen Riesling belegt der Trollinger ein Viertel der Anbaufläche. Ebenso weit verbreitet und beliebt sind Lemberger und Kerner, den der württembergische Dichter Justinus Kerner aus Weinsberg gezüchtet hat.

Weine, die schon in der Vergangenheit nicht nur für Genuss sorgten, sondern auch inspirierten. So soll Theodor Heuss, der erste Präsident der Bundesrepublik, durch ein Glas Lemberger beflügelt seine Reden geschrieben haben. Auch Schiller und Hölderlin fanden gute Ideen beim Württemberger.

Das bezaubernde Weinland lässt sich bestens zu Fuß oder mit dem Rad erfahren. Der längste Weinwanderweg Deutschlands eröffnet spektakuläre Aussichten und führt durch sonnenreiche Steillagen am Neckar entlang, vorbei an Burgen, Schlössern und hübschen alten Weindörfern.

Die Weinbaugebiete werden zu zwei Dritteln von Weinbaugenossenschaften bewirtschaftet. Vielfach bewirtschaften die Winzer nur kleine Parzellen, deren Ertrag sie traditionell an die nächstgelegene Weingärtnergenossenschaft liefern. Mehr als 50 gibt es davon; sie vermarkten etwa 80 Prozent der Württemberger Weine.

WEIN AUF SCHRITT UND TRITT

Das Land der 1000 Hügel

Zwischen Mannheim und Karlsruhe, zwischen Heidelberg und Stuttgart, zwischen Rhein, Neckar und Enz, zwischen Schwarzwald und Odenwald, tut sich eine ganz besonders fruchtbare, sanfte Hüggellandschaft auf:

Ins Auge fallen dem Besucher sicherlich erst einmal die unzähligen Rebhänge, die zum badischen Kraichgau oder zum württembergischen Stromberg und Zabergäu gehören. Mit Leidenschaft und Herzblut schaffen Winzer und Wengerter, Köche und Landwirte, engagierte Genussmenschen und ehrenamtliche Mitstreiter ein unglaubliches, handverlesenes Genussangebot für alle, die sich auf Entdeckertour in den Kraichgau-Stromberg begeben.

An den Wochenenden ein tolles Ziel: Der Weinausschank im Zweifelberg - Brackenheim

An Enz und Neckar liegt ein ganz besonderer Schatz der Weinkultur: Steillagen – Weinhänge mit einer Steigung von mindestens 45 Grad. Historische Trockensteinmauern unterteilen die steilen Hänge bis heute. Die oftmals nur von Hand kultivierbaren Hanglagen verlangen den Winzern und Weinbauern einiges ab. Auch bei der Lese ist Handarbeit angesagt. Wer hier Wein anbaut, der macht es mit Leidenschaft, viel Herzblut und einem tief verankerten Bewusstsein für Tradition.

Die Flusstäler an Neckar und Enz laden zu Kanutouren durch die beeindruckenden Landschaften ein. Wer es etwas gemütlicher mag, kann auch eine Planwagenfahrt entlang der steilen Hänge machen. Oder man begibt sich auf eine "weinige" Schifffahrt auf dem Neckar. www.3b-tourismus.de

KONTAKT

Kraichgau-Stromberg Tourismus e.V.
info@kraichgau-stromberg.de
www.kraichgau-stromberg.de

Steillagenwandern über der Rosswager Halde - Vaihingen

EVENT-TIPPS

Die schräge Weinnacht – Weinevent mit Kultstatus, jährlich im Juli **www.felsengartenkellerei.de**

Sonntags in Württemberg – Auf diesen Weinerlebnistouren kann man das faszinierende Weinland aus ganz neuen Blickwinkeln erleben. **www.weinerlebnistour.de**

Urig einkehren – Besenkultur im Land der 1000 Hügel
Etwa 70 Besenwirtschaften gibt es im badischen und württembergischen Kraichgau-Stromberg. Gelebte Gastfreundschaft erfährt man bei den Besenwirtschaften der Winzer und Wengerter. Sie bewirten ihre Gäste mit eigenem Wein und wunderbar traditionellen Speisen.

Authentisch und regional geht es in den Besenwirtschaften zu – hier zu Gast beim Besa em Städtle in Bietigheim-Bissingen.

Fotos: Kraichgau-Stromberg Tourismus e.V., Christian Ernst, Ulrike Klumpp, Carsten Götze

DIE **HOT**SPOTS DER

1 WEINSTADT ESSLINGEN

Im Herzen der Region Stuttgart gelegen, erwartet die historische Altstadt von Esslingen ihre zahlreichen Besucher mit einem einzigartigen Bestand an Fachwerkbauten und mehr als 800 Baudenkmälern. Zu den wichtigsten gehören die Stadtkirche St. Dionys und das Münster St. Paul, die älteste Bettelordenskirche Deutschlands. Sehenswert sind außerdem das Alte Rathaus mit der schönen Renaissancefassade und natürlich die majestätisch über der Stadt am Weinhang thronende Esslinger Burg.

Der Weinbau ist allgegenwärtig und aufs engste mit ihrer Geschichte verknüpft. Verschiedene Klöster hatten hier schon im Mittelalter Weingüter und Pfleghöfe mit Keltern. Die Bewirtschaftung der Esslinger Steillagen war allerdings damals wie heute eine große Herausforderung, was der hinter der Frauenkirche beginnende Weinerlebnisweg deutlich macht.

2 BURG HOHENZOLLERN

Sie zählt zu den bekanntesten Ausflugszielen Württembergs und ist schon von Weitem zu sehen. Die Stammburg der preußischen Könige thront auf einem 855 Meter hohen Bergkegel bei Hechingen am Rande der Schwäbischen Alb. Preußenkönig Friedrich Wilhelm IV. ließ sie zwischen 1850 und 1867 auf den Ruinen verschiedener Burganlagen wiederaufbauen. In der in der Burganlage befindlichen evangelischen Christus-Kapelle waren die Särge Friedrichs des Großen und Friedrich Wilhelms I aufgebahrt, bis sie 1991 nach Potsdam zurückgebracht wurden. Im Burggarten zeugen Statuen von Kurfürsten, Königen und Kaisern des Hauses Hohenzollern. Der Aufstieg vom Parkplatz dauert etwa 20 Minuten. Oben werden die Besucher mit einer herrlichen Aussicht belohnt. Für das leibliche Wohl sorgen das Burg-Restaurant und der Biergarten im Innenhof. Der schönste Blick auf die Burg bietet sich vom Zeller Horn aus, das vom Wanderparkplatz Zollersteighof bei Albstadt Onstmettingen leicht erreichbar ist.

3 SKULPTURENPFAD IN STRÜMPFELBACH

Es scheint, als sei in Strümpfelbach die Kunst aus dem Museum ausgebrochen. Weinberge sind eine ungewohnte, aber reizvolle Umgebung, Kunst in freier Natur erlebbar zu machen. Wer dem aussichtsreichen Skulpturenpfad durch die Weinberge folgt, passiert 43 grazile Figuren aus Bronze und Stein, die von drei Generationen der Strümpfelbacher Künstlerfamilie Nuss stammen.

REGION WÜRTTEMBERG

Initiator der Ausstellung ist Karl-Ulrich Nuss, dessen Bronzeplastiken durch schöpferische Fantasie in der Begegnung mit Mensch und Tier beeindrucken. Auch die Bronzearbeiten seines Vaters Fritz Nuss und die drei Skulpturen von Christoph Traub, dem Enkel von Fritz Nuss, sind auf dem rund 2,8 Kilometer langen Skulpturenpfad zu erleben. Ausgangspunkt für die Wanderung ist die Bronzeskulptur „Lautenspieler" bei der Strümpfelbacher Gemeindehalle im Kirschblütenweg.

4 SCHLÖSSER LUDWIGSBURG

Die Lust am Bauen war im Zeitalter des Absolutismus unter den Herrschern weit verbreitet. Ein repräsentatives Schloss, ein prächtiger Garten, eine ganze Stadt? Kein Problem für Herzog Eberhard Ludwig von Württemberg. 1718 zog er mit seinem Hofstaat in sein neues Residenz-Schloss in Ludwigsburg ein. Pompöse Feste, Feuerwerke, Ballett- und Opernaufführungen brachten den Hof zum Glänzen. Ludwigsburg, heute eine der größten barocken Schlossanlagen Deutschlands, war damals in ganz Europa bekannt.

Schloss Favorite (Bild) diente als Blickfang, der die Hauptachse des Residenzschlosses im Norden abschließen sollte. Die Herrscher nutzten das Schloss bei Jagden, für Festlichkeiten und als sommerliche Villa. Für den Standort seines neuen Jagdschlosses wählte Herzog Eberhard Ludwig den Fasanengarten in unmittelbarer Nähe des Hauptschlosses – hier wurden Fasane und anderes Wild für die herzogliche Jagd gehalten. Und auch heute können Besucher im Garten von Schloss Favorite, dem Favoritepark, Wildtiere beobachten.

5 GRABKAPELLE AUF DEM WÜRTTEMBERG

„Die Liebe höret nimmer auf." Die Inschrift über dem Haupteingang liest sich wie ein Versprechen, das König Wilhelm I. nach dem überraschenden Tod seiner geliebten Frau 1819 einlöste. Hoch oben auf dem Rotenberg ließ er für Königin Katharina ein monumentales Mausoleum bauen. Die Grabkapelle gehört zu den herausragenden Beispielen klassizistischer Baukunst im Raum Stuttgart. Hofbaumeister Giovanni Salucci schuf einen Rundbau aus heimischem Sandstein mit drei Säulenportiken und vorgestellten Freitreppen. Die Grabkapelle bietet ihren Besuchern einen traumhaften Ausblick über die Weinberge und ist nur eine kurze Wanderung entfernt von der Vinothek im Weinbaumuseum in Uhlbach. Hier können Besucher 20 verschiedene erstklassige Weine von Stuttgarter Winzern und Sektkellereien kosten.

DIE **HOT**SPOTS DER

6 LEGENDÄRE AUTOMOBILE

Vorhang auf für das 1886 von Carl Benz erfundene Automobil: Das Mercedes-Benz Museum in Stuttgart lässt seine Geschichte und Geschichten zum Zusammenhang von Technik und Alltag, von Zeitgeschichte und populärer Kultur lebendig werden. Mehr als 160 Fahrzeuge aller Art sind dabei die Hauptdarsteller. Ihre Reihe reicht von einigen der ältesten Automobile der Geschichte über legendäre Rennwagen bis hin zu Forschungsfahrzeugen. Zusammen mit weiteren Exponaten bilden sie das Herzstück der Dauerausstellung in zwölf Räumen mit insgesamt 16.500 Quadratmeter Fläche. www.mercedes-benz.com

7 NATURPARK OBERE DONAU

Das Donautal, auch als Oberes Donautal bezeichnet, ist das Durchbruchstal der Jungen Donau im Südwesten der Schwäbischen Alb. Das felsenreiche Tal als Kerngebiet des Donautals reicht von Mühlheim und Fridingen im Landkreis Tuttlingen über Beuron, Hausen im Tal, Thiergarten, Gutenstein bis Inzigkofen bei Sigmaringen, vom Schloss Mühlheim bis zum Amalienfelsen und dem Schloss Sigmaringen. Das Donautal ist Teil der Schwäbischen Alb. Zentrum im Donautal ist Beuron mit Erzabtei und Kloster. www.donaubergland.de

8 STADT DER BRUNNEN

Wenn die Altstadt von Wangen auch relativ klein ist, so besitzt sie doch mit ihren sehr ursprünglich erhaltenen, regionaltypisch bemalten und zum Teil bis in die Zeit der Romanik zurückreichenden Bauwerken ein faszinierendes, unverwechselbares Aussehen. Weder störende Neubauten noch irgendwelche Baulücken beeinträchtigen das historische, im Verlauf von weit mehr als 1.000 Jahren entstandene Stadtbild. Zu Recht wird Wangen deshalb auch das mittelalterliche Kleinod im Allgäu genannt.

Betritt man die Innenstadt durch das Ravensburger Tor, dem auch als Frauentor bezeichneten Wahrzeichen von Wangen, dann steht man inmitten eines Gesamtkunstwerks. Ob das gleich neben dem Ravensburger Tor stehenden, 1789 erbaute barocke Ritterhaus, die aus dem 15. Jahrhundert stammenden Brunnenanlagen oder die vielen farbigen Motive an den Fassaden, das Auge kann sich gar nicht satt sehen. Neben dem Rathaus geht es durch den Pfaffenturm in die Unterstadt, die ebenfalls bereits im Mittelalter entstand. Die an der rekonstruierten Stadtmauer liegende, heute als Stadtmuseum genutzte Eselsmühle, ist hier nur eine von vielen weiteren Sehenswürdigkeiten der Stadt Wangen. Übrigens wird Wangen auch als Brunnenstadt bezeichnet. Rund

REGION WÜRTTEMBERG

25 dieser kunstvoll gestalteten Anlagen schmücken die Straßen und Plätze der Stadt. Neben vielen historischen Brunnen zählen hierzu auch mehrere neue Brunnen, die mit ihren originellen Motiven den Humor der Einwohner bezeugen. Mit ihren vielen Attraktionen gehört die Stadt zu den wichtigsten Ausflugszielen im baden-württembergischen Allgäu. www.wangen.de

9 MITTELALTERLICHES KLEINOD

Mit Fachwerkhäusern bebaute Straßen, ein historischer Markplatz mit Rathaus und gotischem Brunnen, das Uracher Schloss, die gotische Stiftskirche St. Amandus, die Webervorstadt, die Klostermühle und der Zeughausturm sind einige der wichtigsten Sehenswürdigkeiten in der von steilen Bergen umgebenen Kurstadt. Diese können auf zwei als Residenzrundwege bezeichneten und ausgeschilderten Routen erkundet werden. Außerdem laden in der Stadt die Albthermen zur Entspannung und Erholung ein, die von zwei bis zu 61 °C heißem Thermalwasserquellen gespeist werden. Doch es gibt noch mehr: Unmittelbar an den Kuranlagen können die Gäste nämlich noch im blühenden Kurpark an der Erms spazieren gehen. Und nur wenige Meter weiter beginnen im reizvollen Maisental die beliebtesten der zahlreichen rund um Bad Urach verlaufenden Wanderwege.

i

Tourismus Marketing Baden-Württemberg
Esslinger Straße 8
D-70182 Stuttgart
www.tourismus-bw.de

Ver- und Entsorgung in Württemberg

74354 Besigheim, Wohnmobilplatz Auf dem Kies, Auf dem Kies

74321 Bietigheim-Bissingen, Stellplatz am Metterbogen, Farbstraße

70734 Fellbach, Stellplatz am Erlebnisbad, Esslinger Straße 102

74074 Heilbronn, Reisemobilplatz am Wertwiesenpark, Neckarhalde

74348 Lauffen am Neckar, Stellplatz am Freibad, Neckaruferweg

71638 Ludwigsburg, Stellplatz Blühendes Barock Friedrich-Ebert-Straße

71672 Marbach am Neckar, V/E am Klärwerk Häldenmühle, L1100

74226 Nordheim, Wohnmobil-Stellplatz Nordheim, Lauffener Straße

74193 Schwaigern, Wohnmobilplatz Schwaigern, Gemminger Straße 21

71717 Beilstein

Weingut Krohmer/ Weinstube zur Bütte

Winzerhausener Weg 22
Christel Krohmer
Tel: 07062/3725
info@weingut-krohmer.de
www.weingut-krohmer.de

= 3
>10m >3,5 t R

Anfahrt: A81 Ausf. 12 Ilsfeld auf die L1110, auf der Hauptstraße/L1110 nach der Kirche 2. Straße re. auf die Bahnhofstraße, halblinks halten, um auf der Bahnhofstraße zu bleiben, weiter auf Winzenhausener Weg bis zum Weingut Krohmer

Kurze Anmeldung erwünscht

Wir sprechen auch: Englisch

GPS: 49°02'19"N 09°18'18"E

Weine: Blanc de Noirs, Müller-Thurgau, Riesling, Dornfelder, Lemberger, Muskattrollinger, Schwarzriesling, Spätburgunder, Trollinger
Spezialitäten: Sekt, Secco, Barriquewein, Tresterbrand, Liköre. Während der Besen-Öffnungszeiten sind verschiedene schwäbische und saisonale Gerichte im Angebot
Aktivitäten: Keller- und Weinbergführungen
Öffnungszeiten: Ganzjährig geöffnet, Weingut täglich, Weinstube 12 Tage jeden Monat (siehe Website)

74357 Bönnigheim

Weinkellerei Heinz Kölle

Schmiedsberger Weg 38
Heinz Kölle jun.
Tel: 07143/24748
koelle@weinkellerei-koelle.de
www.weinkellerei-koelle.de

= 3
>10m >3,5 t R

Anfahrt: A81 Ausf. 13 Mundelsheim, über Kirchheim nach Bönnigheim. Von der Kirchheimer Straße in die Industriestraße abbiegen und bis zum Schmiedsberger Weg weiterfahren. Dort li. abbiegen

Um telefonische Voranmeldung wird gebeten

Wir sprechen auch: Englisch

GPS: 49°02'32"N 09°06'10"E

Weine: Kerner, Riesling, Rivaner, Weißburgunder, Lemberger, Lemberger mit Trollinger, Trollinger, Schwarzriesling, Spätburgunder
Spezialitäten: Sekt, Barriqueweine, Destillate, Liköre
Aktivitäten: Weinproben
Öffnungszeiten: Im Schmiedsberger Weg 38: Mo-Di + Do-Fr 09.00-18.30 Uhr, Sa 09.00-14.00 Uhr, In der Karlstr. 28, Mi-Fr 09.00-12.30 und 14.00-18.30 Uhr und nach Vereinbarung

74336 Brackenheim

Weingut Winkler

Stockheimer Str. 13
Thomas Winkler
Tel: 07135/13023
info@winklerwein.de
www.winklerwein.de

= 5
>10m >3,5t
CHEM

Anfahrt: siehe Website

Wir sprechen auch: Englisch

GPS: 49°04'48"N 09°03'45"E

Weine: Chardonnay, Riesling Muskateller, Kerner, Cabernet Mitos, Dornfelder, Lemberger, Merlot, Regent, Samtrot, Schwarzriesling, Spätburgunder, Trollinger, Muskattrollinger, Zweigelt
Spezialitäten: Sekt, Secco, Edelbrände, Traubensaft, Apfelsaft naturtrüb, saisonal: Äpfel, Birnen, Neuer Wein
Aktivitäten: Planwagenfahrten, Weinproben aller Art, Kellerführungen
Öffnungszeiten: Weingut: Mo-Fr 18.00-20.00 Uhr, Sa 09.00-16.00 Uhr, Besenwirtschaft "Uff'm Scheuraboda" siehe Website

74336 Brackenheim-Dürrenzimmern

Weinkonvent Dürrenzimmern eG

Meimsheimer Straße 11
Tel: 07135/95150
info@weinkonvent-duerrenzimmern.de
www.weinkonvent-duerrenzimmern.de

= 3
>10m >3,5t R

Anfahrt: A81 Ausf. Mundelsheim, über Kirchheim und Meimsheim nach Dürrenzimmern. Die Genossenschaft befindet sich am Ortseingang auf der re. Seite. Oder A6 Ausf. Obereisesheim, weiter über Nordheim nach Dürrenzimmern. Dort bis zum Ortsausgang → Brackenheim auf der li. Seite

Um telefonische Voranmeldung wird gebeten

Wir sprechen auch: Englisch

GPS: 49°05'05"N 09°04'44"E

Weine: Grauburgunder, Weißburgunder, Müller-Thurgau, Gewürztraminer, Kerner, Muskateller, Rivaner, Riesling, Ruländer, Sauvignon Blanc, Traminer, Cabernet Sauvignon, Dornfelder, Lemberger, Merlot, Schwarzriesling, Trollinger, Muskat-Trollinger,Spätburgunder
Spezialitäten: Sekt, Secco, Barriqueweine, Liköre, Balsamessig, Traubenkernöl
Aktivitäten: Weinproben im Weinkeller und online, Weinfest am Wochenende nach Pfingsten, Keller- und Weinbergführungen, Planwagen-/Traktorfahrten, So Weinausschank an der Mönchsberghütte, diverse Weinevents
Öffnungszeiten: Mo-Fr 09.00-12.30 und 13.30 bis 18.00 Uhr, Sa 09.00-13.00 Uhr. Im Herbst aufgrund der Weinlese nur begrenzt nutzbar

74336 Brackenheim-Haberschlacht

Weingut Sommer

Im Krämer 1
Tel: 07135/7766
weingut.sommer@googlemail.com
www.weingut-sommer-haberschlacht.de

= 3
>10m >3,5t R

Anfahrt: Brackenheim ist über die A6, A81, die B293 und die B27 zu erreichen

Um telefonische Voranmeldung wird gebeten

Wir sprechen auch: Englisch

GPS: 49°05'40"N 09°01'23"E

Weine: Gewürztraminer, Riesling, Rivaner, Lemberger, Muskat-Trollinger, Samtrot, Trollinger
Spezialitäten: Winzersekt, Tresterbrand, Liköre
Aktivitäten: Weinproben
Öffnungszeiten: Ganzjährig nutzbar, Besenwirtschaft saisonal geöffnet

74336 Brackenheim-Neipperg

Weingut Echle

Marsaner Str. 18
Barbara Echle
Tel: 07135/8134
info@weingut-echle.de
www.weingut-echle.de

= 7
>10m >3,5t
WC CHEM

Anfahrt: A6 Mannheim-Nürnberg, von Mannheim Ausf. Sinsheim-Steinfurt, weiter auf der L592/L1107/K2151 bis Neipperg. Von Nürnberg Ausf. Untereisesheim, weiter auf der L1100/K9562/B39/K9561/K2154/B293/L1108/K2160/K2151 bis Neipperg. Oder A81 Ausf. Heilbronn, weiter über Brackenheim nach Neipperg

Wir sprechen auch:
Englisch, Französisch

GPS: 49°06'08"N 09°02'56"E

Weine: Chardonnay, Gewürztraminer, Muskateller, Riesling, Rivaner, Weißburgunder, Acolon, Lemberger, Samtrot, Schwarzriesling, Spätburgunder, Trollinger
Spezialitäten: Edelbrände, Liköre
Aktivitäten: Besenwirtschaft, Weinproben, Hoffest, "Spargel und Wein", Herbstfest, "Wild und Wein"
Öffnungszeiten: Weinverkauf Mo-Sa 08.00-19.00 Uhr, Besentermine siehe Website

74626 Bretzfeld-Dimbach

Weingut Busch

Greuthof 1
Elvira Busch
Tel: 07946/2465
info@karlbusch-wein.de
www.karl-busch.com

= 15
>10m >3,5 t R
CHEM GRAU
Hofladen, Müllentsorgung

Müllentsorgung, Frischwasser, Gebrauchtwasser, Strom und Entsorgung chem. Toilette sind gegen Gebühr vorhanden.

Anfahrt: A6 Ausf. Bretzfeld → Dimbach

Wir sprechen auch: Englisch, Portugiesisch

GPS: 49°10'14"N 09°22'33"E

Weine: Chardonnay, Gewürztraminer, Kerner, Riesling, Sauvignon Blanc, Cabernet Dorsa, Lemberger, Samtrot, Schwarzriesling, Spätburgunder, Trollinger
Spezialitäten: Winzersekte, Secco, Destillate, Liköre, Hausmacher Dosenwurst

Aktivitäten: Weinproben, Keller- und Weinbergführungen, Weinerlebnistouren, 1-2 x im Monat Weinstube (Öffnungszeiten Homepage), Weinfest
Öffnungszeiten: Das ganze Jahr, außer vom 15.12. bis 06.01.

74626 Bretzfeld-Geddelsbach

Schneckenhof Weingut Müller

Untere Brettachtalstr. 7
Alexandra Siller
Tel: 07945/2292
info@weingut-schneckenhof.de
www.weingut-schneckenhof.de

= 5
>10m >3,5 t R
CHEM

Anfahrt: A6 Heilbronn-Nürnberg Ausf. Bretzfeld, li. ab → Wüstenrot, weiter über Bretzfeld und Adolzfurt, nach dem Ortsende Adolzfurt zweite Straße li. → Brettach und Geddelsbach

Wir sprechen auch: Englisch

GPS: 49°08'36"N 09°29'55"E

Weine: Kerner, Riesling, Auxerrois, Muskateller, Rivaner, Grauburgunder, Muskattrollinger Rosé, Blanc de Noirs, Lemberger, Schwarzriesling, Trollinger, Dornfelder, Samtrot
Spezialitäten: Winzersekt, Secco
Aktivitäten: (kulinarische) Weinproben, Keller- und Weinbergsführungen. Weinevents (siehe Website): Tag der offenen Weingüter, WeinRockNacht, Schnittchenparty, Neuer Wein Party, Geddelsbacher Adventszauber
Öffnungszeiten: 24.12.-01.02. kein Aufenthalt möglich

74626 Bretzfeld-Schwabbach

Weingut und Weinstube Weihbrecht

Hauptstraße 20
Regina Weihbrecht
Tel: 07946/2788
info@weingut-weihbrecht.de
www.weingut-weihbrecht.de

= 5
> 10m > 3,5 t

Anfahrt: A6 Heilbronn/Nürnberg Ausf. Bretzfeld, weiter über die L1089 nach Schwabbach

GPS: 49°10'59"N 09°24'14"E

Weine: Grauburgunder, Riesling, Dornfelder, Lemberger, Samtrot, Schwarzriesling, Spätburgunder, Trollinger, Hölder
Spezialitäten: Brandweine, Liköre
Aktivitäten: Weinproben, Weinerlebnisführungen (Termine siehe Website), Besenfahrten
Öffnungszeiten: Weingut: täglich nach Vereinbarung, Besen: Termine siehe Website

74389 Cleebronn

Weingärtner Cleebronn-Güglingen

Ranspacher Str. 1
Tel: 07135/9803
info@cleebronner-winzer.de
www.cleebronner-winzer.de

= 5
> 10m > 3,5 t
CHEM

Anfahrt: Der Betrieb befindet sich unweit vom Erlebnispark Tripsdrill zwischen Cleebronn und Frauenzimmern. Mit der Eingabe ins Navi "Cleebronn, Steinäcker" gelangen Sie direkt zum Kellereigebäude mit Verkaufsraum und den Stellplätzen

Wir sprechen auch: Englisch

GPS: 49°3'53"N 09°01'49"E

Weine: Kerner, Riesling, Lemberger, Trollinger, Spätburgunder
Aktivitäten: Weinproben, Kellerführungen, Weinerlebnisspaziergang rund um den Michaelsberg
Öffnungszeiten: Während der Weinlese kein Aufenthalt möglich, Weinverkauf Mo-Fr 08.00-18.00 Uhr, Sa 08.30-16.00 Uhr

74235 Erlenbach

Weingut Klaus Haberkern

Weißenhofstr. 4
Klaus Haberkern
Tel: 07132/2901
klaus.haberkern@t-online.de
www.weingut-klaushaberkern.de

= 2

Anfahrt: A81 Weinsberger Kreuz, Ausf. Weinsberg/Ellhofen ➔ Heilbronn B39, Ausf. Neckarsulm, ➔ Neckarsulm, 1. Ampel re. und gleich wieder li. abbiegen in den Ort, Weinsberger Str., 2. Straße re. abbiegen in den Kreuzweg 19, 1. Hofeinfahrt links

Um telefonische Voranmeldung wird gebeten

Wir sprechen auch: Englisch

GPS: 49°10'09"N 09°16'08"E

Weine: Grau- und Weißburgunder, Müller-Thurgau, Riesling, Sauvignon Blanc, Traminer, Dornfelder, Muskat-Trollinger, Lemberger, Regent, Samtrot, Schwarzriesling, Spätburgunder, Trollinger, Merlot, Cabernet Sauvignon

Spezialitäten: Winzersekt, Wildspezialitäten (Dosenwurst, Rauchfleisch), Liköre
Aktivitäten: Weinwanderung
Öffnungszeiten: Mo-Fr 17.00-19.00 Uhr, Sa 09.00-16.00 Uhr. Besenzeit siehe Homepage

74235 Erlenbach-Binswangen

Weingut Martin Schropp und Schroppbesen

Straßenäcker 1
Martin und Silke Schropp
Tel: 07132/7644
weingut@schroppwein.de
www.schroppwein.de

= 5
>10m >3,5 t

Anfahrt: A6 Ausf. Heilbronn/Neckarsulm, B27 ➔ Heilbronn, 1. Ausf. Heilbronner Straße, nächste Kreuzung re. in die Wilhelm-Hertz-Straße, 3. re. in die Werner-Heisenberg-Str., der Straße folgen bis in das kleine Tal

Wir sprechen auch:
Englisch, Französisch

GPS: 49°10'40"N 09°14'36"E

Weine: Gewürztraminer, Grau- und Weißburgunder, Riesling, Blauer Zweigelt, Cabernet Cubin, Cabernet Mitos, Lemberger, Merlot, Muskattrollinger, Spätburgunder, Trollinger

Spezialitäten: Winzersekte, Edelbrände
Aktivitäten: Weinproben, Weinbergführungen, Tag der offenen Tür, Hoffest
Öffnungszeiten: Schroppbesen siehe Website

71723 Großbottwar

Bottwartaler Winzer eG

Oberstenfelder Str. 80
Tel: 07148/9600
info@bottwartalerwinzer.de
www.bottwartalerwinzer.de

= 3
>10m >3,5 t

Anfahrt: A81 Stuttgart/Heilbronn, Ausf. Mundelsheim/Großbottwar, 4 km bis Großbottwar

Wir sprechen auch: Englisch

GPS: 49°00'13"N 09°17'57"E

Weine: Gewürztraminer, Grau- und Weißburgunder, Kerner, Müller-Thurgau, Muskattrollinger, Riesling, Sauvignon Blanc, Acolon, Cabernet Cubin, Cabernet Mitos, Dornfelder, Mariafeld, Merlot, Lemberger, Samtrot, Schwarzriesling, Spätburgunder, Trollinger, Zweigelt
Aktivitäten: Weinproben, Kellerführungen, Weinerlebnisweg Wunnenstein, Weinseminare. Weine mit individuellen Etiketten (ab 200 Flaschen)
Öffnungszeiten: kein Aufenthalt am 31.10. und während der Lese im Sep u. Okt möglich (Zeitraum bitte telefonisch erfragen), Weinverkauf Mo-Fr 09.00 - 18.00 Uhr, Sa 09.00-13.00 Uhr

74394 Hessigheim

Felsengartenkellerei Besigheim eG

Am Felsengarten 1
Tel: 07143/816-0
info@felsengartenkellerei.de
www.felsengartenkellerei.de

= 5
>10m >3,5 t
WC

Die Toiletten im 1. Stock der Kellerei können während der Öffnungszeiten genutzt werden

Anfahrt: A81/E41 Ausf. 13, weiter über Mundelsheim. In Hessigheim der Beschilderung „Felsengartenkellerei" folgen

Wir sprechen auch: Englisch

GPS: 48°59'48"N 9°10'51"E

Weine: Riesling, Kerner, Müller-Thurgau, Grauburgunder, Weißburgunder, Chardonnay, Traminer, Trollinger, Lemberger, Schwarzriesling, Blauer Spätburgunder, Samtrot, Muskat-Trollinger, Acolon
Spezialitäten: Weine aus Steillagen, Winzersekt/Perlweine, Eisweine, Destillate und Liköre, Weinessige und Traubenkernöl, Weingelee
Aktivitäten: Weinprobierstand auf dem Hof an Sa, So- und Feiertagen (März-Nov), Weinwander- und Radwege
Öffnungszeiten: Am 01.05. stehen die Stellplätze nicht zur Verfügung

74348 Lauffen

Lauffener Weingärtner eG

Im Brühl 48
Tel: 07133/18543
service@wg-lauffen.de
www.wg-lauffen.de

= 3
>10m >3,5 t
CHEM

Anfahrt: A81 Ausf. Mundelsheim oder Ilsfeld, weiter auf der B27 nach Lauffen. Den Ort durchfahren, beim Kreisel li. → Aldi und weiter geradeaus fahren, dann re. in die Hofeinfahrt abbiegen

Wir sprechen auch: Englisch

GPS: 49°4'33"N 9°8'32"E

Weine: Gewürztraminer, Grauburgunder, Kerner, Müller-Thurgau, Riesling, Sauvignon Blanc, Silvaner, Weißburgunder, Acolon, Dornfelder, Lemberger, Schwarzriesling, Spätburgunder, Trollinger, Samtrot
Spezialitäten: Winzersekt, Premiumweine a. d. Barrique, Liköre, Tresterbrand
Aktivitäten: Planwagenfahrten mit dem "Katzenbeißer Carrus" inkl. Weinprobe, Weinbergführungen, Lauffener Weintage
Öffnungszeiten: Mo-Fr 09.00-18.00 Uhr, Sa 09.00-13.00 Uhr, Ankunft werktags bis 17.00 Uhr und samstags bis 12.00 Uhr. Mitte April kein Aufenthalt möglich

71672 Marbach

Weingärtner Marbach eG

Affalterbacher Str. 65
Marion Bäuerle
Tel: 07144/6419
info@wg-marbach.de
www.wg-marbach.de

= 2
>10m >3,5 t

Anfahrt: A81 Ausf. Pleidelsheim, → Marbach, in Marbach → Affalterbach (Hinweisschilder beachten), 100 m vor dem Ortsende auf der li. Seite

Wir sprechen auch: Englisch

GPS: 48°56'15"N 09°16'00"E

Weine: Riesling, Kerner, Grauburgunder, Trollinger, Lemberger, Spätburgunder, Muskat-Trollinger rot und rosé, Blanc de Noirs (Trollinger), Schillerwein, Schwarzriesling Rosé
Spezialitäten: Edle Weine aus der Schillerstadt, Sekt, Secco, Weingelee, Liköre und Weinpralinen, indiv. Weinpräsente

Aktivitäten: Weinerlebnis-Touren, z.B. "Paddelnder Weingenuss auf dem Neckar-Fluss", "Wein und Genuss mit dem Oldiebus", Stadtführungen mit Weinprobe
Öffnungszeiten: Am ersten Wochenende im September wegen Kelterfest kein Aufenthalt möglich

74172 Neckarsulm

Weingut Berthold

Reutweg 4
Hermann Berthold
Tel: 07132/37117
weingut-berthold@t-online.de
www.weingut-berthold.de

= 2
>10m >3,5 t
GRAU

Anfahrt: A6 Ausf. Neckarsulm/Heilbronn → Neckarsulm, den Hinweisschildern „Aquatoll" (Erlebnisbad) folgen, das Weingut befindet sich gegenüber vom Eingang des Erlebnisbads

Wir sprechen auch: Englisch

GPS: 49°11'23"N 09°14'43"E

Weine: Cabernet Blanc, Grauburgunder, Kerner, Muskateller, Riesling, Lemberger, Muskattrollinger, Samtrot, Spätburgunder, Regent
Spezialitäten: Sekt, Secco, Edelbrände, Liköre

Aktivitäten: Weinproben, Weinwanderungen, Wein- und Hoffest
Öffnungszeiten: Mo-Fr 12.00-14.00 und 17.00-19.30 Uhr, Sa 08.00-14.00 Uhr

74226 Nordheim

Müllers Weingut + Weinstube

Im Auerberg 3
Ricarda Müller
Tel: 07133/9293640
info@weingut-im-auerberg.de
www.weingut-im-auerberg.de

= 2
>10m >3,5 t R
CHEM

Anfahrt: A81 Ausf. Mundelsheim, weiter auf der B27 oder A6 Ausf. Bad Rappenau, weiter auf der B39 nach Nordheim

Nur auf vorherige telefonische Anmeldung

Wir sprechen auch: Englisch, Rumänisch

GPS: 49°06'09"N 09°08'17"E

Weine: Gewürztraminer, Kerner, Riesling, Weißburgunder, Acolon, Dornfelder, Lemberger, Muskattrollinger, Schwarzriesling, Spätburgunder, Trollinger
Spezialitäten: Sekt, Secco, Trauben- und Weingelee, Rotweinsalz
Aktivitäten: Weinproben mit und ohne Vesper, an den Wochenenden kulinarische, mehrgängige Weinproben, Weinbergwanderungen, Kellerführungen, sonstige Events siehe Website
Öffnungszeiten: Weinstube:
Fr ab 16.00 Uhr, Sa+So ab 11.30 Uhr.
Weinverkauf: Di + Fr 13.00-18.00 Uhr, Sa+So ab 9.00 Uhr, zusätzlich gibt es Campingfässer und Sanitäranlage

74182 Obersulm-Eschenau

Weingut Markus Gruber

Tannenhof 1
Andrea Gruber
Tel: 07130/450127
info@weingut-gruber.de
www.weingut-gruber.de

= 4
>10m >3,5 t

Anfahrt: A81 Ausf. Weinsberg-Ellhofen/Obersulm, weiter auf der L1035 nach Eschenau

GPS: 49°08'10"N 09°23'56"E

Weine: Chardonnay, Gewürztraminer, Kerner, Riesling, Acolon, Dornfelder, Lemberger, Muskateller, Spätburgunder, Trollinger
Spezialitäten: Sekt, Secco, Eiswein, Tresterbranntwein, Liköre, Traubensaft
Aktivitäten: Geführte Weinproben, Weinerlebniswanderungen
Öffnungszeiten: Besenwirtschaft wenn möglich im Feb/März/Mai/Jul/Aug sechs Tage im Monat geöffnet (siehe Website)

74182 Obersulm-Willsbach

Weingut Laicher

Heerweg 21
Familie Laicher
Tel: 07134/3374
info@weingut-laicher.de
www.weingut-laicher.de

= 2
>10m >3,5 t R
CHEM

Anfahrt: A81 Ausf. Weinsberg/ Ellhofen oder A6 Ausf. Bretzfeld/ Schwabbach, weiter auf der B39, vor dem Ortsende von Obersulm-Willsbach re. abbiegen. Das Weingut liegt nach 150 m auf der li. Seite

Um telefonische Voranmeldung wird gebeten.

Wir sprechen auch: Englisch, Französisch

GPS: 49°07'57"N 09°21'26"E

Weine: Chardonnay, Traminer, Riesling, Sauvignon Blanc, Acolon, Dornfelder, Lemberger, Trollinger, Schwarzriesling, Spätburgunder

Spezialitäten: Winzersekt, Weincocktails, Edelbrände, Liköre, Essig, Öl
Aktivitäten: Weinproben
Öffnungszeiten: Besenwirtschaft
Öffnungszeiten siehe Website

74629 Pfedelbach-Baierbach

Schluchter's Weinstube

Ruländerweg 3
Martin und Erika Schluchter
Tel: 07941/33894
schluchtersweinstube@t-online.de
www.schluchters-weinstube.de

= 3
>10m >3,5 t R
CHEM

Anfahrt: A6 Ausf. Öhringen, über Öhringen nach Cappel (➔ Untersteinbach), 3 km bis Baierbach

GPS: 49°10'15"N 09°31'36"E

Weine: Müller-Thurgau, Riesling, Lemberger, Spätburgunder, Trollinger
Spezialitäten: Destillate, Liköre, Pralinen

Aktivitäten: Weinerlebnis-Touren, Weinproben und Führungen, Planwagen-Panoramafahrten
Öffnungszeiten: Besenwirtschaft
Öffnungszeiten siehe Website

74343 Sachsenheim-Hohenhaslach

Panoramaweingut Reinhard Baumgärtner

An der Steige 94
Christine Baumgärtner
Tel: 07147/6298
info@panoramaweingut.de
www.panoramaweingut.de

= 3
>10m >3,5 t R

Anfahrt: A81 Ausf. Ludwigsburg-Nord, weiter über Bietigheim-Bissingen und Sachsenheim nach Hohenhaslach oder A8 Ausf. Pforzheim-Ost, weiter über Mühlacker, Illingen, Ensingen und Horrheim nach Hohenhaslach

Wir sprechen auch: Englisch

GPS: 49°00'06"N 09°01'54"E

Weine: Chardonnay, Grauburgunder, Sauvignon Blanc, Gewürztraminer, Riesling, Dornfelder, Lemberger, Merlot, Portugieser, Schwarzriesling, Spätburgunder, Trollinger, Muskat-Trollinger, Samtrot
Spezialitäten: Sekt, Barriqueweine, Weinbrand, Liköre, Traubensaft, Traubenkernöl, Balsamico, Schokolade
Aktivitäten: Themenweinproben, "Spargel und Wein - à la carte" "Wein und Wild - à la carte"
Öffnungszeiten: Weinverkauf und Degustation: Mo-Sa 08.00-12.00 und 13.00-18.00 Uhr

74193 Schwaigern-Stetten

Privatkellerei Kümmerle

Entengasse 11
Daniel Kümmerle
Tel: 07138/6674
kontakt@privatkellerei-kuemmerle.de
www.privatkellerei-kuemmerle.de

= 2
>10m >3,5 t

Anfahrt: In der Ortsmitte von Stetten am Heuchelberg der Beschilderung „Weinverkauf Privatkellerei Kümmerle" folgen

Wir sprechen auch: Englisch

GPS: 49°07'46"N 09°00'20"E

Weine: Kerner, Muskateller, Riesling, Acolon, Muskattrollinger, Regent, Samtrot, Spätburgunder, Trollinger
Spezialitäten: Sekt, Secco, Destillate, Liköre, Fruchtsäfte, Essig und Öl
Öffnungszeiten: Während der Weinlese nur eingeschränkt nutzbar, sonst Mo-Di 14.00-18.30 Uhr, Mi-Fr 09.00-12.00 und 14.00-18.30 Uhr, Sa 08.00-14.00 Uhr.

75447 Sternenfels-Diefenbach

Weingut Häußermann

Burrainstr. 55
Christian und Annette Häußermann
Tel: 07043/8449
info@weingut-haeussermann.de
www.weingut-haeussermann.de

= 3
>10m >3,5 t

Anfahrt: In Diefenbach von der Ortsdurchfahrt direkt in die Burrainstraße einbiegen und der Beschilderung folgen

Wir sprechen auch: Englisch, Französisch

GPS: 49°1'25"N 08°51'28"E

Weine: Chardonnay, Gewürztraminer, Kerner, Müller-Thurgau, Riesling, Rivaner, Sauvignon Blanc, Weißburgunder, Muskattrollinger, Lemberger, Portugieser, Schwarzriesling, Spätburgunder, Trollinger

Spezialitäten: Sekt, Barriqueweine, Brände, Liköre
Aktivitäten: Kulinarische Weinproben
Öffnungszeiten: Weinverkauf Di-Fr 09.00-12.00 und 15.30-18.00 Uhr, Sa 09.00-13.00 Uhr und nach Vereinbarung, Weinstube siehe Homepage

71384 Weinstadt

Weingut Dobler

Eberhardstr. 18/1
Andreas Dobler
Tel: 07151/660437
info@weingut-dobler.de
www.weingut-dobler.de

= 2
>10m >3,5 t
CHEM

Anfahrt: B29 Ausf. Weinstadt-Beutelsbach, im Kreisverkehr → Beutelsbach, dem Straßenverlauf folgen. Nach der Aral-Tankstelle li. und nach 30 m re. abbiegen. Das Weingut befindet sich in der Eberhardstraße nach 150 m auf der li. Seite

Wir sprechen auch: Englisch

GPS: 48°48'17"N 09°23'07"E

Weine: Riesling, Sauvignon Blanc, Chardonnay, Merlot, Lemberger, Spätburgunder, Trollinger
Aktivitäten: Weinproben auf Anfrage

Öffnungszeiten: Weinverkauf: Mi und Fr 14.00-18.00 Uhr, Weinstube: täglich von 11.00-23.00 Uhr, So Ruhetag (Öffnungzeiten siehe Website)

71384 Weinstadt

Weingut Knauß

Nolten 2
Margit Knauß
Tel: 07151/606345
info@weingut-knauss.de
www.weingut-knauss.de

= 3
>10m >3,5 t
CHEM

Anfahrt: B29 Stuttgart-Aalen, Ausf. Weinstadt-Endersbach, re. ➔ Strümpfelbach

Wir sprechen auch: Englisch

GPS: 48°47'33"N 09°21'43"E

Weine: Riesling, Sauvignon Blanc, Lemberger, Merlot, Spätburgunder, Trollinger, Muskat-Trollinger
Aktivitäten: Weinproben, Sommerfest

Öffnungszeiten: Weinverkauf: Do-Fr 16.00-18.00 Uhr, Sa 10.00-12.00 Uhr, Öffnungszeiten Besenwirtschaft "Sonna Besa" siehe Website

71384 Weinstadt-Großheppach

Weingut Klopfer

Gundelsbacher Str. 1
Familie Klopfer
Tel: 07151/603848
info@weingut-klopfer.de
www.weingut-klopfer.de

= 2
>10m >3,5 t

Anfahrt: B14/29 von Stuttgart ➔ Aalen, Ausf. Weinstadt-Großheppach, von dort ➔ Gundelsbach fahren. Das Weingut liegt an dieser Verbindungsstraße

Wir sprechen auch: Englisch

GPS: 48°49'20"N 9°23'55"E

Weine: Grauburgunder, Riesling, Sauvignon Blanc, Weißburgunder, Lemberger, Merlot, Spätburgunder, Trollinger, Muskat-Trollinger u.a.
Spezialitäten: Sekt hergestellt nach traditioneller Methode, Obstbrände aus eigener Brennerei

Aktivitäten: Weinfest am Pfingstwochenende, Winter-Weinlese im Januar
Öffnungszeiten: Ganzjährig außer an Pfingsten, Weinverkauf Di-Fr 16.00-19.00 Uhr, Sa 09.00-16.00 Uhr und nach Vereinbarung

FEINE, INTENSIVE **AROMEN**

Blick auf das schöne Städtchen Riquewihr

Dank seiner exzellenten geografischen Lage bringt das elsässische Anbaugebiet die weltweit anerkannten Elsässer Weine hervor. Die üppige Natur, das günstige Klima und die geologische Vielfalt der Böden der elsässischen Terroirs sind die Wiege dieser unvergleichlichen Tropfen.

Diese Vielfalt wird durch das strenge Regelwerk des Siegels Appellations d'Origine Contrôlées (AOC) bewahrt. Der Wille der elsässischen Winzer zur Authentizität spiegelt sich auch in ihrem Engagement für den Umweltschutz: Bereits 1925 verschrieb sich das erste Weingut im Elsass dem biodynamischen Weinbau!

Jede dritte Flasche französischen Weißweins kommt aus dem Elsass. Damit gehört die ganz im Osten an Deutschland angrenzende Region zu einer der wichtigsten Weinanbaugebiete Frankreichs. Das liegt nicht zuletzt am für den Weinanbau perfekten Klima. Denn auch wenn man es beim Anblick des saftigen Grüns kaum glauben mag – das Elsass ist eine der regenärmsten Regionen im ganzen Land. Die Rebflächen werden durch die Vogesen ideal vor den starken Winden des Atlantiks geschützt, sodass die Trauben in Ruhe reifen können und eine Harmonie zwischen Klima, Boden und Rebe entsteht.

Bald trocken und leicht, bald intensiv und körperreich: Pinot Blanc, Sylvaner, Riesling, Muskateller, Pinot Gris, Gewürztraminer, Pinot Noir. Liebhaber komplexer und mächtiger Weine freuen sich über die Süß- und Likörweine der Spät- und Trockenbeerenauslese.

Der sanft-spritzige Crémant d'Alsace wird nach der traditionellen Methode der zweiten Gärung in der Flasche hergestellt. Seine unvergleichliche Frische und seine fein sprudelnden Bläschen machen den Crémant d'Alsace zum König der Schaumweine – vom Aperitif bis zum Dessert.

Ob trocken-rassig oder mächtig-weich: Elsässer Weine eignen sich für überraschende Menü-Wein-Arrangements von Meeresfrüchten bis zu weißem Fleisch, vom Aperitif über den Käse bis zum Dessert.

DIE **HOT**SPOTS DER

1 KLEIN-VENEDIG IN COLMAR

Colmar ist die drittgrößte Stadt im Elsass und bezeichnet sich gern als Hauptstadt der elsässischen Weine. Sehr beliebt ist das am Fluss Lauch liegende Viertel Krutenau, auf Französisch Petite Venise („Klein-Venedig") genannt. Es verzaubert mit bunten Fachwerkhäusern, lauschigen Kanälen und blumengeschmückten Brücken. In der Nähe liegt das Fischerufer (Quai de la Poissonnerie), das zu den meistfotografierten Motiven der Stadt zählt. Neben den zahlreichen bedeutenden Bauwerken aus dem Mittelalter und der Renaissance wie dem berühmten Zollhaus „Koïfhus", dem ältesten Gebäude der Stadt, lockt Colmar auch mit seinem reichen Kulturerbe und zahlreichen Museen wie dem Unterlinden-Museum mit dem Isenheimer Altar.

2 LEBENDES FREILUFTMUSEUM

Das Ecomusée D'Alsace in Ungersheim ist das größte belebte Freilichtmuseum Frankreichs. Ein außergewöhnlicher Ort, für den man sich unbedingt Zeit nehmen sollte. Hier finden Besucher (fast) das ganze Elsass an einem Platz. Aufgebaut ist das Museum wie ein elsässisches Dorf Anfang des 20. Jahrhunderts mit 70 Häusern vorwiegend aus dem südlichen Elsass und dem Sundgau. Es gibt eine Bäckerei, eine Schule, eine Wassermühle, eine Schnapsbrennerei, eine Töpferei, die typischen Bauernhäuser der Region und sogar einen Bahnhof. Im Museumsdorf leben Pferde, Schweine, Kühe, Enten, Esel, Ziegen und andere Tiere. Zu erleben sind neben den Gebäuden und Exponaten auch Handwerker bei der Arbeit, Ausstellungen, Animationen und große Veranstaltungen. Sehenswert ist auch das direkt nebenan gelegene ehemalige Kali-Bergwerk „Clair de Mine". Ein Zug verbindet das Dorf und die Mine.

3 HAUT-KŒNIGSBOURG

Sie thront auf 757 Metern Höhe auf einem Felsen und ist eine der höchstgelegenen Burgen im Elsass – die Haut-Koenigsbourg bei Orschwiller. Die Aussicht ist atemberaubend: An klaren Tagen reicht sie über das Rheintal bis zum Kaiserstuhl und dem Schwarzwald sowie auf Ruinen in der Umgebung. Auch von innen kann sich die Burg sehen lassen. Wohnräume, Möbel, Trophäen- und Waffensammlungen versetzen die Besucher zurück ins Mittelalter und zeigen, wie das Alltagsleben damals gewesen ist. Erbaut wurde die Burg im 12. Jahrhundert und wurde im Lauf der Jahrhunderte mehrmals durch Kriege und Brände zerstört. Im 19. Jahrhundert ließ Kaiser Wilhelm II. sie restaurieren. Heute zählt die Burg zu den beliebtesten und meistbesuchten in Frankreich.

REGION ELSASS

Agence Régionale du Tourisme Grand-Est
Château Kiener, 24 rue de Verdun
F-68000 Colmar
www.visit.alsace

4 CHARMANTER ORT

An der Weinstraße zwischen Rebstöcken und Gebirge liegt Ribeauvillé, ein charmanter Ort, der sich ein historisches Erbe zu bewahren wusste. Im Mittelalter war der Ort Sitz der Herren von Ribeaupierre (daher der Name der Stadt Ribeauvillé).

Die Ribeaupierres ließen drei Wehrburgen bauen, deren Ruinen die Stadt und die umgebenden Hügel heute noch majestätisch überragen. Alle drei sind über einen Wanderweg am Berghang entlang zu erreichen. Von den mittelalterlichen Befestigungsanlagen sind noch ein Teil der Stadtmauer und einige der Wehrtürme erhalten.

Zahlreiche Feste gliedern den Veranstaltungskalender dieses Orts, vor allem der „Pfifferdaj" (Fest der Stadmusikanten). Es hält die Erinnerung an den Treffen des Stadmusikantenberufsverbands lebendig, der sich zum ersten Mal 1481 in Ribeauvillé versammelte, um seinen König zu wählen. Dieses Fest ist das älteste in Elsass und findet an jedem ersten Sonntag im September statt.

67650 Blienschwiller

Vins Spitz et Fils

4 Route du Vin
Dominique Spitz
Tel: 0033/388926120
Mobil: 0033/609782826
vinspitzalsace@orange.fr
www.vinsspitz.com

= 6
>10m >3,5 t R

Hofladen, Weinprobe

Anfahrt: Neben dem Weingut ist eine kleine Strasse mit Fahrverbotschild, aber man darf reinfahren, bitte danach im Geschäft anmelden

Wir sprechen auch: Englisch, Französisch

GPS: 48°20'32"N 07°25'20"E

Weine: Gewürztraminer, Muscat, Pinot Blanc, Riesling, Sylvaner, Pinot Gris, Pinot Noir

Spezialitäten: Sekt (Cremant), Schnäpse, Marmeladen, Honig, Sauerkraut und Baeckeoffa

Aktivitäten: Weinprobe, Kutschfahrten durch den Weinberg (auf Reservierung)

Öffnungszeiten: Ankunft bis 21.00 Uhr, spätere Ankunft nach telefonischer Voranmeldung

67680 Epfig

Francis Beck & Fils Earl

79 Rue Sainte Marguerite
Francis Beck
Tel: 0033/88855484
vins@francisbeck.com
www.francisbeck.com

= 1
>10m >3,5t

Anfahrt: A8, weiter auf der A5 bis Ausf. 55 Offenburg ➔ Strasbourg/ Flughafen fahren, weiter auf Pont Pflimlin/L98, dann auf die N353 Ausf. ➔ Saint Dié/Strasbourg/Aéroport Entzheim bis A35, der Beschilderung für Saint-Dié-des-Vosges/Mulhouse/ Colmar/Obernai folgen, Ausf. 13 Epfig/ Mittelbergheim/Zellwiller

Wir sprechen auch:
Englisch, Französisch

GPS: 48°21'15"N 07°28'42"E

Weine: Edelzwicker, Gewürztraminer, Pinot Blanc, Pinot Gris, Riesling, Sylvaner, Pinot Noir
Aktivitäten: Weinprobe

Öffnungszeiten: Weinverkauf: Mo-Sa 10.00-12.00 Uhr und 14.00-19.00 Uhr sowie die vier Sonntage vor Weihnachten. Im Herbst ist kein Aufenthalt möglich.

67140 Reichsfeld

Domaine Borès

15 Lieu-dit Leh
Marie-Claire und Pierre Borès
Tel: 0033/88855887
vinsbores@wanadoo.fr
www.facebook.com/Domaine.Bores

= 3
>10m >3,5t R

Anfahrt: A8, dann weiter auf der A5 bis Ausf. 55 Offenburg ➔ Strasbourg/ Flughafen fahren, weiter auf Pont Pflimlin/L98, dann auf die N353 Ausf. ➔ Saint Dié/Strasbourg/Aéroport Entzheim bis A35, der Beschilderung für Saint-Dié-des-Vosges/Mulhouse/ Colmar/Obernai folgen, Ausf. 13 Epfig/ Mittelbergheim/Zellwiller
Um Anmeldung per Telefon oder Mail wird gebeten
Wir sprechen auch:
Englisch, Französisch

GPS: 48°21'57"N 07°23'15"E

Weine: Auxerrois, Gewürztraminer, Pinot Blanc, Sylvaner, Riesling, Pinot Gris, Pinot Noir
Aktivitäten: Weinprobe, Weinkellerbesichtigung, Weinbergführungen

Öffnungszeiten: Während der Weinlese und an Pfingsten ist kein Aufenthalt möglich.

GROSSE KUNST OHNE **ALLÜREN**

Das Sulztal in der Südsteiermark

In Österreich sind 26 weiße und 14 rote Rebsorten für die Produktion von Qualitätswein oder Qualitätswein besonderer Reife und Leseart (Prädikatswein) sowie von Landwein zugelassen. Der Rotweinanteil hat sich in den letzten beiden Jahrzehnten verdoppelt und macht derzeit ein Drittel der österreichischen Gesamtrebfläche von knapp 46.500 Hektar aus.

Ein Aushängeschild alter, österreichischer Rebsorten ist der Grüne Veltliner, der sich längst auch unter den großen Weißweinen der Welt etabliert hat. Weitere spannende österreichische Raritäten sind Zierfandler, Rotgipfler, Roter Veltliner, Neuburger oder Wiener Gemischter Satz, aber auch Österreichs typische Rotweine aus Zweigelt, Blaufränkisch und Sankt Laurent.

Viele Urlauber erleben Österreich als das gastfreundlichste Land Europas. Das gilt besonders für seine pittoresken Weinbaugebiete: die Wachau und die klassischen Gebiete Niederösterreichs links und rechts der Donau; die Steiermark mit ihren spektakulären Hügelketten; das Burgenland mit dem Naturparadies am Neusiedler See; und Wien – die einzige Hauptstadt der Welt mit eigenem Weinbau.

Kleines Land, große Vielfalt. Wein ist seit mehr als zwei Jahrtausenden ein Teil der österreichischen Kultur. Römische Kelleranlagen, mittelalterliche Dörfer und barocke Klöster und Schlösser gehören zum typischen Erscheinungsbild der Weinbaugebiete. Ausschlaggebend für ihre herausragende Qualität und den unverwechselbaren Charakter der auch bei Kennern sehr beliebten Rebsäfte ist die besondere geografische Lage Österreichs. Das Land liegt zwar auf etwa demselben Breitengrad wie Burgund, aber viel weiter im Zentrum Europas und damit im Übergangsbereich vom feucht-milden atlantischen zum trockenen kontinental-pannonischen Klima. Hier machen sich die großen Temperaturunterschiede bemerkbar.

Warme, sonnige Sommer- und Herbsttage mit nördlich-kühlen Nächten lassen Trauben heranwachsen, die frische, aromatische Weine mit gutem Körper und feinem Charakter hervorbringen.

HOTSPOTS DER WEIN-

1 SCHLOSS ESTERHÁZY IN EISENSTADT

Nur eine knappe Autostunde von Wien entfernt, zentral und markant in der burgenländischen Landeshauptstadt Eisenstadt gelegen, befindet sich eines der schönsten Barockschlösser Österreichs. Einst Geburtsort und Residenz bedeutender Magnaten, ist das Schloss Esterházy heute eine beliebte Attraktion bei Burgenland-Besuchern und vermittelt einen guten Einblick in das ehemals glanzvolle Leben am Hofe der Fürsten Esterházy.

Auch heute noch steht das Schloss im Mittelpunkt des kulturellen Geschehens und dient als malerische Kulisse von Festen und gesellschaftlichen Ereignissen. Der mittelalterliche Kern der einstmaligen Burg stammt aus dem Ende des 14. Jahrhunderts. 1622 kam die Herrschaft Eisenstadt und somit auch das Bauwerk in den Pfandbesitz von Nikolaus Esterházy.

2 NEUSIEDLER SEE

Natur pur und viel Kultur: Die Weltkulturerbe-Region rund um den größten Steppensee Mitteleuropas lockt mit viel Sonne, idyllischen Weinfluren, eindrucksvollen Schlössern und Burgen. Feste Fans haben auch die Oper auf der Seebühne, nicht zuletzt dank einzigartigen Schauspielen im Naturreservat. Das Gebiet durchziehen 970 Kilometer Radwege.

Der mit Ungarn grenzüberschreitende Nationalpark Neusiedler See-Seewinkel wurde 1993 gegründet und verfügt über eine außergewöhnliche Vielfalt an Pflanzen- und Tierarten aus alpinen, pannonischen, asiatischen, mediterranen und nordischen Gebieten. Dazu gehören auch rund 500 ungarische Graurinder, die heimlichen Stars unter den heimischen Rinderrassen. Über Hunderte Jahre gehörten sie zum Bild des Seewinkels, bis sie Anfang des 20. Jahrhunderts verschwanden. Mit der Gründung des Nationalparks kehrten die robusten Tiere wieder in ihre alte Heimat zurück.

3 DÜRNSTEIN IN DER WACHAU

Die Wachau zählt zu Österreichs beliebtesten Urlaubszielen. Das enge Donautal zwischen Melk und Krems ist Weltkulturerbe und bietet neben zahlreichen Kulturgütern auch hervorragenden Wein. Auf steilen Terrassen werden vor allem Grüner Veltliner und Riesling angebaut. Unverzichtbar bei einer Tour durch die Wachau und ihre bezaubernde Flusslandschaft ist die alte Kuenringerstadt Dürnstein. Mit seinen Win-

REGION ÖSTERREICH

4

5

zerorten Ober- und Unterloiben zählt sie zu den romantischsten Orten an der Donau. Die Landschaft ist geprägt von alten Weingärten, einem günstigen Klima und zahlreichen Kulturdenkmälern. Besuchermagnete sind das Stift mit der prächtigen Barockkirche und die Burg-Ruine der Kuenringer. Hier wurde Anfang des 12. Jahrhunderts der englische König Richard I. Löwenherz gefangen gehalten. Von der Ruine bietet sich eine herrliche Aussicht über das Donautal. Schöne Wanderwege auf Urgesteinsfelsen, Bummelzugfahrten durch die Weinberge, urige Gasthäuser und gemütliche Heurigenlokale versprechen einen herrlichen Aufenthalt.

4 STIFT KLOSTERNEUBURG

Das Stift gilt als eine der wichtigsten Sehenswürdigkeiten Niederösterreichs und ist nicht nur eines der größten, sondern auch das älteste Weingut in Österreich. Gegründet wurde das Kloster zu Beginn des 12. Jahrhunderts von Leopold III. Der überlieferten Legende nach ließ es der Markgraf genau an jener Stelle errichten, an der er den Schleier seiner Frau Agnes wiederfand. Dieser war bei der Hochzeitsfeier durch einen plötzlichen Windstoß davongeflogen.

In seiner über neun Jahrhunderte währenden bewegten Geschichte entwickelte sich das Stift zu einem religiösen, wissenschaftlichen, kulturellen und wirtschaftlichen Zentrum weit über die Klostermauern hinaus. Die Klosteranlage ist ganzjährig geöffnet und bietet in zahlreichen Thementouren Einblick in die beeindruckende Architektur, die umfangreiche Kunstsammlung und den Ablauf der Weinerzeugung. Besucher genießen außerdem ein hochkarätiges Veranstaltungsangebot mit Konzerten, Opernfestspielen und Ausstellungen.

5 WIENER HEURIGE

Kaum zu glauben, aber die österreichische Metropole gilt als einzige Hauptstadt der Welt mit eigenem Weinanbau. Schon der römische Kaiser Probus ließ hier Wein für seine römischen Legionen kultivieren. Im Mittelalter war die Stadt noch ganz von Weingärten umgeben, bevor viele von ihnen später gerodet wurden, um Stadthäusern Platz zu machen.

1784 erlaubte Kaiser Joseph II. den Weinbauern neben dem eigenen Wein auch Lebensmittel aus eigener Produktion zu verkaufen. Damit bereitete er den Weg für die Heurigenkultur, die bis heute den Erhalt der restlichen Weinberge sicherte. Ein Besuch bei einem der rund 180 Heurigen in Wien gehört neben den zahlreichen anderen einmaligen Sehenswürdigkeiten zum wahrscheinlich beliebtesten Teil des Pflichtprogramms.

HOTSPOTS DER WEIN-

6 LIEBEVOLLE KLEINARBEIT

Im Reduce Freilichtmuseum Bad Tatzmannsdorf wurden Bauwerke, die infolge geänderter Lebens- und Wirtschaftsformen im südburgenländischen Raum nicht mehr benötigt wurden und daher am ursprünglichen Standort von Verfall oder Abriss bedroht waren, für die Nachwelt erhalten. Im Sinne einer ganzheitlichen Darstellungsweise wird nun durch entsprechende Ausstattung der Räume mit Hausrat und Geräten die frühere Lebens- und Wirtschaftsweise veranschaulicht.

Die im Südburgenland ab den 1950er Jahren einsetzenden wirtschaftlichen Veränderungen - zunehmende Technisierung bei gleichzeitigem Rückgang landwirtschaftlicher Betriebe - veränderten die Strukturen und damit das Landschaftsbild grundlegend. Typische Holzbauten, häufig noch mit Stroh gedeckt und mittlerweile funktionslos geworden, verschwanden infolge von Neubauten aus dem Landschaftsbild.

Das Südburgenländische Freilichtmuseum Bad Tatzmannsdorf zeigt Wohn- und Wirtschaftsgebäude aus dem ausgehenden 18. Jahrhundert bis zum Beginn des 20. Jahrhunderts. Das Museum gehört zum Reduce Gesundheitsresort Bad Tatzmannsdorf und wird mit viel Mühe und liebevoller Kleinarbeit für die Nachwelt erhalten.

7 DESIGNER-OUTLET

Designermarken das ganze Jahr immer 30 bis 70 Prozent günstiger. In der wunderschönen Naturregion Neusiedler See gelegen, bietet das Designer Outlet Parndorf ein einzigartiges Shoppingerlebnis. In 160 Designerstores finden Sie alles, was das Shoppingherz begehrt – von einer faszinierenden Auswahl an Designermode, Schmuck und Schuhen bis hin zu eleganter Homeware und trendigen Sportartikeln. Cafés und Restaurants, Spielbereiche für Kinder und kostenlose Parkplätze runden das Einkaufserlebnis ab. In nur 30 Minuten von Wien sowie 25 Minuten von Bratislava einfach und bequem erreichbar, beeindruckt das Designer Outlet Parndorf mit traditioneller österreichischer Architektur sowie einem einzigartem Shoppingerlebnis in 160 Designerstores: Legendäre Designermarken wie Prada, Armani, Bally und Gucci über Sportmarken wie Nike und Adidas bis zu beliebten Modemarken wie Guess, Diesel und Tommy Hilfiger laden zu einer ausgedehnten Shoppingtour ein.

8 FRANZL'S WERKSTATT

Das einzigartige Werkstatt und Hobelmuseum in Güssing, Burgenland, zeigt eine Vielzahl von Hobeln und traditionellen Tischlerwerkzeugen, darunter auch Raritäten, welche man nur mehr selten zu Gesicht bekommt.

REGION ÖSTERREICH

In Franzl´s Werkstatt findet der Besucher eine außerordentliche Sammlung traditioneller Handwerksobjekte, Werkzeuge, die alle eine spezielle Geschichte zu erzählen haben.

Die mehr als 1.000 Hobel und verschiedene andere Tischler- und Zimmermannswerkzeuge umfassende Ausstellung wird vom Inhaber laufend erweitert, neue Exponate erworben und restauriert. Ein Teil des Museumsbereichs ist als Werkstatt für die dort stattfindenden Kurse eingerichtet. Anmeldung über E-Mail: info@hobelmuseum.at, www.hobelmuseum.at

9 BEIM SCHOKOMACHER

Wer in der Südoststeiermark weilt, darf sich auf keinen Fall die Schokoladenfabrik des österreichischen Chocolatier Josef Zotter entgehen lassen. Hier werden alle und wirklich alle Schokoladenträume wahr – das süße Gold fließt über Brunnen, fährt über Fließbänder.

Seine Kakaobohnen importiert er selbst aus Mittelamerika. Josef Zotters Schoko-Laden-Theater in Riegersburg ist wie ein Kindertraum: Eine Schokoladenfabrik, durch die man in aller Ruhe spaziert und überall probieren darf, so viel und so lange man möchte. Tagesticket: 17,90 Euro für Erwachsene, 14,90 Euro (11 bis 17 J.,11,90 Euro (6 bis 10 J.). www.zotter.at

i Österreich Tourismus
Vordere Zollamtsstraße 13
A-1030 Wien
www.austria.info

Ver- und Entsorgung im Burgenland

A-2070 Retz
Reisemobilstellplatz Retz, Znaimerstraße 53

A-2423 Deutsch Jahrndorf
Wohnmobil-Stellplatz Deutsch Jahrndorf, Söldnergasse 19

A-7072 Mörbisch am See
CamÖ-Camping Mörbisch, Hafengelände

A-7071 Rust
Stadt Rust, Am Hafen

A-1230 Wien
Reisemobilstellplatz Wien, Perfektastraße 49-53

7143 Apetlon

Weingut-Ferienwohnungen Kracher

Wasserzeile 55-57
Sabine & Sepp Kracher
Tel: +43 664/2532289
Mobil: +43 664/2032944
weingut@seppkracher.at
www.seppkracher.at

= 3
>10m >3,5 t R
Trockner, Waschmaschine, Weinprobe

Anfahrt: Ostautobahn A4, Abfahrt Weiden/Gols; im Kreisverkehr → Illmitz/Apetlon fahren. In Apetlon beim Kreisverkehr die 1. Ausfahrt rechts nehmen; 2 gelbe Häuser auf der rechten Straßenseite

Wir sprechen auch: Englisch

GPS: 47°44'39"N 16°49'43"E

Weine: Qualitätsweine in Weiß und Rot, Prädikatsweine, Frizzante, Traubensaft
Spezialitäten: Urlaub am barrierefreien Winzerhof, 4-Blumen
Aktivitäten: Der Nationalpark Neusiedlersee-Seewinkel lädt zum Wandern und Radfahren ein. Auch der Neusiedlersee ist sozusagen ums Eck. Abends laden wir Sie gerne – nach Absprache – zur Weinprobe ein. Zusätzliche Ausstattung wie Stromanschluss, Frischwasser etc. gegen Entgelt
Öffnungszeiten: Ganzjährig

8524 Bad Gams

Weinbau und Fischbuschenschank Toni PETER

Gersdorf 21
Toni Peter
Tel: +43 3463/3354
Mobil: +43 676/4041164
admin@weinbautonipeter.at
www.weinbautonipeter.at

= 4
>10m >3,5 t R
WC CHEM GRAU
Hofladen, Weinprobe

Anfahrt: Von Graz über die Autobahn → Klagenfurt, Abfahrt Lieboch → Deutschlandsberg Stainz. Beim Stainzer Kreisverkehr Abfahrt → Bad Gams. Durch Bad Gams durch nach Furth. In Fuhrt bei Weberei Strunz direkt links noch ca. 1,5 km

Wir sprechen auch: Englisch

GPS: 46°51'9"N 15°14'43"E

Weine: Schilcher, Schilcher Lieblich, Weißburgunder Muskateller, Blauer Wildbacher, Schilcher Frizzante, Apfelsaft, Traubensaft, Ribiselnektar
Spezialitäten: Fischspezialitäten, wie Räucherfische, Fischsulz, Forellenterine. Es gibt auch Geselchtes, Schafkäse usw.
Aktivitäten: Während der Buschenschankzeit gibt es auch frisches Gebäck zum Frühstück
Öffnungszeiten: Stellplätze ganzjährig. Buschenschank: Anfang März bis Ende November. Genauere Öffnungszeiten sind auf der Website ersichtlich

2423 Deutsch Jahrndorf

Weingut Roth

Obere Hauptstraße 43 (Hinten)
Julia Roth
Tel: +43 650/8536633
office@rothwein.at
www.rothwein.at

= 3
>10m >3,5 t R

Hofladen, Weinprobe

Anfahrt: Auf der Oberen Hauptstraße von Pama kommend auf Höhe des Gerätehauses li. abiegen und bei der nächsten Gelegenheit nochmals li. abiegen

Wir sprechen auch: Englisch

GPS: 48°00'47''N 17°06'10''E

Weine: Welschriesling, Weissburgunder, Chardonnay, Zweigelt
Spezialitäten: Hauseigene Brauerei, Biologische Weine, 100% Handlese, Barriqueausbau, klassische und besondere Stilistik

Aktivitäten: Wein- und Bierverkostungen
Öffnungszeiten: auf Anfrage. Bitte rufen Sie uns einfach an. Verkostungen auch kurzfristig möglich.

7474 Deutsch Schützen

Gerhard u. Manuela Wallner

Oberer Weinweg 41
Manuela Wallner
Tel: +43 664/1814294
weingut@wallnerwein.at
www.wallnerwein.at

= 1
>10m >3,5 t R
WC

Weinprobe

Anfahrt: Von Oberwart nach Großpetersdorf dann → Eisenberg und weiter nach Deutsch Schützen danach Deutsch Schützen Weinberg

Anmeldung telefonisch oder per E-Mail

Wir sprechen auch: Englisch

GPS: 47°10'09"N 16°25'18"E

Weine: Blaufränkisch Eisenberg DAC Weine, Zweigelt, St. Laurent, Weißweine und Uhudler
Spezialitäten: 80% Rotweine und 20% Weißweine
Aktivitäten: Buschenschank, ab Hof Weinverkauf

Öffnungszeiten: Weinverkauf ganzjährig, Buschenschanktermine siehe Website.

7474 Deutsch Schützen

Weingut Gerald Unger

Kapellenstr. 15
Gerald Unger
Tel: +43 3365/2248
office@geraldunger.at
www.geraldunger.at

= 3
>10m >3,5 t
CHEM

Anfahrt: Von Wien kommend die Südautobahn A2 ➔ Graz, bei Pinkafeld abfahren, ➔ Oberwart, Großpetersdorf, Hannersdorf, Eisenberg, Deutsch Schützen

Wir sprechen auch:
Englisch, Französisch

GPS: 47°10'00"N 16°27'05"E

Weine: Blaufränkisch, Cabernet Sauvignon, Merlot, Zweigelt, Grüner Veltliner, Uhudler, Welschriesling, Weißburgunder

Aktivitäten: Weinbergführungen, kulinarische Weinproben
Öffnungszeiten: Ganzjährig geöffnet

7301 Deutschkreutz

Weingut Heinrich

Karrnergasse 59
Silvia Heinrich
Tel: +43 2613/89615
office@weingut-heinrich.at
www.weingut-heinrich.at

= 10
>10m >3,5 t R
WC
Hofladen, Aufenthaltsraum, Dusche, Weinprobe

Anfahrt: Aus Richtung Wien: Von der A2 über die A3 nach Eisenstadt, weiter über die S31 nach Deutschkreutz. Aus Richtung Graz: Von der A2 bis zur Abfahrt Oberwart, von dort über die B50 in ➔ Oberpullendorf, bei Oberpullendorf rechts abbiegen nach Deutschkreutz

Wir sprechen auch: Englisch

GPS: 47°35'56"N 16°37'08"E

Weine: Blaufränkisch, Cabernet Sauvignon, Merlot, Cuvées, Pinot Noir, Zweigelt, Rosé-Sekt
Spezialitäten: Blaufränkisch in sieben Ausführungen, Traubenkerngewürzmühlen, Grappa, Sekt

Aktivitäten: Weinverkostungen, Kellerführungen, Gästezimmer inklusive Frühstück, Picknickerlebnis Villa Goldberg, Seminarraum
Öffnungszeiten: Montag bis Samstag von 9.00 bis 18.00 Uhr

7474 Eisenberg an der Pinka

Weingut Reiger

Untere Kellergasse 1
Martin Reiger
Tel: +43 3365/2346
weingut@reiger.cc
www.reiger.cc

= 2
>10m >3,5 t
CHEM

Anfahrt: A2 (Wien - Graz) Ausf. Oberwart → Oberwart, im 1. Kreisverkehr in Oberwart → Großpetersdorf abbiegen, 1. Einfahrt nach Großpetersdorf nehmen (L272), dort (nach dem Lagerhaus) re. abbiegen → Eisenberg (L244) immer geradeaus, durch Hannersdorf, weiter bis an die T-Kreuzung, (geradeaus Sicht: Burger Stausee), hier re. abbiegen, nach der Ortstafel Eisenberg noch ca. 900 m in einer Rechtskurve auf der li. Seite

GPS: 47°11'31"N 16°24'34"E

Weine: Grüner Veltliner, Welschriesling, Weißburgunder, Oliver Jrsay, Blaufränkisch, Blauer Burgunder, Blauer Zweigelt, Cabernet Sauvignon, Merlot

Aktivitäten: Weinprobe, Kellerführung
Öffnungszeiten: April bis November

7000 Eisenstadt

Weingut Hans Moser

St. Georgener Hauptstr. 13
Sabine Moser
Tel: +43 2682/66607
weingut@hans-moser.at
www.hans-moser.at

= 2
>10m >3,5 t R

Anfahrt: Das Weingut befindet sich in der St. Georgener Hauptstraße, von dort werden Sie zum Platz in Dorfnähe mitten in den Weingärten von St. Georgen gebracht

Wir sprechen auch: Englisch

GPS: 47°51'14"N 16°33'3"E

Weine: Chardonnay, Gemischter Satz, Sauvignon Blanc, Syrah, Welschriesling, Cabernet Sauvignon und Franc, Blaufränkisch, Merlot, Zweigelt
Spezialitäten: Sekt, Frizzante, Hefebrand, Gelägerbrand, Weinbrand
Aktivitäten: Weingartenführung, kurze Wanderung zur St. Georgener Rebe (Mutterrebe des Grünen Veltiner), Weinprobe
Öffnungszeiten: Weingut: Mo-Sa 8.00-19.00 Uhr, darüber hinaus nach Voranmeldung. Kein Aufenthalt bei hoher Schneelage bzw. nach starken Regenfällen

3491 Elsarn im Strassertal

Winzerhof Gästezimmer Stauffer

Weinbergstrasse 38
Walter Stauffer
Tel: +43 2735/79470
Mobil: +43 664/3617714
info@winzerhof-stauffer.at
www.winzerhof-stauffer.at

= 3
>10m >3,5 t R
Hofladen, Aufenthaltsraum, Weinprobe

Anfahrt: Westautobahn A1 Abfahrt Knoten St. Pölten → Wien Nord S33 bis Abfahrt Grafenwörth Schloss Grafenegg vorbei, Etsdorf, Hadersdorf, nach Strass durch das Strassertal nach Elsarn im Strassertal Region Kamptal ruhige Lage Entfernung Wien 70 km, Krems Wachau 20 km

GPS: 48°29'40"N 15°45'05"E

Weine: Grüner Veltliner, Riesling, Chardonnay, Sauvignon Blanc, Zweigelt, Blauburger und Frizzante Rosé
Spezialitäten: Stellplätze am Winzerhof mit Liegewiese oder direkt in den Weinbergen bei unserem Weinbrunnen
Aktivitäten: Erleben Sie eine Kellerführung durch unseren Jahrhunderte alten Weinkeller mit Erzählung vom Werdegang des Weines. Kommentierte Weinverkostung mit Jause. Riedenfahrten mit restauriertem, alten Traktor und Anhänger, Picknick im Weingarten
Öffnungszeiten: April bis Oktober

8462 Gamlitz

Weingut Ludwigshof

Eckberg 25
Klaus Zierer
Tel: +43 3453/2475
Mobil: +43 681/10726589
weingut@ludwigshof.net
www.ludwigshof.net

= 2
>10m >3,5 t R
Weinprobe

Anfahrt: über A 9 Phyrnauotobahn über Graz → Spielfeld, Abfahrt Vogau-Straß, über Ehrenhausen nach Gamlitz, mitten im Ort li. abbiegen, Eckberger Weinstraße, ca. 3 km den Berg hinauf, li. Seite beschilderte Einfahrt Ludwigshof, dann noch 300 m

GPS: 46°42'06"N 15°33'11"E

Weine: Welschriesling, Chardonnay, Scheurebe, Gewürztraminer, Sauvignon Blanc, Gelber Muskateller, Zweigelt, Schilcher, Frizzante, Traubensaft
Öffnungszeiten: April bis Oktober

2013 Göllersdorf

Weingut ArteVinea Jahn e.U.

Viendorf 51
Manfred Jahn
Tel: +43 650/6540657
manfred.jahn@artevinea.at
www.artevinea.at

= 4
R

Dusche, Weinprobe

Anfahrt: Von Wien kommend via S3 Stockerau - Sierndorf - Abfahrt Göllersdorfvon Prag kommend via Hollabrunn – Abfahrt Göllersdor – Westautobahn via Sankt Pölten – Tulln – Göllersdorf

Wir sprechen auch: Englisch

GPS: 48°29'1"N 16°8'21"E

Weine: Grüner Veltliner, Welschriesling, Muskateller, Gemischter Satz, Rivaner, Weinviertel DAC Reserve Zweigelt, Red Baron Barrique, Blauburger Cuvee, Frizzante (Apfel, Weiss, Rose), Hugo Frizzante

Spezialitäten: Schaumweine und Weinviertel DAC
Öffnungszeiten: Montag bis Freitag von 8.00 bis 18.00 Uhr, Samstag und Sonntag nach Vereinbarung

7122 Gols

Allacher Vinum Pannonia

Salzbergweg 4
Michael Allacher
Tel: +43 2173/3380
wein@allacher.com
www.allacher.com

= 5
>10m >3,5 t R

Weinprobe

Anfahrt: Von Wien kommend auf der A4 bis Abfahrt Gols/Weiden

Wir sprechen auch: Englisch

GPS: 47°54'11"N 16°55'22"E

Weine: Welschriesling, Grüner Veltliner, Chardonnay, Sauvignon Blanc, Zweigelt, Merlot, Blaufränkisch
Aktivitäten: Geführte Weinverkostungen in Deutsch und Englisch, Fassproben, Weinkellerei- und Kellerführungen. Terrasse mit schönem Ausblick hin zum Neusiedler See, Schneeberg / Rax Gebirge.
Öffnungszeiten: Wochentags von 9.00–12.00 und 13.00–17.00 Uhr

3701 Grossweikersdorf

Landrichter & Pfeiffer

Ober Thern 22
Augustinus Pfeiffer
Tel: + 43 6801/249817
landrichter.wein@aon.at
www.landrichter-pfeiffer.at

= 2
>10m >3,5t R

Weinprobe

Anfahrt: ca. 50 km nordöstlich von Wien über A22 und B4 bei Grossweikersdorf – Näheres per Mail oder Anruf

Wir sprechen auch: Englisch

GPS: 48°30'49"N 16°0'46"E

Weine: Grüner Veltliner, Weisser Burgunder, Welschriesling, Rivaner, Gewürztraminer, Gelber Muskateller, Rosé, Cuvee-Rot
Spezialitäten: Weissweine

Aktivitäten: Laufend internationale Prämierungen - z. B. 2 x Gold bei internationaler Weintrophy in Berlin 2018 für Grüner Veltliner und Gelber Muskateller
Öffnungszeiten: nach Vereinbarung

2061 Hadres

Karin Petz Weingut

Obritz 321a
Karin Petz
Tel: +43 2943/3888
Mobil: +43 664/73964707
info@weingut-petz.at
www.weingut-petz.at

= 1
>10m >3,5t R

Anfahrt: Zwischen Retz und Laa an der Thaya

GPS: 48°41'59"N 16°9'34"E

Weine: Grüner Veltliner, Welschriesling, Riesling, Muskateller, Sauvignon Blanc, Chardonnay, Blauer Portugieser, Zweigelt, Merlot, Cabernet Sauvignon

Aktivitäten: Weinberg- Kellerführungen
Öffnungszeiten: Täglich gegen Voranmeldung

2054 Haugsdorf

Weingut Anton Schöfmann

Kellerstraße 17
Anton Schöfmann
Tel: +43 2944/27163
Mobil: +43 676/4252727
anton@schoefmann.at
www.schoefmann.at

= 2
>10m >3,5 t R
WC
Weinprobe

Anfahrt: Am besten mit Google Maps

Bitte melden Sie sich telefonisch vorher an

GPS: 48°42'0"N 16°4'42"E

Weine: Fruchtig-frische Weißweine mit Fokus auf Grüner Veltliner. Eine Bandbreite an Rotweinen – von klassisch-fruchtbetont bis kräftig und vollmundig
Spezialitäten: Haugsdorf wird auch unter Kennern die „Rotweininsel des Weinviertels" genannt. Zweigelt, St. Laurent, Pinot Noir, Merlot und Cabernet
Aktivitäten: Weinverkostungen, Plaudern mit dem Winzer, Weinverkauf, Events: Weintour Weinviertel (Frühling) und Wein.Geschenke.Verkosten
Öffnungszeiten: Jederzeit nach telefonischer Anmeldung

3472 Hohenwarth

Weingut Sutter

Weinviertler Straße 6
Doris und Leopold Sutter
Tel: +43 2957/200
Mobil: +43 664/7882409
office@weingut-sutter.at
www.weingut-sutter.at

= 20
>10m >3,5 t R
WC
Weinprobe

Anfahrt: Von Salzburg: A1 Westautobahn, Abfahrt St.Pölten Ost → Krems (S33) Grafenwörth, Feuersbrunn, Gösing am Wagram, Stettenhof, Hohenwarth (Mühlbach). Von Wien: Donauuferautobahn A22, Abfahrt → Krems S5, Abfahrt Kirchberg, Oberstockstall, Hohenwarth (Mühlbach)

Wir sprechen auch: Englisch

GPS: 48°30'25"N 15°49'35"E

Weine: Grüner Veltliner, Roter Veltliner, Frühroter Veltliner, Riesling, Sauvignon Blanc, Zweigelt, Pinot Noir
Spezialitäten: Veltliner Vielfalt von kalkreichen Schotterböden
Aktivitäten: Weinverkostungen, Picknick im Weingarten, Kabarett
Öffnungszeiten:
Montag bis Freitag 8.00-18.00 Uhr,
Samstag 8.00-15.00 Uhr

2225 Loidesthal

Bio Weingut Berthold

Mühlgasse 20
Leo Berthold
Tel: +43 664/2619160
office@bioweingut-berthold.at
www.bioweingut-berthold.at

= 4
>10m >3,5 t R
WC GRAU
Aufenthaltsraum, Weinprobe

Anfahrt: Nur 15 Min. von der A5 entfernt Abfahrt Schrick oder Hochleithen. Wir liegen außerhalb des Ortsverbunds

Bitte um telefonische Rücksprache vor Anreise

Wir sprechen auch: Englisch

GPS: 48°29'49"N 16°44'59"E

Weine: Grüner Veltliner, Welschriesling, Muskat Ottonell, Riesling, Zweigelt
Spezialitäten: Wir organisieren auch gerne eine Heurigenjause inkl. Verkostung für Gruppen. Anmeldung erforderlich.

Aktivitäten: Radwege führen direkt am Winzerhof vorbei. Nicht weit von der Stadt Mistelbach und Gänserndorf. Schöne Kellergassen in den umliegenden Orten. Spaziergänge zu den Weingärten von unserem Hof. Freilichtmuseum Niedersulz nur 5 Autominuten entfernt

3712 Maissau

Weingut und Buschenschank Humer

Hornerstraße 35
Franz Humer
Tel: +43 2958/82611
Mobil: +43 664/3774026
office@humerwein.at
www.humerwein.at

= 4
>10m >3,5 t R
Weinprobe

Anfahrt: Anfahrt über die Bundesstraße B4, jeweils aus dem Norden, bzw. Süden (Wien) kommend. Der Parkplatz liegt direkt auf der Hauptstraße (Hornerstraße) auf dem Maissauer Berg

GPS: 48°34'38"N 15°49'37"E

Weine: Große Auswahl an hochwertigen Qualitätsweinen, mit dem Hauptaugenmerk auf heimische Rebsorten, insbesondere Grüner Veltliner
Aktivitäten: Nähere Informationen unter:www.maissau.at und www.weinviertel.at

Öffnungszeiten: Die Buschenschank-Öffnungszeiten entnehmen Sie bitte unserer Website. Weinverkauf ganzjährig gegen Voranmeldung

3720 Minichhofen

Weingut Mayr

Minichhofen 12
Tobias Mayr
Tel: +43 676/6442935
Mobil: +43 676/6442935
tobias@weingut-mayr.at
www.weingut-mayr.at

= 5
>10m >3,5 t R
WC CHEM
Hofladen, Weinprobe

Anfahrt: Von Wien über A22 ➔ Hollabrunn, Stockerau abfahren auf B4 ➔ Horn, Abfahrt Ziersdorf, ➔ Gettsdorf abbiegen, in Gettsdorf auf Kreuzung links nach Minichhofen abbiegen, in Minichhofen (Ortsmitte) sind Sie am Weingut angekommen

Wir sprechen auch: Englisch

GPS: 48°30'0''N 15°54'7''E

Weine: Grüner Veltliner, Riesling, Weißburgunder, Welschriesling, Rivaner, Gelber Muskateller, Roter Veltliner, Gewürztraminer, Blauburger, Zweigelt, Cabernet Sauvignon und Merlot
Spezialitäten: Naturnahe Erzeugung von Qualitätsweinen, selbstgebrannte Edelbrände und aus den eignen Kernen produziertes Kürbiskernöl
Aktivitäten: Weinproben, Weinbergführungen mit Kellerbesichtigung, Besondere Events siehe Website
Öffnungszeiten: Nach telefonischer Voranmeldung

3562 Mollands

Weingut Oskar Hager

Weinstraße 42
Oskar Hager
Tel: +43 2733/8278
Mobil: +43 664/1414636
info@weingut-hager.at
www.weingut-hager.at

= 2
>10m >3,5 t R
Dusche, Sauna, Weinprobe

Anfahrt: Krems, Langenlois, Zöbing, Schönberg, Mollands

Wir sprechen auch:
Englisch, Rumänisch

GPS: 48°30'49"N 15°40'26"E

Weine: Grüner Veltliner, Riesling, Zweigelt
Spezialisierung: Seit 1640 bewirtschaftet die Familie Hager in Mollands eigenen Grund und Boden. Die ersten Weinstöcke wurden in Stockkulturen gepflanzt und naturreiner Qualitätswein für den Eigenbedarf und für Freunde gewonnen. Derzeit werden im Weingut Oskar Hager 12 ha Weingärten in den besten Lagen des Kamptals bewirtschaftet
Öffnungszeiten: Jederzeit gegen Voranmeldung

7311 Neckenmarkt

Weinhäusel Weingut & Jubiläumsschenke

Lange Zeile 31
Zsanett Weinhäusel
Tel: +43 2610/42539
Mobil: +43 664/5727870
info@weinhaeusel.at
www.weinhaeusel.at

= 1

R

Aufenthaltsraum, Weinprobe

Anfahrt: Ausfahrt Weppersdorf/ Markt St.Martin – B62 folgen, bis Lange Zeile in Neckenmarkt

Wir sprechen auch: Englisch, Ungarisch

GPS: 47°35'53"N 16°32'48"E

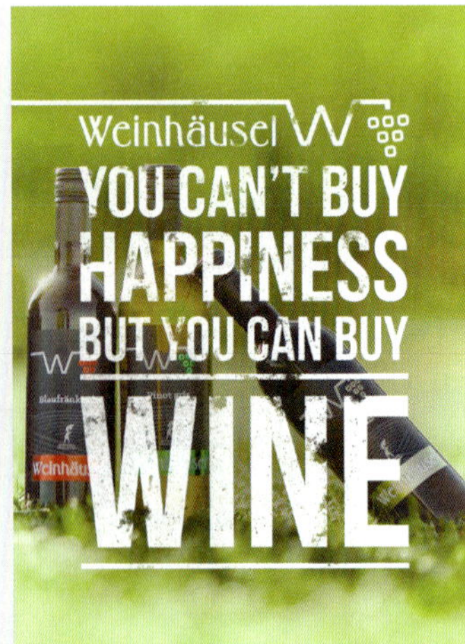

Weine: Rotwein: Blaufränkisch, Blauer Zweigelt, Syrah, Cabernet Sauvignon und Merlot, Weißwein: Welschriesling, Grüner Veltliner und Ruländer (Pinot Gris)
Spezialitäten: Familienbetrieb, der mit Leib und Seele die Weine erschafft
Aktivitäten: Bodenständige Küche mit Rezepten, die von Generation zu Generation weitergegeben werden. Kellerführungen und Weinverkostungen
Öffnungszeiten: Montags bis samstags 8.00-18.00 Uhr, Jubiläumsschenke / Heuriger: siehe Website

2061 Obritz

Weingut Reisinger

Obritz 139
Josef Reisinger
Tel: +49 664/73553500
wein@reisingerwein.at
www.reisingerwein.at

= 3

>10m >3,5t R

Hofladen, Weinprobe

Anfahrt: Von der Bundesstraße, Wien-Praha (E59, B303) in Jetzelsdorf im Kreisverkehr ➔ Haugsdorf bzw. Laa / Thaya (B45) abbiegen. Nach ca. 10 km erreichen Sie uns in Obritz an der Hauptstraße. Der Stellplatz liegt dann 2,5 km außerhalb von Obritz in der Kellergasse (siehe GPS)

Wir sprechen auch: Englisch

GPS: 48°40'47"N 16°09'36"E

Weine: Weißweine: Grüner Veltliner (Simon Polt, Reserve, Weinviertel DAC Klassik u. Ant.), Gemischter Satz, Welschriesling, Riesling, G. Muskateller, Sauvignon Blanc, Sämling 88, Chardonnay, Weißburgunder. Rotweine: Echt Schwarzer BF, Zweigelt, Rathay, Cuvee Poesie, Merlot, Cabernet Sauvignon
Aktivitäten: Zusätzlich bieten wir, gegen Voranmeldung, Führungen durch die Kellergasse und zu den Drehorten von "Simon Polt" an
Öffnungszeiten:
Telefonische Anmeldung

7471 Rechnitz

Weingut Dietlinde & Reinhard Koch

Mitterbergweg
Reinhard Koch
Tel: +43 664/4215308
+43 664/9340686
office@koch-weine.at
www.koch-weine.at

= 5
>10m >3,5 t R
WC CHEM

Weinprobe

Anfahrt: A2 - Abfahrt Markt Allhau – Oberwart – Großpetersdorf – Schachendorf – Rechnitz

Anreise auch kurzfristig möglich

Wir sprechen auch: Englisch

GPS: 47°18'51"N 16°27'12"E

Weine: Welschriesling, Sauvignon Blanc, Gelber Muskateller, Rivaner, Blaufränkisch, Zweigelt, Pinot Noir, Traubensaft, Schnäpse und Liköre, Uhudler, Uhudlerfrizzante, Frizzante Amoroso-K
Spezialitäten: Wein- Schnaps- und Likör -Verkostung, dazu regionale, hausgemachte Schmankerln. Kellerführungen, Führung durch den Weinlehrpfad
Aktivitäten: Buschenschank, Hoffest, Martiniloben
Öffnungszeiten: Während des Buschenschanks tgl. von 11.00-24.00 Uhr geöffnet, mit telefonischer Voranmeldung jederzeit

7071 Rust

Weingut Landauer

Haydngasse 5
Stefan Landauer
Tel: +43 664/73536391
Mobil: +43 664/73536391
weingut@landauer.info
www.landauer.info

= 5
>10m >3,5 t

Weinprobe

Anfahrt: A3-Abfahrt Eisenstadt-Süd ➔ Rust ca. 15 km Eisenstadt -> Trausdorf -> St.Margarethen -> Rust. In Rust bei der Kreuzung ➔ „Zum See" – die Hauptstrasse runter – rechts Abbiegen zur Haydngasse – grobe Orientierung bei der katholischen Kirche (weißer Turm)

Wir sprechen auch: Englisch

GPS: 47°48'4"N 16°40'34"E

Weine: Weißwein, Rotwein und Süßwein
Spezialitäten: Traditionsreicher Familinebetrieb seit 1650
Aktivitäten: Unser Weingut liegt mitten in der Altstadt von Rust am Neusiedlersee. Rund um uns herum gibt es eine große Auswahl an Heurigen, Restaurants, Geschäften, Hotels und Freizeitprogrammen
Öffnungszeiten: Unser Weingut ist täglich von 8.00-18.00 Uhr geöffnet. Außerhalb dieser Zeit bitten wir um Absprache

2073 Schrattenthal

Weingut Puhr

Obermarkersdorf 41
Viktoria Puhr
Tel: +43 2942/8240
Mobil: +43 660/5431584
viktoria@weingutpuhr.at
www.weingutpuhr.at

= 1
>10m >3,5t R
WC

Weinprobe

Anfahrt: Das Weingut liegt außerhalb der Ortschaft Obermarkersdorf, ➔ Weitersfeld in der Kellergasse Rosenau, ist aber mit grünen Wegweisern gut beschriftet und auf Google Maps eingetragen

Wir sprechen auch: Englisch

GPS: 48°44'28"N 15°53'48"E

Weine: Grüner Veltliner, Rosé vom Zweigelt, Riesling, Gelber Muskateller, Weißburgunder, Neuburger, Sauvignon Blanc, Gewürztraminer, Zweigelt, Cabernet Sauvignon, Süßweine
Spezialitäten: Selbstgebranntes wie Weinbrand, Tresternbrand, Traubensaft, Puhrsecco - weiß oder rosé
Öffnungszeiten: Jeden ersten Samstag im Monat "WEINPLAUDEREI" - dabei gemütlich Weine kosten, die Winzerfamilie kennenlernen, von 10.00-17.00 Uhr sowie beinahe jederzeit – wir bitten um Anmeldung – Anruf genügt!

3541 Senftenberg

Weingut Familie Stefan Hagmann – Hof zu Priel

Priel 9
Stefan Hagmann
Tel: +43 2719/8127
weingut@hofzupriel.at
www.hofzupriel.at

= 5
>10m >3,5t R

Hofladen, Weinprobe

Anfahrt: B37 von Krems kommend ➔ Gföhl/Zwettl Abfahrt Stratzing. Die zwei Kilometer von Stratzing bis Priel bitte der Beschilderung folgen.

GPS: 48°27' 18''N/15° 34' 38''E

Weine: Grüner Veltliner, Frühroter Veltliner, Rivaner, Riesling, Grauer Burgunder, Gelber Muskateller, Sauvignon Blanc, Chardonnay, Rosé vom Blauburger, Blauer Zweigelt, Frizzante, Brände und Liköre
Aktivitäten: Heuriger und Jahrgangsweinkost
Öffnungszeiten: www.hofzupriel.at

2264 Sierndorf/March

Weingut ZISSLER

Hauptstraße 49
Karl Zissler
Tel: +43 2536/8589
Mobil: +43 699/10721686
office@zissler.at
www.zissler.at

= 2
>10m >3,5t R
WC
Weinprobe

Anfahrt: Von Wien über die A5 - Ausfahrt Schrick - Gaiselberg - Großinzersdorf - Jedenspeigen - Sierndorf/March; oder über die B8 - Gänserndorf - Angern/March - B49 (→ Hohenau); Anfahrtszeit ab Wien ca. eine Stunde

GPS: 48°30'41"N 16°53'13"E

Weine: Grüner Veltliner, Welschriesling, Frühroter Veltliner, Riesling, Pinot Blanc, Sauvignon Blanc, Muskat, Zweigelt, Blauburger, Cabernet Sauvignon, La Creation (rote Cuvee)
Spezialitäten: „Rudolf von Habsburg" – Grüner Veltliner Reserve „Bernsteinwein" eine Kreation der Marchweingärtner (weiße Cuvee)
Aktivitäten: Weingarten- & Betriebsbesichtigung, Weinverkostung, Radwege und Sehenswürdigkeiten in der Nähe
Öffnungszeiten: Jederzeit gegen telefonische Terminvereinbarung

2123 Traunfeld

Winzerhof Schütz

Hauptstr. 24
Herbert Schütz
Tel: +43 2245/89725
Mobil: +43 664/46272
winzerhof.schuetz@aon.at
www.winzerhof-schuetz.at

= 2
>10m >3,5t R
CHEM GRAU
Weinprobe

Anfahrt: A5 Abfahrt Hochleithen → Traunfeld

Wir sprechen auch: Englisch

GPS: 49°24'53"N 11°28'31"E

Weine: Grüner Veltliner, Welschriesling, Müller Thurgau, Riesling, Roter Riesling, Chardonnay, Weißburgunder, Traminer, Zweigelt, Merlot, Blauburger
Spezialitäten: Traubensaft, Apfelsaft, Frizzante, Bio Kürbiskernöl, Wildspezialitäten je nach Saison
Aktivitäten: Keller- bzw. Weingartenführung, Weinverkostung mit Jause nach Voranmeldung, Fußpflege und Frisiersalon am Hof. In der Umgebung: Alpakawanderungen, Weinviertler Bauerngarten, Hermann Bauch Museum, schöne Wander- und Radwege im Weinviertel

3465 Unterstockstall

Preisinger-Reinberger

Brunnengasse 1
Rupert Reinberger
Tel: +43 2279/3429
Mobil: +43 664/5311108
info@weingut-pr.at
www.weingut-pr.at

= 2
>10m >3,5 t R
WC
Weinprobe

Anfahrt: S5 Abfahrt Kirchberg am Wagram - beim Kreisverkehr in Kirchberg → Unterstockstall – in Unterstockstall nach der Brücke links abbiegen

Wir sprechen auch: Englisch

GPS: 48°25'28"N 15°55'48"E

Weine: Grüner Veltliner, Roter Veltliner, Frühroter Veltliner, Riesling, Pinot Blanc, Gelber Muskateller, Zweigelt Rosé, Rosé Frizzante, Zweigelt, Blauburger, Cuvée barrique
Spezialitäten: typische Bouteillenweine vom Wagram, Roter Veltliner

Aktivitäten: Weinprobe, Riedenwanderung, Besichtigung des alten Lösskellers, Heurigenbesuche, Konzerte, Stadtbesichtigung in Krems & Tulln, Wien, Schifffahrten auf der Donau
Öffnungszeiten: Montag - Freitag 8.00-18.00 Uhr, Samstag 8.00-12.00 Uhr

7121 Weiden am See

Weingut Tobias & Elfriede Friedrich

Untere Hauptstraße 44
Christian Friedrich
Tel: +43 2167/7241
weinbau-friedrich@gmx.at
www.weinbau-friedrich.at

= 1
>10m >3,5 t R

Weinprobe

Anfahrt: Auf A4 Autobahnabfahrt 51 Gemeinde Gols/Weiden → Gols/Weiden nehmen, weiter auf A462 fahren und im Kreisverkehr erste Ausfahrt → Neusiedler Straße / B51 nehmen. Ziel befindet sich direkt auf Hauptstraße in Weiden am See

Wir sprechen auch: Englisch

GPS: 47°55'25"N 16°52'16"E

Weine: Weisswein: Welschriesling, Weisser Burgunder, Chardonnay, Grauer Burgunder, Sauvignon Blanc. Rotwein: Zweigelt, St. Laurent, Cabernet Sauvigon, Rotweincuvee, Süssweine, Rose, Schaumweine

Spezialitäten: Frizzante
Aktivitäten: Weinverkostung, Riedenwanderung, Besuch Nationalpark Neusiedlersee-Seewinkel, Restaurantbesuche

1210 Wien

Weingut & Heurigen Christ

Amtsstraße 10-14
Rainer Christ
Tel: +43 1292/5152
info@weingut-christ.at
www.weingut-christ.at

= 15

R

WC

Hofladen, Weinprobe

Anfahrt: A22 Ausfahrt Praha/Brno, Beschilderung nach Jedlersdorf folgen

Wir sprechen auch: Englisch

GPS: 48°16'39"N 16°24'25"E

Weine: Große Auswahl aus dem 2018/19 höchst bewerteten Weingut Wiens
Spezialitäten: Weine, Sekt, Traubensaft, hausgemachte Spezialitäten in unserem Wiener Heurigen

Aktivitäten: Weingarten- und Kellerführungen
Öffnungszeiten: Heurigenöffnungszeiten in den Monaten Jänner, März, Mai, Juli, September, November täglich ab 15.00 Uhr

8551 Wies

Weingut Christian Reiterer

Lamberg 11
Carena Schmuck
Tel: +43 3465/3950
info@weingut-reiterer.com
www.weingut-reiterer.com

= 5

>10m >3,5 t

Anfahrt: A2 ➔ Klagenfurt – Abfahrt Lieboch – B76 ➔ Deutschlandsberg/ Eibiswald bis Wies – 1. Kreisverkehr 4. Ausfahrt – vor Ortsausgang links Lamberg ca. 800 m hinauf – Weingut Reiterer li. Seite

Wir sprechen auch: Englisch

GPS: 46°43'44"N 15°16'09"E

Weine: Rosé – Blauer Wildbacher, Weiß – Sauvignon Blanc , Morillon (Chardonnay), Cuvée
Aktivitäten: Weinbergführungen

Öffnungszeiten: Dezember bis Februar und sonntags sowie während der Betriebsferien Ende August ist ein Aufenthalt nicht möglich

EIN **KLEINES** LAND GANZ **GROSS**

Herrliche Landschaften in Südtirol.

Von mediterraner Sonne verwöhnt, von alpiner Landschaft geprägt, von erfahrenen Winzern bereitet und von Weinkennern in der ganzen Welt geschätzt: Wein aus Südtirol.
Süddtirol kultiviert seit 3.000 Jahren Wein und zählt damit zu den ältesten Weinbauregionen Europas.
Dabei betätigten sich auch Mönche als Winzer. Klöster investierten in den Weinbau, um ihren Bedarf an Tisch- und Messwein zu decken. Noch heute zählen die Keltereien der Klöster, wie beispielsweise von Kloster Neustift, zu den besten des Landes.
Südtirol ist eines der kleinsten Anbaugebiete Italiens. Dank seiner geografischen Lage aber auch eines der facettenreichsten. Hier reifen keine Modeweine, sondern authentische Weine mit eigenständigem Charakter.

Trotz überschaubarer Größe kann das Weinbaugebiet Südtirol mit einem beachtlichen Sorten-Spektrum aufwarten. Zu den typischen Südtiroler Weinen gehört der Vernatsch, die am häufigsten angebaute Rotweinsorte in Überetsch am Kalterer See. Serviert wird der als „Kalterer See" bekannte Rote leicht gekühlt. Beliebt in der Region ist auch der Lagrein, aus dessen kleinen Beeren nicht nur kräftige Dunkelrote, sondern auch Roséweine gekeltert werden. Daneben dominieren bei den Rotweinen Blauburgunder, Cabernet Sauvignon und Merlot. Weiße Rebsorten wie der international bekannte Gewürztraminer, Chardonnay, Grau- und Weißburgunder wachsen auf gut 60 Prozent der Weinbaufläche Südtirols. Dank starker Sonneneinstrahlung und wärmespeicherndem Kalkgestein Weinreben auf terrassierten Steilhängen bis auf 1.000 Meter Höhe.

Dabei werden in keinem anderen Weinbaugebiet der Welt auf einer so kleinen Anbaufläche so viele unterschiedliche Rebsorten angebaut wie in Südtirol. Auf gerade mal 5.400 Hektar gedeihen rund 20 Rebsorten.

Auch bei der Qualität der Weine ist Südtirol ganz groß: Als einzige italienische Anbauregion kann sie 98 Prozent ihrer Weinproduktion als DOC klassifizieren, also mit „kontrollierter Ursprungsbezeichnung". ❮

DIE **HOT**SPOTS

1 DEM ÖTZI AUF DER SPUR

Auf drei Etagen sind im Südtiroler Archäologiemuseum in Bozen die Originalfunde und die Geschichte des berühmten Mannes aus dem Eis zu bestaunen. Seine Mumie wurde am 19. September 1991 beim 3.208 Meter hohen Tisenjoch in den Ötztaler Alpen entdeckt – daher sein Name. Gefunden haben ihn die deutschen Bergwanderer Erika und Helmut Simon aus Nürnberg.

Ötzi ist rund 5.000 Jahre alt und die einzige erhaltene, durch natürliche Gefriertrocknung konservierte Leiche aus der Kupfersteinzeit in Mitteleuropa. Die Ausstellung dokumentiert den Medienhype nach Ötzis Entdeckung, präsentiert Forschungsergebnisse wie auch allerlei Kurioses, spannende Interviews und interaktive Erlebnispunkte. Höhepunkt der Ausstellung ist Ötzi selbst in einem speziellen Kühlraum hinter einem Sicherheitsfenster.

2 SCHLOSSGARTEN MERAN

Nicht nur Kaiserin Sissi hat es geliebt: Schloss Trauttmannsdorf. 1870 diente es ihr und ihren Töchtern als Feriensitz. Die Anlage erstreckt sich über eine Fläche von zwölf Hektar in Form eines natürlichen Amphitheaters und eröffnet einen atemberaubenden Blick auf die exotischen botanischen Gärten, die grandiose Bergwelt zwischen Ortler, Ötztaler Alpen und Dolomiten. Hier gedeihen botanische Raritäten aus aller Welt, Themengärten und lokale Vegetationsbilder des Landes Südtirol. Außergewöhnlich ist, dass sich die Gärten rund um das Schloss über einen Höhenunterschied von rund 100 Metern verteilen. Die 2001 eröffneten Gärten gehören zu den meistbesuchten Freizeiteinrichtungen Südtirols. Im Schloss selbst ist heute das Südtiroler Landesmuseum für Tourismus, das Touriseum, untergebracht.

3 WEINMUSEUM KALTERN

Wein spielt in Südtirol eine große Rolle – kulturell, gesellschaftlich und wirtschaftlich. Mit ein Grund dafür, dass unermüdliche Sammler 1955 das erste Weinbau-Museum Italiens gegründet haben. Zahlreiche Exponate des kleinen, aber feinen Museums führen Geschichte und Bedeutung des Weines anschaulich vor Augen: imposante Weinpressen, Trink- und Traggefäße, Weinfässer und Keltergeräte.

Besucher erfahren außerdem aufschlussreiche Geschichten zu den Berufszweigen, die vom Weinbau lebten wie Weinsäumer, Fuhrleute, Fassbinder und Saltner: Zum Schutz vor Traubendiebstahl hatten Kalterer zum Beispiel einen Flurhüter, den sogenannten „Saltner", angestellt. Im Jahr 1914 gab es in Kaltern neun solcher

DER REGION SÜDTIROL

„Traubenwächter". Geöffnet ist von April bis November täglich außer montags. Von Ostern bis Allerheiligen werden jeden Donnerstag um 10 Uhr Führungen angeboten.

4 DOM IN BRIXEN

In und um Brixen gibt es zahlreiche Kirchen und Klöster. Eines der bedeutendsten Gotteshäuser Südtirols ist aber der um 980 erbaute Dom – Wahrzeichen der Stadt. Zweimal hat die Kathedrale gebrannt, bevor sie dann im 12. Jahrhundert im romanischen Stil wieder aufgebaut und mit einem dreischiffigen Langhaus und zwei Fassadentürmen erweitert wurde. Ein barocker Neubau entstand im 18. Jahrhundert mit eindrucksvollen Fresken und Gemälden des berühmten Tiroler Barockmalers Paul Troger. Der von Theodor Benedetti vollendete Hochaltar zählt zu den schönsten und bedeutendsten barocken Altären Tirols. Und auch die spätgotische Madonna des bayerischen Bildhauers Hans Leinberger kann sich durchaus sehen lassen.

5 KLOSTER NEUSTIFT

Die 1124 vom Brixner Bischof gegründete Stiftsanlage zählt zu den bedeutendsten architektonischen Ensembles in Südtirol. Bau- und Kunstwerke aus der Romanik, der Gotik, dem Barock, dem Rokoko und Klassizismus zeugen von der abwechslungsreichen Geschichte des Klosters. An der Schnittstelle von Brennerroute und der Straße ins Pustertal war das Stift von Anfang an ein Ort, an die vielen Pilger auf ihrer Reise nach Rom oder Jerusalem einkehrten. Es war zudem wichtiges kulturelles und wissenschaftliches Zentrum im Eisacktal. In der Klosterschule wurden die besten Köpfe aus Wissenschaft, Kunst, Philosophie und Theologie ausgebildet, wovon bis heute unter anderem die umfangreiche Stiftsbibliothek zeugt.

Auch der Weinanbau hatte große Bedeutung. Von Beginn an haben die Augustiner Chorherren die viel beachteten Eisacktaler Weißweine der Praepositus-Linie wie Silvaner, Kerner oder Gewürztraminer gekeltert. Nach Voranmeldung sind Verkostungen im Stiftskeller möglich. Aber nicht nur Wein, auch Gemüse, Obst, Heilpflanzen und Blumen stammen aus eigenem Anbau. Der im Kloster Neustift zu einem großen Teil noch erhalten gebliebene Garten beeindruckt mit einem Mammutbaum, jahrhundertealten Ginkgobäumen sowie einem Barockgarten mit zauberhaften Brunnen und tausendfach blühenden Beeten. Zu den etwa 75 Sorten, die im Kräutergarten gedeihen, zählen neben Johanniskraut, Herzgespann oder Brotklee auch exotische Kräuter wie Melonensalbei, Jamaikathymian oder Tabak.

HOTSPOTS SÜDTIROL

6 WUNDER DER NATUR

Die Erdpyramiden am Ritten sind in etwa bis zu 20 Meter hoch und besitzen einen Stein, der einem Hut gleicht. Dieser schützt das lehmhaltige Material unter sich vor schnellem Abtragen. Das Besondere bei Erdpyramiden ist, dass sie schon seit Tausenden von Jahren an ihrer Stelle stehen. Geformt von Mutter Natur bestehen sie so lange wie sie einen Deckstein, einen Hut, besitzen. Wird dieser abgetragen, sind die Pyramiden den Wettereinflüssen schonungslos ausgesetzt und verschwinden.

7 DER TURM IM SEE

Als der Stausee am Reschenpass, dort wo die Etsch ihren Ursprung hat, angelegt wurde, fielen viele Gebäude den Fluten zum Opfer. Für die Stromerzeugung wurden im Sommer 1950 die Dörfer Graun und Teile von Reschen, sowie die uralten Weiler von Arlung, Piz, Gorf und Stockerhöfe geflutet. Insgesamt handelte es sich um 677 Hektar Grund und Boden: Die Einwohner und Hofbesitzer wurde zwangsenteignet und zur Aus- oder Umsiedlung gezwungen. Nur das Kirchlein von Alt-Graun aus dem 14. Jahrhundert trotzte diesem dunklen Kapitel Südtiroler Geschichte. Sein denkmalgeschützter Kirchturm ragt heute noch aus den Fluten und ist, je nach Wasserstand, mehr oder weniger sichtbar.

i
Südtirol Information
Südtiroler Straße 60
I-39100 Bozen
www.suedtirol.info

Ver- und Entsorgung in Südtirol

I-39019 Dorf Tirol,
Stellplatz Jausenstation, Segenbühleweg 26

I-39052 Kaltern-St. Josef am See,
Stellplatz Kalterer See, nahe Strandbad

I-39043 Klausen, Camping Gamp Klausen,
Via Gries/Greisbruck 10

I-39040 Kurtatsch, Camping Obstgarten,
Breitbach Nr. 9 (nur auf Anfrage)

I-39010 Tisens bei Lana,
Naturcaravanpark Tisens, Schwimmbadstr.39

39057 Frangart/Eppan an der Weinstraße

Bioweingut Strickerhof

Boznerstr. 62
Karl Kasseroller
Tel: +39 0471633402
service@strickerhof-frangart.it
www.strickerhof-frangart.it

= 2
>10m >3,5 t

Anfahrt: Von Eppan kommend nach dem Kreisverkehr Pillhof re. nach Frangart abbiegen, nach ca. 700 m befindet sich der Hof auf der re. Seite

Wir sprechen auch:
Englisch, Italienisch

GPS: 46°28'42"N 11°17'23"E

Weine: Chardonnay, Bronner, Goldmuskateller, Chambourcin Rosé, Vernatsch, Lagrein, Chambourcin, Cuvée rot
Spezialitäten: Destillate, Fruchtsäfte (alle Produkte sind Bioland zertifiziert)

Aktivitäten: Weinproben, Wein- und Hofführungen
Öffnungszeiten: Mo-Sa 08:00-20:00 Uhr

39040 Tramin

Hofkellerei Walch & Straußwirtschaft G'würzkeller

J.-v.-Zallinger-Str. 10 bzw. 24
Ingun Walch
Tel: +39 0471860215
info@hofkellerei.it,
www.hofkellerei.it

= 1
>10m >3,5 t R
WC CHEM

Anfahrt: A22 Ausf. Auer/Neumarkt/Tramin → Tramin. Die Hofkellerei und der G'würzkeller befinden sich im südl. Teil des Dorfes (blaue Zone). www.hofkellerei.it/Anfahrt

Nach Voranmeldung

Wir sprechen auch:
Englisch, Italienisch

GPS: 46°20'11"N 11°14'24"E

Weine: Gewürztraminer, Gewürztraminer rosé, Chardonnay, Weissburgunder, Müller Thurgau, Grauburgunder, Blauburgunder (rot und rosé), Kalterersee, St. Magdalener, Merlot, Lagrein
Aktivitäten: Blindverkostungen auf Anfrage

Öffnungszeiten:
Hofkellerei: Mo-Fr 08:00-12:30 Uhr und 14:00-18:00 Uhr, Sa 08:00-14:00 Uhr, So und Feiertage geschlossen.
G'würzkeller auf Anfrage

39040 Margreid an der Weinstraße

Bio Weingut Othmar Sanin

Bahnhofstr. 6
Othmar Sanin
Tel: +39 3351420497
info@sanin.bio
www.sanin.bio

= 4
>10m >3,5 t R
GRAU
Müllentsorgung

Anfahrt: Brenner-Autobahn A22 - Ausfahrt Neumarkt-Auer, weiter auf Landesstrasse 12 ➔ Trento ca. 6 km, rechts ab nach Margreid - Bahnhofstrasse ca. 1,5 km

Telefonische Voranmeldung erbeten

Wir sprechen auch:
Englisch, Italienisch

GPS: 46° 51′ 55″N 12° 09′ 03″E

Bio WINZER

Weine: Miros - Rotwein Dunkel, Krejos - Rosèwein
Spezialitäten: Unsere kulinarischen Raritäten: Traubenblätter-Pesto, Traubensaft intensiv, OPC aus Südtirol, Traubenkerne gemahlen, Traubenkaviar, Traubenblütenknospen

Aktivitäten: Wöchentlich Wildkräuter-Führungen mit exklusiven Raritäten- und Weinverkostung. Verkostung von Bioweinen und exklusiver kulinarischer Raritäten. Ausführliches Programm siehe unter: www.sanin.bio

WEIN AUS
OSTEUROPA

Herrliche Weinberge im Herzen Osteuropas. Eine Tour entlang der ungarischen Weinstraße durch die 2.500 Hektar Rebflächen lohnt sich zu jeder Jahreszeit.

Ganze 22 anerkannte Weinbauregionen gibt es in Ungarn. Dabei hat der edle Tropfen hier bereits eine lang gelebte Tradition. Schon römische Kaiser wussten die Weine aus Ungarn zu schätzen. Die Wurzeln in einem der bekanntesten Anbaugebeite, dem Villány, reichen vielleicht sogar zurück bis zu den Kelten, eindeutig jedoch bis zu den Römern. Die damit verbundene römische Besiedlung hat bis heute Spuren hinterlassen: Unterhalb des Berges Szársomlyó, des Villányer Wahrzeichens, schlummern Ruinen einer römischen Villa mit Bodenheizung, Schwimmbecken und Mosaiken. Außerdem steht dort ein Altarstein. Laut dessen Inschrift hat der Gutsherr einst etwa 50 Hektar Wein gepflanzt.

Villány ist das erste ungarische Weingebiet mit eigener, umfassend kontrollierter Herkunfts- und Qualitätsgarantie, die über die landesweite Klassifikation hinausgeht. Deren wesentlichen Regeln: DHC-Villány-Weine dürfen nur aus den besten Rebsorten stammen. Dazu gehören Portugieser, Lemberger, Cabernet, Olaszrizling und Chardonnay. Alle Winzer, die DHC-Villány-Weine erzeugen wollen, müssen ihr Vorhaben zu Kontrollzwecken spätestens am jeweiligen 30. Mai dem Weinbauamt melden. Alle DHC-Villány-Weine müssen außer der staatlichen Qualitätsprüfung eine gesonderte sensorische Prüfung der Villányer Verkostungskommission bestehen.

Und was erleben Urlauber? Eine herrliche Landschaft: Entlang der ersten Weinstraße Ungarns blitzen auf 2.500 Hektar Rebflächen an den Südhängen des Villányer Hügelzuges Mandel-, Feigen-, Aprikosen- und Pfirsichbäume auf – das Mittelmeer ist nicht weit entfernt. Jede Jahreszeit bietet ihren Reiz und verwöhnt die Gäste von Frühjahr bis Herbst mit ihren Früchten. Von den Weingärten aus reicht der Blick weit hinein in ein Land mit angenehmen Klima: warme Tage, kühle Nächte und Wind, der die Blätter nach einem Regen schnell abtrocknet. Die Jahresdurchschnittstemperatur beträgt 11,5 Grad bei mehr als 2.300 Sonnenstunden im Jahr. ‹

HOTSPOTS UNGARN

Ungarisches Tourismusamt
Kacsa u. 15-23.
HU-1027 Budapest
www.wowhungary.com

1 BURG VON SIKLÓS

Weithin sichtbar thront diese Burg aus dem 13. Jahrhundert auf einem Hügel und beherrscht mit ihren imposanten Ausmaßen die südlichste Stadt Ungarns. Besucher betreten sie über eine alte Zugbrücke und erreichen den mit Schießscharten bewehrten Hof sowie den Wehrgang. Von hier genießen sie einen schönen Blick über die Hänge von Villány. Zu besichtigen sind in dem Ensemble auch die gotische Kapelle aus dem 15. Jahrhundert, der Rittersaal, das ehemalige Gefängnis und die Folterkammer, in der Gäste angesichts der Funktionsweise der Folterinstrumente erschauern.

2 HEILBAD HARKÁNY

Das Heil- und Strandbad Harkány hat eine nahezu 200 jährige Vergangenheit. Auf die wundervolle Wirkung des Wassers machte überlieferungsgemäß der Fall eines Leibeigenen namens János Pogány aus „Gyüd" im Jahre 1823 aufmerksam, der wohl von seinen starken Beinschmerzen durch den Harkányer Sumpf befreit wurde. Aus den Thermalbrunnen strebt ein Warmwasser mit Natrium-, Kalzium-, Hidrogenkarbonat-, Chlorid- und hohem Sulfidgehalt nach oben.

3 SKULPTURENPARK

Skulpturenpark bei Nagyharsány: Im verlassenen Steinbruch am Szársomlyó-Berg arbeiten seit 1967 internationale Künstler zusammen. Ihre Skulpturen bieten in dem ehemaligen ungarischen Tagebergwerk einen überraschenden Anblick.

Die Initiative der jungen Bildhauer, den Steinbruch als Ort des künstlerischen Schaffens zu nutzen, wurde damals von allen Seiten begrüßt. Und das, obwohl dazu gewisse Investitionen nötig waren. So wurde die nahe gelegene Gyimóthy-Villa renoviert und den Künstlern zur Verfügung gestellt. Damit war der Skulpturenpark 1968 offiziell ins Leben gerufen.

Und das mit Erfolg, der weit über die Landesgrenzen hinaus reicht: Seit 1970 gehören der Gruppe immer mehr internationale Künstler an. Die Bildhauerei wurde im Skulpturenpark bei Nagyharsány zum zentralen Thema. Dort entstehen nach wie vor immer mehr Standbilder und Figuren. Sie thronen auf einem Plateau zwischen steilen Felswänden.

Die Künstler machen seither ihre Werke der Öffentlichkeit zugänglich. Und Touristen bekommen hier die einmalige Möglichkeit, den Bildhauern bei ihrem Schaffen dirket über die Schulter zu schauen.

7766 Pécsdevecser (Dewetsch)

Wassmann Biodynamic wines Villány

Fö utca 42
Ralf Waßmann und Susann Hanauer
Tel: +36 30/9117971
info@weingut-wassmann.de
www.weingut-wassmann.com

= 3

R

Anfahrt: Von M6/M60 kommend: Abfahrt Pécs Kelet / Újpetre, dann → Újpetre / Villány, vor Újpetre links → Kiskassa, nächste Möglichkeit links Ri Pécsdevecser, in der Ortsmitte liegt unser Weinbauernhof Haus Nr. 42, auf der linken Seite, mit einem großen Gingko vor dem Haus.

Wir sprechen auch:
Deutsch, Englisch

GPS: 45° 57' 35''N 18° 23' 02''E

Weine: Wir sind das erste Bio- und das einzige Demeter-Weingut der Region Villány. Weine sind allesamt naturrein, vegan, unfiltriert und schwefelarm. Hauptsorten Kékfrankos (Blaufränkisch) und Cabernet Franc. Cabernet Sauvignon und Merlot
Spezialitäten: Winzersekte weiß und rot. PetNat Blanc De Noir. Blanc de Noirs. Brand von Welschriesling-Wein
Aktivitäten: Weinbergführungen, Weinproben mit hausgemachtem Dinkel-Vollkornbrot, Seminare: Bioweinbau, biodynamischer Weinbau
Öffnungszeiten: Nach Vereinbarung

7773 Villány

Weingut Günzer

Oportó Str. 6.
Norman Günzer
Tel: +36 204683126
gunzernormanm@gmail.com
www.gunzerzoltan.hu

= 1

>10m R

WC

Weinprobe

Anfahrt: 50 m von der Hauptstraße

Anmeldung per E-Mail oder Telefon

Wir sprechen auch:
Deutsch, Englisch

GPS: 45°52'01"N 18°26'47"E

Weine: Lezser (Sauvignon Blanc / Chardonnay), Chardonnay, Rosé, Portugieser, Kadarka, Cabernet Franc, Cabernet Sauvignon, Kékfrankos (Blaufrankisch), Syrah, Ördögárok (Teufelsgraben) (Merlot/ Cabernet Franc / Cabernet Sauvignon)
Spezialitäten: Qualität ist am wichtigsten
Öffnungszeiten:
Fr, Sa: 17:00-22:00 Uhr

DAS **JAHR** IM

Fotos: Deutsches Weininstitut (DWI)

Das Leben als Winzer bedeutet vor allem, sich dem Rhythmus der Natur anzupassen. Bis der Rebensaft im Glas geschwenkt und genossen werden kann, wird dem Weinbauer einiges an Erfahrung und Geschick im Weinberg abverlangt.

JANUAR BIS FEBRUAR

Rebschnitt

Das Weinjahr beginnt für den Winzer mit Handschuhen, warmer Kleidung und Rebschere. Mit dem Rebschnitt legt er die Grundlage zur Erhaltung der Weinstöcke und steuert den Ertrag und die Qualität. Mit geschultem Auge wird in vielen Wochen Handarbeit altes Holz entfernt und die Menge an sogenannter Fruchtruten bestimmt. Diese Form der Ertragsregulierung dient dazu, weniger aber dafür qualitativ hochwertigere Trauben zu erlangen, in denen sich die gewünschten Inhaltsstoffe konzentrieren.

MÄRZ BIS MAI

Für den Winzer steht nun die Bearbeitung des Bodens auf dem Programm. Mit verschiedenen Geräten wird das Erdreich mechanisch aufgelockert und gedüngt, damit genügend Nährstoffe und Mineralien freigesetzt werden. Mit den ersten warmen Sonnenstrahlen und steigenden Tempera-

WEINBERG

Austrieb im Frühling

turen erwachen Natur und Rebstock aus dem Winterschlaf. Die Reben beginnen „zu bluten", es tritt Saft aus. Jungreben und Stecklinge werden ausgepflanzt und Drähte nachgespannt. Bei der Reberziehung werden die Fruchtruten von Hand gebogen und gebunden und damit eine gleichmäßige Verteilung der Triebe erreicht. Jede Rute entwickelt allmählich mehrere Knospen, sogenannte Augen. Diese öffnen sich bei Durchschnittstemperaturen von etwa acht bis zehn Grad und kleine Blätter sprießen. Je nach Rebsorte geschieht der Austrieb früher oder später. Der Schutz vor Krankheiten, wie echter Mehltau, falscher Mehltau oder Botrytis, muss aufgebaut werden. Je nach Region ist zu diesem Zeitpunkt noch mit Minusgraden zu rechnen. Die kälteanfälligen Jungreben müssen daher vor Frost geschützt werden.

JUNI BIS AUGUST

Im Juni beginnen die sogenannten „hundert Tage". Sie bezeichnen den Zeitraum zwischen Blüte und Lese. Der Winzer hofft nun auf warmes und trockenes Wetter, damit die Blüte und Selbstbefruchtung in nur wenigen Tagen optimal verläuft. Regen dagegen kann zur Verrieselung führen und zum Verblühen ohne Befruchtung. Während der anstehenden Wachstumsphase verbringt der Winzer viel Zeit mit Laubarbeiten. Triebe müssen festgebunden und zurückgeschnitten werden, da sie bei starkem Wind und stürmischem Wetter leicht brechen können. Überschüssige Seitentriebe müssen entfernt und die Traubenzone ausgedünnt werden, damit eine gesunde und luftdurchlässige Laubwand erhalten bleibt. Sie gewährleistet die Nährstoffversorgung der heranreifenden Trauben. Bereits jetzt lässt sich anhand des Fruchtansatzes die potenzielle Erntemenge bestimmen. Der Zuckergehalt in den noch unreifen Beeren steigt mit jedem Tag kontinuierlich an. Sonne, warme Temperaturen und regelmäßiges Wässern fördern den Reifeprozess der Trauben. Ende August beginnen die Wein-

Weinknospen

gärtner mit der sogenannten „grünen Lese". Durch Herausschneiden einzelner, grüner Beeren erhalten die verbleibenden Beeren mehr Kraft und die Rebstöcke werden entlastet.

SEPTEMBER BIS OKTOBER

Die Trauben beginnen langsam weich zu werden. Die Witterung hat zu diesem Zeitpunkt großen Einfluss auf die Entwicklung, Qualität und das Mostgewicht. Je nach Region, Rebsorte und Jahrgang kann sich die Weinlese um mehrere Wochen unterscheiden. Der Oktober steht ganz im Zeichen der Weinlese. Die Kunst des Winzers besteht darin, den optimalen Lesezeitpunkt für seine Weinberge zu wählen. Ein Pokerspiel um jeden zusätzlichen Sonnenstrahl, denn je länger Trauben am Stock hängen und reifen, desto höhere Qualität kann erzeugt werden. Der „Oechsle-Wert" ist nur ein Kriterium, das dem Weinbauer dabei hilft, den Reifegrad zu bestimmen. Dieser Wert gibt das Mostgewicht an, das Rückschlüsse auf den potenziellen Alkoholgehalt des Weines zulässt.

NOVEMBER BIS DEZEMBER

Allmählich kehrt die Winterruhe ein, ehe der Kreislauf von neuem beginnt. Der hart beanspruchte Boden des Weinbergs wird nach der Lese erneut umgepflügt. In manchen Weinbergen hängen an den Stöcken noch Beeren, die durch Edelfäule eingetrocknet sind. Sie werden im November gelesen, um daraus Spezialitäten wie Trockenbeerenauslese oder Eiswein zu keltern.

Quelle: Deutsches Weininstitut

Weinlese

QUALITÄT DES WEINS

Das Weinetikett: Für viele ein Buch mit sieben Siegeln. In Deutschland wird der vergorene Rebensaft in vier Güteklassen angeboten: Deutscher Wein, Landwein, Qualitätswein bestimmter Anbaugebiete (QbA) und Prädikatswein. Sechs Prädikate wiederum stufen die Weine je nach Sorte, Reife, Harmonie und Eleganz ab. Eine so große Differenzierung ist weltweit einzigartig. Deutsche Prädikatsweine unterliegen dabei strengen Kontrollen. Die Weine werden unter anderem nach dem Mostgewicht sowie der Lesart der verwendeten Trauben in folgende Stufen unterteilt:

Kabinett – Nur vollreife Trauben werden gekeltert und zu Kabinett-Weinen.

Spätlese – Vollreife Trauben werden erst nach der allgemeinen Weinlese geerntet. Spätlese-Weine sind meist viel intensiver im Geschmack.

Auslese – Aus den vollreifen Trauben werden, meist per Hand, die noch unreifen Weinbeeren einer Traube entfernt (ausgelesen).

Beerenauslese – Überreife, edelfaule Beeren ergeben volle, fruchtige und süße Weine.

Trockenbeerenauslese – Weine dieser höchsten Qualitätsstufe werden aus rosinenartig eingeschrumpften, edelfaulen Beeren gekeltert. Die Trockenbeerenauslesen sind edelsüß und werden häufig als Aperitif oder Digestif getrunken.

Eiswein – Am Rebstock gefrorene Trauben werden bei mindestens minus 7 Grad gelesen und dann gekeltert. Durch den niedrigeren Wasseranteil in den Beeren haben die – in geringer Stückzahl angebotenen – Weine eine natürliche Konzentration fruchtiger Säure und Süße.

WEINLEXIKON

Adstringenz – Ein sensorischer Reiz, den vor allem noch junger Rotwein auslösen kann. Die im Wein enthaltenen Tannine und Gerbstoffe reagieren mit den Eiweißmolekülen im Mundraum. Es entstehen ein bitterer Geschmack und ein raues, pelziges Gefühl auf der Zunge.

Alkoholgehalt – Natürlicher Alkohol: Gesamtalkohol vor der Anreicherung, der aus dem Mostgewicht der Beeren entsteht. Vorhandener Alkohol: Alkohol, der in der abgefüllten Flasche vorhanden ist. Potenzieller Alkohol: der im Zucker schlummernde Alkohol.

Biowein – Weine, die ohne Einsatz an chemischen Spritz- und Düngemitteln, die das Ökosystem im Weinberg angreifen könnten, erzeugt worden sind. Die Bodenfruchtbarkeit des Weinbergs soll dadurch erhalten bleiben und die Qualität der Weintrauben optimiert werden. Das Sortiment biologisch erzeugter Weine wächst ständig an.

Alkoholische Gärung – Umsetzung des im Most gelösten Zuckers durch natürliche Weinhefen in Ethylalkohol und Kohlensäure.

Alterung (Lagerung) – Rotweine möglichst nicht länger als zehn Jahre lagern, Weißweine in Basisqualität bis etwa drei Jahre, Winzersekt drei Jahre. Ideale Umgebungstemperatur: zehn bis zwölf Grad, mit Kork verschlossene Flaschen liegend lagern. Je höher Alkoholgehalt, Süße, Säure und Gerbstoff (bei Rotweinen) sind, desto länger sind die Weine haltbar.

Barrique – Ursprüngliche Bezeichnung für das traditionelle französische Fassmaß von etwa 225 Litern. Heute als Begriff benutzt für den Ausbau von Weinen in meist neuen Eichenfässern. Die Rotweine haben einen typischen Geschmack nach Holz.

Bouquet (Bukett) – Vom Geruchssinn erfasste Duft- und Aromastoffe im Wein.

Classic – Meist trockene Weine mit gehobenem Qualitätsanspruch aus einer klassischen, gebietstypischen Rebsorte. Der Restzuckergehalt des Weins darf höchstens doppelt so hoch sein wie der Säuregehalt des Weins, jedoch höchstens 1,5 Gramm pro Liter. Der natürliche Alkoholgehalt der Classic-Weine muss ein Volumenprozent höher liegen als üblicherweise verlangt.

Cuvée – Im deutschsprachigen Raum ist die Cuvée ein Synonym für Verschnitt aus mehreren Rebsorten. Sie bezeichnet das gemeinsame Keltern oder das Vergären verschiedener Rebsorten in einem Gärbehälter zur Herstellung von Wein oder Schaumwein. Das Verschneiden von Weinen zu einer Cuvée soll die Qualität erhöhen sowie einen konstanten Geschmack über mehrere Jahre gewährleisten, besonders bei Schaumwein. Beim Verschnitt wählt der Kellermeister beispielsweise einen körperreichen, farbintensiven Rotwein (etwa Dornfelder) als Verschnittpartner für leichtere, fruchtigere Weine (etwa Trollinger) aus.

Degorgieren – Bei der Champagnerherstellung wird der vergorene Schaumwein nach dem Rütteln kopfüber in ein Eisbad gestellt, damit der Hefepfropf einfriert. Nach dem Öffnen der Flasche schießt der Pfropf durch hohen Flaschen-Innendruck nach außen.

Degustation – Weinverkostung, Weinprobe beim Winzer/Winzergenossenschaft.

Dekantieren – Umfüllen des (Rot-)Weins aus der Flasche in eine Karaffe, um den Wein dadurch mit Sauerstoff anzureichern.

Edelfäule – Traubenfäule reifer Beeren, ausgelöst durch den Pilz Botrytis cinerea. Die Fäule steigert die Konzentration der Inhaltsstoffe und somit die Qualität des Weins.

Edelsüß – Wein mit hohem natürlichem Zuckergehalt, vorwiegend entstanden durch edelfaule Beeren.

Erzeugerabfüllung – Wein aus dem Weinberg eines Winzers/einer Winzergenossenschaft, die den dort abgefüllten Wein selbst angebaut, gekeltert und ausgebaut haben.

Federweißer (Bitzler, Sauser) – Gärender Most aus Weintrauben, die erst vor einigen Wochen gelesen wurden und noch nicht komplett zu Wein vergoren sind.

Filtrieren – Trennung der mikroskopisch kleinen Teilchen vom Most oder Wein, um alle Hefezellen zu entfernen. Damit wird ein Nachgären des Weins verhindert.

Flaschengärung – Bei der Sektherstellung wird der Grundwein in der Flasche zum zweiten Mal vergoren – so bleibt die entstehende Kohlensäure erhalten.

Fruchtsäuren – Verschiedene Säuren im Wein, etwa Weinsäure und Apfelsäure.

Gärung – Umwandlung des Mosts zu Wein, entweder durch Naturhefe oder Reinzuchthefe. Bei 16 bis 27 Grad entsteht Gärung, bei der Hefepilze mit wässrigen Zuckerlösungen in Kontakt kommen.

Gerbstoffe – Inhaltsstoffe aus der Schale, den Kernen und den Stielen der Weintraube (besonders Tannin), die einen herb-bitteren Geschmack im Wein auslösen. Durch Lagerung und Ausbau im Eichenfass gelangen zusätzliche Gerbstoffe in den Wein.

Großes Gewächs – Höchstes Gütesiegel für Weine, das an strenge Kriterien für Lage, An- und Ausbau gekoppelt ist. Das französische Pendant wird Grand Cru genannt.

Halbtrocken – Bezeichnung für den Restzuckergehalt. Hier sind maximal 18 Gramm pro Liter zulässig. Dabei darf der Restzuckergehalt die Gesamtsäure um nicht mehr als 10 Gramm pro Liter übersteigen. Da bei Schaumweinen Kohlensäure den Geschmack beeinflusst, darf hier der Restzucker zwischen 33 und 55 Gramm pro Liter liegen.

Hefe – Mikroorganismen, die zu den Pilzen zählen. Für die Weinerzeugung unerlässlich, da sie bei der Gärung Zucker in Alkohol und Kohlendioxid umwandeln. Hefen kommen in der Natur vor (Umwelthefen), zudem gibt es Zuchthefen für die Weinproduktion.

Jungwein – Weine, deren Gärung noch nicht vollständig abgeschlossen ist. Für den schnellen Verbrauch bestimmt.

Keltern – Pressen der Traubenmaische zu Most (ohne feste Bestandteile).

Kork – Aus der Rinde der Korkeiche (meist aus Südeuropa) gewonnener Pfropf zum Verschließen der Weinflasche (verkorken).

Maische – Durch die erste Pressung der Weintrauben entstandenes Gemisch aus Most, Schalen und Kernen der Weinbeeren.

Maischegärung – Die Maische von Rotwein wird in Gärtanks mit Rührwerk oder in offenen Gärtanks zwischen drei und zwölf Tagen bei etwa 25 Grad Celsius vergoren.

Most – Saft aus Trauben (oder aus anderen Früchten). Durch enthaltenen Zucker sowie Hefen und Bakterien gärt der Most, es entsteht unter anderem Alkohol – Federweißer.

Mousseux – Das Perlen im Wein oder Schaumwein. Starkes Perlen im Wein kann auf mindere Qualität hindeuten. Feine und kleine Perlen im Schaumwein sind ein Indiz für ein hochwertiges Produkt.

Oechslegrad – Der Pforzheimer Physiker Oechsle (1774 bis 1852) entwickelte eine Mostwaage, die Oechslewaage. Der Oechslegrad bestimmt, um wie viel Gramm ein Liter Most schwerer ist als ein Liter Wasser. Dies bildet das Kriterium für die Einreihung der Weine in die Qualitätsstufen.

Önologie – Die Lehre vom Wein (griechisch oinos = Wein) bzw. der Weinproduktion.

Prosecco – Italienische weiße Rebsorte aus der Provinz Treviso in der Region Venetien, häufig zu Perlwein (Frizzante), selten zu Sekt (Spumante) ausgebaut.

Restzucker – Zuckermenge, die nach dem Abschluss der Gärung im Wein enthalten ist. Jeder Wein enthält Restzucker, da nicht der gesamte Zucker von der Hefe verarbeitet werden kann. Ein Wein mit vier Gramm Restzucker pro Liter gilt als völlig durchgegoren.

Riesling-Hochgewächs – Zusatzbezeichnung für Riesling-Qualitätsweine, als Hochgewächs bezeichnete Weine müssen spezielle, gesetzlich festgelegte Mehranforderungen erfüllen.

Schaumwein – Bezeichnung für schäumende Weine (Sekt, Crémant, Champagner).

Secco – Halbschäumender Perlwein mit mindestens sieben Volumenprozent Alkohol, maximal 2,5 bar Kohlensäuredruck. Die Kohlensäure wird in der Regel künstlich zugeführt.

Sekt – Mindestens neun Monate auf der Hefe in der Flasche vergoren, dadurch natürliche Kohlensäure von mindestens sechs bar Kohlensäuredruck, mindestens zehn Volumenprozent Alkohol.

Sommelier(e) – Weinfachwirt/in in der gehobenen Gastronomie.

Straußwirtschaft – Auch Besenwirtschaft, in Österreich oder Südtirol Buschenschänke. Ausschließlich im Erzeugergebiet zugelassene Weinstuben, in denen Winzer selbst geernteten Wein in eigenen Räumen an einigen Wochen im Jahr ausschenken. Dazu sind kleine Tellergerichte erlaubt. Weinfreunde schätzen die niedrigen Preise für Speisen und Getränke und die gemütliche Atmosphäre.

Süß – Laut EU-Weingesetz die Bezeichnung von Weinen mit mindestens 45 Gramm Restzucker pro Liter. Da bei Schaumwein die Kohlensäure die Geschmackswahrnehmung beeinflusst, liegt der Wert hier bei mindestens 50 Gramm pro Liter Restzucker.

Tannin – Gerbstoff

Trester – Traubenrückstände, die durch das Auspressen der Maische entstehen. Für Tresterbrand verwertet (in Frankreich der Marc und in Italien der Grappa).

Weinsäure – Wesentlichste der im Most oder Wein vorkommenden Säuren, deren Anteil mit steigender Reife der Trauben abnimmt. Lagert sich unter bestimmten Umständen als Weinstein ab.

Weinprobe – Durch Schwenken und Kreisen des Glases erfährt der Prüfer das Bouquet. Der Wein wird mit etwas Luft geschlürft und im Mund verteilt. So gibt der Wein sein vorhandenes Volumen preis.

Weinstein – Kaliumsalz der Weinsäure, bei jungen Weinen eine unbedenkliche Erscheinung, bei älteren Weinen mit hohen Prädikaten ein Qualitätsmerkmal.

Weißherbst – Nur in Deutschland zugelassene Bezeichnung für Roséwein, der nur aus einer blauen Rebsorte einer Lage besteht. Wie bei Weißwein wird der Most vor der Gärung der Trauben abgepresst.

Winzersekt – Der Grundwein von Winzersekt stammt aus einem Winzerbetrieb oder einer Erzeugergemeinschaft. In der Regel hergestellt nach Champagner-Methode.

Zucker – Durch Fotosynthese produzieren die meisten Pflanzen Zucker, der als Saccharose in den Zellen gespeichert wird. Die Rebe spaltet Saccharose in Fruchtzucker und Traubenzucker auf. Zu 90 Prozent werden die Zucker in Ethylalkohol und Kohlendioxid umgewandelt.

DIE **ERFOLGSWEINE** IN DEUTSCHLAND

Jeder Boden, jedes Klima und jede Region bringt eigene Rebsorten hervor. Hier ein Überblick über die bei uns am häufigsten angebauten Weine.

ROTE REBSORTEN

Nicht zuletzt durch den Vormarsch höherer Temperaturen gedeihen die Roten auch hierzulande bestens. Die größten Rotweinmengen produzieren die Anbaugebiete Rheinhessen und Pfalz.

Acolon Feine Frucht, gute Struktur. Die im württembergischen Weinsberg gezüchtete Sorte hat sich innerhalb weniger Jahre einen Platz im deutschen Rotweinsortiment erobert.

Cabernet Sauvignon Großer Charakter. Die Weine besitzen den typischen Geschmack von schwarzen Johannisbeeren (Cassis) und ein Aroma von grüner Paprika. Die Sorte zählt zu den bekanntesten Rebsorten der Welt.

Cabernet Dorsa Eine Neuzüchtung zwischen Dornfelder und Cabernet Sauvignon. Die Kreuzung erfolgte 1971. Die Sorte ergibt einen farbintensiven Wein mit deutlichem Kirscharoma.

Cabernet Mitos Eine Neuzüchtung zwischen Blauer Lemberger (Blaufränkisch) und Cabernet Sauvignon. Die spät reifende Sorte erbringt einen körperreichen, tanninbetonten Wein, der gut für Cuvées geeignet ist.

Dornfelder Frucht, Gerbstoff und Wärme zeichnen ihn aus. Längst ist die Neuzüchtung von vor 50 Jahren zu einem deutschen Rotweinklassiker gereift und erfreut sich seit Jahren einer immensen Nachfrage.

Domina Besticht durch Farbe, Körper und Gerbstoff. Aus Portugieser und Spätburgunder wurde die farbintensive und körperreiche Rotweinsorte gezüchtet. Besonders in Franken hat sie Bedeutung erlangt.

Dunkelfelder Kräftig in Farbe und Geschmack. Die Rebsorte liefert farbintensive und kräftige Rotweine. Der Dunkelfelder schmeckt besonders interessant zu Wild und verschiedenen Käsearten.

Frühburgunder Früh reifende Mutation der Rebsorte Pinot Noir, zählt zur Familie der Burgunder. In geringem Umfang wird sie in den deutschen Anbaugebieten Ahr, Baden und Württemberg angebaut.

Heroldrebe Kreiert aus Blauem Portugieser und Lemberger. Die eher spät reifende Rebe bringt hohen Ertrag und ist wenig anfällig gegen Fröste und Krankheiten. Man findet sie hauptsächlich in der Pfalz, Rheinhessen und Württemberg.

Lemberger Südländische Wärme. Der Lemberger erfreut sich seit Jahren wieder einer allmählichen, aber stetigen Zunahme an Rebfläche. Die württembergische Spezialität erreicht in guten Lagen Spitzenqualität.

Merlot Weich und geschmeidig. Die in vielen Weinbauländern populäre Rebsorte hat nun auch in Deutschland den Sprung in die Top Ten der Rotweinsorten geschafft. Zählt zu den am meisten angebauten Rotweinsorten weltweit.

Portugieser Leichter, duftiger Rotwein. Der Portugieser gilt als unkomplizierter, süffiger und frischer Schoppenwein. Ohne allzu viel Tannin ist er schon im Frühjahr trinkbar.

Regent Das ist eine erfolgreiche Neuzüchtung. Die Sorte Regent ist eine der wenigen Neuzüchtungen, denen eine rosige Zukunft vorhergesagt wird. Denn sie liefert feurige, fast südländische Weine.

Saint-Laurent Renaissance einer wertvollen Sorte. Einem Pfälzer Winzer ist es zu verdanken, dass die Rebsorte auch in Deutschland erhalten blieb und nun eine Wiederbelebung erfährt. Hochgradige Moste mit guten Extrakt- und Säurewerten lassen meist kräftige und gleichzeitig frisch-fruchtige Rotweine entstehen.

Spätburgunder Was der Riesling qualitativ für die Weißweine bedeutet, verkörpert der Spätburgunder oder Pinot Noir unter den Rotweinen: Weine für gehobene Ansprüche.

Schwarzriesling Fruchtiges Aroma, feingliedriger Körper. Insbesondere in Württemberg, aber nicht nur dort, erfreut sich der Schwarzriesling großer Beliebtheit. Bei Tisch ist er eine interessante Alternative zum Spätburgunder.

Syrah Ursprünglich wurde diese hochwertige Rebsorte in Frankreich kultiviert. Auf den Syrah passt hervorragend das Sprichwort „Weniger ist manchmal mehr", denn diese Traubensorte gehört nicht gerade zu den ertragreichsten. Der Syrah gehört zu den Edelreben.

Tempranillo Der Tempranillo ist der bedeutendste Wein im sonnigen Spanien. Diese Rebsorte hat ihren Namen durch die kleinen Beeren erhalten, welche früher reifen als etwa die Trauben des Garnacha.

Trollinger In Württemberg ist der Trollinger die am meisten angebaute Rotweinsorte. Dieser bekömmliche Wein hat sich längst zu einem „schwäbischen Nationalgetränk" entwickelt.

Quelle: Deutsches Weininstitut

WEISSE REBSORTEN

In Deutschland werden etwa 140 Rebsorten kultiviert. Die größte Bedeutung besitzen etwa zwei Dutzend von ihnen, vor allem Riesling und Müller-Thurgau, auch Rivaner genannt. Auf diese entfällt ein gutes Drittel der rund 102.000 Hektar Rebfläche in Deutschland.

Auxerrois Der Name deutet darauf hin, dass die Rebe aus Auxerre westlich von Chablis im Burgund stammt, von wo sie über Lothringen auch nach Deutschland gekommen ist. Der gelbgrüne, eher säurearme Wein hat ein dezentes Bouquet. Die Rebsorte eignet sich für Spät- oder Auslesen.

Bacchus Diese Züchtung huldigt dem Weingott Bacchus. Die Kreuzung aus Silvaner, Riesling und Müller-Thurgau wird vor allem in Rheinhessen, Franken und an der Mosel angebaut. Der Wein mit feinem Muskateller-Aroma hat einen kräftigen, fruchtigen Geschmack mit geringer Säure.

Chardonnay Diese Rebsorte steht für einen der populärsten Weine der Welt. Auch in Deutschland nimmt ihr Anbau ständig zu. Chardonnay ist der Name eines Ortes im Burgund.

Ehrenfelser Eine ältere Neuzüchtung/Kreuzung zwischen Riesling und Silvaner. Der Name leitet sich von der Ruine Ehrenfels bei Rüdesheim ab. Die Rebe ist vor allem in den deutschen Anbaugebieten Mittelrhein, Nahe, Rheingau, Pfalz und Rheinhessen verbreitet. Der grünlich-gelbe Wein hat ein feinduftiges, traubiges Bouquet. Er ähnelt dem Riesling und ist besonders gut für Prädikatsweine geeignet.

Elbling Erfrischende Sorte. Der spritzige Elbling gehört zu den ältesten kultivierten Weißweinen Europas. Die Winzer an der Obermosel verweisen gern auf eine 2.000-jährige Anbautradition.

Faberrebe Eine Kreuzung aus Weißem Burgunder und Müller-Thurgau. Weine aus der Rebsorte verfügen meist über einen höheren Säuregehalt als etwa Weine aus Müller-Thurgau oder Silvaner. Gut gemachte Faber-Weine sind frisch, fruchtig und elegant, mit genügend Extrakt und einem leichten Muskatton ausstaffiert. Die Sorte wird hauptsächlich in Rheinhessen angebaut.

Gewürztraminer Mit dem Duft der Rose. Der Gewürztraminer symbolisiert deutsche Weinkultur, die die Jahrhunderte überdauert hat. Wo er gerodet werden muss, wird er wieder neu angepflanzt.

Grauburgunder Ruländer in modernem Format. Grauburgunder werden meist trocken, mittelkräftig und etwas säurebetont, Ruländer dagegen häufig als gehaltvolle Weine mit ausgeprägter Süße angeboten.

Grüner Veltliner Schoppen- und Menüwein. Beliebter, eher neutraler Wein mit einer milden Säure. Die herzhafteren Varianten passen zur kräftigen Regionalküche.

Gutedel Südbadische Spezialität. Den besonderen Reiz dieser Weine ermöglicht der geschmacksneutrale Charakter der Gutedelrebe. Damit kommt das Terroir, Anbaugebiet, in jedem Wein zum Ausdruck.

Huxelrebe Eine Kreuzung aus Weißem Gutedel und Courtiller musqué. Die Sorte kann bei entsprechendem Anschnitt Rekorderträge bringen. Bei vernünftigem Anbau liefert sie ansprechende, frische Weine (rassig, elegant, charaktervoll, reif) mit einem feinen Muskatton.

Kerner Lebendiger, kerniger Tropfen, gern als Schoppenwein getrunken. Die Rebsortenzüchtung Kerner entstand 1929 durch die Kreuzung von rotem Trollinger mit weißem Riesling.

Morio Muskat Kräftiger Geschmack. Ausgeprägtes Muskat-Bouquet, ist aber laut Züchter Peter Morio nicht mit der Rebsorte Muskateller verwandt.

Müller-Thurgau (Rivaner) Unkomplizierter Genuss. Die gradlinigen Weine sind geschmacklich leicht zugänglich. Meist sind es jugendliche, leichte und frische Weine für jeden Tag.

Muskateller Leichter Weißwein. Wird durch seine feinfruchtige Säure und sein intensives, aber nicht aufdringliches Muskatbukett charakterisiert.

Ortega Feines Bukett, harmonische Fülle. Er gilt als lagerfähig und baut seine Vorzüge durch eine Flaschenreife noch aus. Allerdings gibt es keine wirklich „großen" Weine, die aus Ortegatrauben hergestellt werden.

Riesling Der große Klassiker. Der Riesling wächst in allen deutschen Anbaugebieten auf einer Rebfläche von mehr als 22.000 Hektar. Er repräsentiert wie keine andere Rebsorte die deutsche Weinkultur.

Sauvignon Blanc Kräftige Aromen nach Gras und Kräutern. Die weiße Rebsorte hat ihr wesentliches Verbreitungszentrum im Südwesten Frankreichs, wo sie im Jahre 1710 erstmals urkundlich erwähnt wurde.

Scheurebe Verführerischer Duft. Das betonte Bukett erinnert an Cassis, Pfirsich oder reife Birne. Diese Weine sind ideal für eine aromatisch-würzige Küche – von Vorspeise bis Dessert.

Siegerrebe Eine Neuzüchtung zwischen Madeleine Angevine und Gewürztraminer. Die früh reifende Sorte mit rosa bis roten Beeren ist fast ausschließlich in den deutschen Anbaugebieten Rheinhessen und Pfalz verbreitet. Der gelbgrüne bis goldgelbe, alkohol- und extraktreiche Wein hat ein intensives Sortenbouquet mit starkem Muskatton.

Silvaner Unkomplizierter Sommerwein. Ein geschmeidiger Barriquewein, ein gut entwickeltes, elegantes und lebhaftes Großes Gewächs oder ein intensiver, lang anhaltender Edelsüßer sind möglich.

Weißburgunder Frische und Eleganz kennzeichnen Weißburgunder-Weine. Trocken ausgebaut, mit frischer Säure und feiner Frucht, passen sie ideal zu einem Menü, sind aber auch als leichte Sommerweine beliebt.

Quelle: Deutsches Weininstitut

REBSORTEN IN **ÖSTERREICH**

Österreich ist ein Weißweinland. Etwa zwei Drittel der Gesamtrebfläche von knapp 46.500 Hektar ist mit weißen Rebsorten bestockt. 26 weiße und 14 rote Traubenarten sind zur Produktion von Qualitätswein zugelassen. Darunter interessante autochthone Sorten.

Blauburger Die tiefdunkle Farbe des Weines ist ein hervorstechendes Merkmal, weshalb Blauburger häufig als Verschnittpartner genutzt wird. Extra für den Einsatz in klimatischen Randzonen gezüchtet stellt die Traube bescheidene Ansprüche an Lage und Boden. Charakteristisch sind zarte Beerenarmonen, meist Holunder und ein samtiger Gaumen.

Blauer Portugieser Bis heute eine der meistverbreiteten roten Rebsorten in Österreich, aber seine Bedeutung schwindet. Hohe Erträge ergeben einfach, hell gefärbte Rotweine. In guten Jahren können kräftige, extraktreiche Rotweine entstehen.

Blauer Wildbacher Aus dieser Sorte wird vorwiegend Schilcher gekeltert, ein rosa bis zwiebelschalenfarbiger Roséwein. Sein markantes Geruchs- und Geschmacksbild nach frischem, würzigem Gras wird von einer rassigen Säure begleitet. Der fruchtig-frische Wein wird gern als Aperitif gereicht.

Blaufränkisch In Deutschland unter der Bezeichnung Lemberger bekannt besticht diese anspruchsvolle Rebsorte im Glas mit einem Duft nach Waldbeeren- oder Kirschfrucht. Charakteristisch ist die kräftige Säure. Benötigt Zeit zum Reifen, dann entstehen samtige Weine mit markanten Tanninen.

Bouvier Die um 1900 im heutigen Slowenien entdeckte Rebsorte wird heute vor allem als Tafeltraube vermarktet. Ihr Anbau ist rückläufig. Bouvier ergibt meist milde Weine, die je nach Region mit mehr oder weniger starkem Muskatbukett versehen sind.

Frühroter Veltliner Die Traube stellt geringe Ansprüche an Boden und Lage und wird meist als Tafeltraube oder Schankwein verarbeitet. Das Bukett der säure- und alkoholarmen Weine erinnert an Blüten und Bittermandeln.

Furmint Im burgenländischen Rust traditionell für den Ausbruch – Spezialität aus edelfaulen und eingeschrumpften Beeren – verwendet. Honigartiges Aroma gepaart mit hohem Säure- und Alkoholgehalt sind für diese Sorte charakteristisch.

Gemischter Satz Keine Rebsorte im eigentlichen Sinne, sondern eine Wiener Spezialität mit großer Tradition. Verschiedene Sorten werden gleichzeitig im Weinberg gemischt ausgepflanzt und anschließend gemeinsam gelesen, verarbeitet und ausgebaut.

Goldburger Kreuzung aus Welschriesling und der frühreifenden Orangetraube. Die nur in Österreich kultivierte Traube liefert vollmundige, fruchtige und extraktreiche Weine.

Grüner Veltliner Die mit Abstand wichtigste Weißweinsorte in Österreich, die auf fast einem Drittel der Rebfläche angebaut wird. Die Bandbreite reicht von leicht, säurebetont bis zum hochreifen Prädikatswein. Würzige, pfeffrige Weine oder Fruchtnoten von Steinobst finden sich im Glas.

Jubiläumsrebe 1960 anlässlich der 100-Jahr-Feier der Klosterneuburger Weinbauschule vorgestellt. Ihre Trauben erreichen sehr hohe Zuckergrade. Nur als Prädikatswein im Süßweinbereich interessant.

Muskat Ottonel Anspruchsvolle, empfindliche Rebsorte, die volle, milde Weine mit feinem Muskatgeschmack liefert und vorrangig im Burgenland präsent ist.

Neuburger Liefert ausgezeichnete Weinqualität. Neuburger Weine sind kräftig mit dezentem Geschmack, junge Weine zeigen sich würzig-blumig bis nussig.

Ráthay Aus Ráthay werden tiefdunkle, vollmundige Weine gekeltert, die reich an Gerbstoff sind. Die gegen Frost widerstandsfähige Traube wird wegen ihrer Farbkraft gerne als Verschnittpartner verwendet.

Roesler Die Sorte liefert sehr dunkle, körperreiche Weine mit deutlichem Waldbeerenaroma und kräftigen Tanninen. Ihre Pilzresistenz macht sie für den Bioweinbau interessant.

Roter Veltliner Die ertragreiche Traube muss reguliert werden, dann landen im Glas elegante Weine mit feinwürzigem Aroma und Entwicklungspotenzial.

Rotgipfler Charakteristisch sind die rötlich-bronzierten Triebspitzen der Rebe. Wird meist mit Zierfandler verschnitten und zeichnet sich durch eine angenehme Säure und feines Bukett aus.

St. Laurent Erlebt eine Renaissance in den Weingärten. Die zur Burgunderfamilie gehörende Sorte liefert dunkle, kräftige und fruchtige Weine von hoher Qualität. Typisch ist das Sauerkirscharoma.

Traminer Eine der ältesten europäischen Rebsorten, die sich weltweit verbreitet hat und in der Genetik zahlreicher Rebsorten zu finden ist. Auf kleinen Flächen werden Spezialitäten mit hohem Reifungspotenzial kultiviert, die reich an Aromen von Rosen, Zitrus und Waldbeeren sind.

Welschriesling Nicht verwandt mit dem Riesling. Die zweitwichtigste weiße Rebsorte liefert trockene Buschenschankweine bis hin zu edelsüßen Trockenbeerenauslesen. Die Traube ist sehr gut zur Sekterzeugung geeignet.

Zierfandler Eine Rarität, die beste Lagen benötigt. Weine aus Zierfandler zeichnen eine feine Blumigkeit aus. Als Trockenbeerenauslese finden sich Anklänge von Honig oder Sherry im Bukett.

Zweigelt Meistverbreitete Rotweinsorte. Das Spektrum reicht von jungen Weinen bis zu kraftvollen, im Barrique ausgebauten Weinen mit kräftigem Tannin und Sauerkirschenaroma.

Quelle: Österreich Wein GmbH

DEUTSCHLAND

ELSASS

ÖSTERREICH

SÜDTIROL

UNGARN

LEGENDE

Stellplatz-Ausstattung

- Behindertengerecht
- CHEM Entsorgung Kassettentoiletten
- GRAU Entsorgung Grauwasser
- Frischwasser
- >3,5 t Für Reisemobile über 3,5 Tonnen
- >10 m Für Reisemobile über 10 Meter Länge
- Grillplatz
- Hotspot/WLAN
- Hunde erlaubt
- Liegewiese
- Müllentsorgung
- Stromanschluss
- R Telefonische Reservierung möglich
- WC Toilette

Anfahrtsbeschreibung

Ausf. Ausfahrt
→ Richtung
re. rechts
li. links

Bildnachweis

Fotos Umschlag: shutterstock, Li Aba / Antoine 49, Archiv Südtiroler Weinmuseum, ARGE Weinstraße Kremstal/POV/Robert Herbst, badische-zeitung.de, Berthold Werner, Bodensee.eu, Casino Baden-Baden, commons.wikipedia.org, Deutsche Weininstitut GmbH (DWI) (www.deutscheweine.de), Deutsches Edelsteinmuseum, die Gärten von Schloss Trauttmansdorff – Meran, Dominik Ketz, Donau Niederösterreich/www.extremfotos.com, Erhard Hess, Ferienregion Wutachschlucht, Filz Alex, Flickr/Harry Alverson, Flickr/Tobias Nordhausen, Fotolia/mojolo, Fränkisches Weinland Tourismus GmbH, Freiburg Tourismus, Hambach Weingut Georg Naegele, Heiko Paul, Hessische Bergstraße, IDM Südtirol/Alex Filz, IDM Südtirol/Clemens Zahn, Lichtklicker, mosel-reisefuehrer.de, NTG/Mike Ranz, NTG/steve.haider.com, P.Zimmermann, Pfalz-Touristik e.V, -RS-, Rhein in Flammen, Rheinhessen-Touristik GmbH (Bernward Betram), Rheinland-Pfalz-Tourismus GmbH, Sascha Kuhnle, Seefestspiele Mörbisch/Jerzy Bin, Stift Klosterneuburg, Shutterstock.com/Igor Klimov, Shutterstock.com/Jopelca, Shutterstock.com/LaMiaFotografia, Shutterstock.com/Michael Schroeder, Shutterstock.com/nd3000, Shutterstock.com/PlusONE, Shutterstock.com/ThomBal, Stadt Meißen, Südliche Weinstrasse e.V., TourismusEventsLudwigsburg, Transmedial, Wikipedia, www.gerhardkassner.de, www.iceman.it
Die Fotos zu den einzelnen Weingütern bzw. Winzergenossenschaften stammen von deren Betreibern oder von den Tourismusverbänden der betreffenden Regionen.

Herausgeber und Verlag
DoldeMedien Verlag GmbH
Naststr. 19B
70376 Stuttgart
Tel.: 0711/55 349-0
winzeratlas@doldemedien.de

Geschäftsführer
Dr. Oliver Graßy,
Tanja Herkert

Verlagsleiterin und Leiterin Produkte
Christine Felsinger

Projektleiter
Philipp Pilson
Redaktion
Heiko Paul (Chefredakteur),
Claus-Georg Petri (stv. CR),
Thomas Nitsch (CvD),
Sandra Schwarzstein (stv. CvD)
Jutta Neumann,
Rainer Schneekloth,
Isabell Krautberger

Produktion/Kartografie
Dolde Werbeagentur GmbH
Grafik und Layout
Jochen Otte, Sabina Melchert, Frank Harm
Reproduktion
Dagmar Schwarzkopf,
Georg Fröhlich

Leiterin Vertrieb u. Sales
Sandra Bayer
Verkaufsleiterin
Sylke Wohlschiess
Mediaberatung
Heidi Bollin
Druckunterlagen
Vanessa Pfeiffer

Druck
Himmer GmbH, Augsburg
Salierdruck, Bockstadt

Printed in Germany
9. aktualisierte und überarbeitete Auflage 2021
ISBN: 978-3-928803-99-1